JAIME BAYLY

# El niño terrible
# y la escritora maldita

Jaime Bayly nació en Perú en 1965. Es escritor, periodista y personalidad de televisión. Galardonado
con tres premios Emmy, lleva veintiocho años haciendo televisión en Lima, Santo Domingo, Buenos
Aires, Santiago, Bogotá y Miami. Tiene tres hijas y
vive en Miami.

# El niño terrible y la escritora maldita

# El niño terrible y la escritora maldita

## Jaime Bayly

VINTAGE ESPAÑOL
Una división de Penguin Random House LLC
Nueva York

PRIMERA EDICIÓN VINTAGE ESPAÑOL, ABRIL 2016

Copyright © 2016 por Jaime Bayly

Todos los derechos reservados. Publicado en los Estados Unidos de América por Vintage Español, una división de Penguin Random House LLC, Nueva York, y distribuido en Canadá por Random House of Canada Limited, Toronto, compañías Penguin Random House. Originalmente publicado en España por Ediciones B, S. A., Barcelona, en 2016. Copyright de la presente edición en castellano para todo el mundo © 2016 por Ediciones B, S. A.

Vintage es una marca registrada y Vintage Español y su colofón son marcas de Penguin Random House LLC.

Información de catalogación de publicaciones disponible en la Biblioteca del Congreso de los Estados Unidos.

Vintage Español ISBN en tapa blanda: 978-1-101-97142-0
Vintage Español eBook ISBN: 978-1-101-97143-7

Para venta exclusiva en EE.UU., Canadá, Puerto Rico y Filipinas.

www.vintageespanol.com

Impreso en los Estados Unidos de América

*A Zoe Bayly, esta es la historia*
*de cómo llegaste al mundo.*


*Y a Silvia,*
*por estos años tan felices.*

El artista es responsable solo ante su obra. Si es un buen artista, será completamente despiadado. Tiene un sueño, y ese sueño lo angustia tanto que debe librarse de él. Mientras no se libra, no tiene paz. Arroja todo por la borda: el honor, el orgullo, la decencia, la seguridad, la felicidad, todo, con tal de escribir su libro.

WILLIAM FAULKNER

Casandra tenía la rara habilidad de volverme loco, sacarme de quicio, hacerme perder los papeles. Estuvimos casados cuatro largos años y nos divorciamos en Miami, siendo padres de dos pequeñas hijas. Casandra volvió a Lima, a la casa hacienda de su madre, y se acomodó en una pequeña casa de huéspedes, colindante con un vivero de su padrastro y su madre. Parecía un buen lugar para vivir tranquilamente. Pero no estaba tranquila porque su madre se inmiscuía en sus asuntos, le sacaba ropa del clóset, le cambiaba la decoración de la casa de huéspedes, creaba toda clase de fricciones y conflictos debido a su carácter autoritario y sus ínfulas de dueña de casa. Casandra sentía que no tenía una casa propia, que vivía en la casa de su madre, y eso la humillaba y hacía infeliz.

Yo vivía en Miami y viajaba a Lima cada tres semanas a visitar a mis hijas Carmen y Pilar. Me alojaba en un hotel frente al campo de golf del club Andrómeda y trataba de hacer reír a las niñas, que estudiaban en un colegio a pocas calles de la casa hacienda donde vivían. Casandra me insistió tantas veces que tenían que irse de allí, pues la convivencia con su madre era insoportable, que terminé cediendo. Había ahorrado medio millón de dólares haciendo periodismo en la televisión de Miami. Casandra sabía que tenía ese dinero y no perdió tiempo. Me dijo que el padre de una íntima amiga suya, Karina Larraín, con quien había estudiado en el colegio, estaba construyendo un edificio frente al club de golf Andrómeda y quería vendernos (no dijo venderme, dijo vendernos) el *penthouse*, que, según dijo, tenía tres pisos, del once al trece, y unas vistas maravillosas.

A insistencia de Casandra, fuimos al edificio de Eugenio Larraín. Me pareció un hombre educado, amable, encantador. Había construido el inmueble sobre el terreno en el que vivió muchos años y pensaba ganar dinero vendiendo los apartamentos y quedándose a vivir en uno de ellos, y en otro viviría su hija Karina, la amiga de Casandra. El edificio estaba ya construido, pero sin acabados ni terminaciones. Subimos fatigosamente por las escaleras hasta el *penthouse* y nos explicó cómo era la distribución de los cuartos, los baños, cómo en el último piso podíamos tener una piscina, un gimnasio y un jardín de invierno. Me dijo que el precio era medio millón, pero que a mí, por ser esposo de su amiga de toda la vida Casandra Maldini (en realidad éramos ya ex esposos, pero mucha gente nos seguía viendo como esposos y no tenía sentido aclarar las cosas), me lo dejaría en trescientos cincuenta mil, si los pagaba al contado. Le pedí que me diera unos días para pensarlo.

Casandra presionó para que lo comprásemos. Le parecía perfecto para que ella y las niñas tuviesen independencia de la casa hacienda de su madre y siguieran cerca del colegio, y yo tuviese uno de los tres pisos para cuando llegase a Lima a visitarlas cada mes. Esa noche, atormentado por la decisión, no pude dormir. Al día siguiente firmé los papeles, me comprometí a pagar trescientos cincuenta mil dólares apenas llegase a Miami en pocos días. Así fue, llegué a Miami y transferí ese dinero a la cuenta de Eugenio Larraín, quien me prometió que el apartamento estaría listo a fin de año. Nunca estuvo listo, nunca me lo entregó, el edificio quedó paralizado por falta de financiación para terminarlo, Larraín se peleó con su socio, se enjuiciaron, el socio se quedó con el edificio y yo terminé comprando un apartamento a un señor que no era dueño de nada. Me estafaron, fue la primera vez que me estafaban. Perdí casi todo lo que había ahorrado en años de trabajo en la televisión de Miami. Eugenio Larraín desapareció, le echó la culpa a un banco, a su socio, y nadie me devolvió un centavo ni me dio el apartamento soñado.

Cada tanto me encontraba con Karina Larraín en los vuelos entre Miami y Lima porque su esposo era piloto y ella fingía no verme y no me saludaba. Casandra siguió viviendo furiosa y humillada en la casa del vivero que no estaba a su nombre y era parte de la casa hacienda de su madre, y yo seguí quedándome en el hotel Andrómeda, a pocas cuadras del edificio que me recordaba lo idiota que podía ser, lo fácil que había resultado estafarme. Por lo visto no estaba en mi destino comprar una propiedad en Lima y disfrutar de ella. Solo había sido propietario de un apartamento en la calle Mercurio de Miraflores. Lo compré por veinte mil dólares, lo amoblé mínimamente y cuando Vargas Llosa perdió las elecciones decidí irme del Perú a vivir en España y lo vendí por los mismos veinte mil dólares. Nunca más fui dueño de una propiedad en Lima, y el apartamento que le compré a Eugenio Larraín vino a recordarme que en Lima lo que podía salir mal, salía peor, y lo que podía salir bien, salía mal. No enjuicié a nadie, me tragué el sapo y traté de olvidar el asunto. Pero una estafa así no se olvida, te queda el rencor, y en mi caso el rencor no era tanto contra Eugenio Larraín ni su hija Karina sino contra Casandra, por haberme metido en ese enredo estúpido.

Casandra y yo nos separamos tras cuatro años de matrimonio, casi cinco, porque yo quería vivir por mi cuenta y echarme un amante y ella no toleraba vivir sola con las niñas en Miami, y entonces, derrotada, decidió volver a Lima. Le rogué que no lo hiciera, le dije que sería un error, pero ella no soportaba la idea de quedarse cuidando a las niñas y darme la libertad de buscar otras formas de amor. «Me sentiría tu empleada», dijo, y lo empacó todo y volvió a Lima.

Me quebraba y lloraba cuando entraba en el cuarto de mis hijas y no las encontraba, fue duro, ya estaban en mi corazón, y ahora, si quería verlas, debía tomar un avión a Lima, precisamente a Lima.

Pero eso no fue lo peor de todo, sino que Casandra decidió vivir en la casa de huéspedes de la mansión de su madre, en la periferia de la ciudad. Esa casa de huéspedes, rodeada de un vivero, se hallaba deshabitaba y ruinosa, a punto de derrumbarse. Casandra decidió instalarse allí. Me pareció un error y se lo dije, pero comprendí que era una mujer herida y necesitaba sentirse acompañada por su familia y la ayuda doméstica, que era en verdad otra familia (y a menudo más noble y leal que la biológica).

Casandra y yo reconstruimos por completo la casa de huéspedes, ampliándola, cambiándole techos, pisos y paredes, modernizándola, decorándola y llenándola de aparatos modernos. En realidad todo lo hizo Casandra, tan hacendosa, yo me limité a pagar, quejarme y pedirle cada tanto que volviera a Miami. La casa quedó preciosa, en medio de un vivero lleno de flores exóticas, un lugar paradisíaco para nuestras hijas.

Pero como nada es perfecto, allí estaba la madre de Casandra entrometiéndose, intrigando contra mí, tratando de conseguirle novios ricachones, cambiando la decoración, sacando ropa del clóset de su hija sin pedirle permiso, diciéndole cuando peleaban (es decir, cada tres días) que esa casa era de ella, su terreno, legalmente suya, y no de Casandra.

Con el tiempo hicimos más reformas a la casa y quedó muy linda; hasta salió en la televisión en un programa de casas ejemplares, y además tenía la ventaja de estar a un paso del colegio de las niñas. Y un día, a poco de esa exhibición de la casa en la televisión, que tanto orgullo dio a Casandra, su padrastro me echó de la casa (la casa que habíamos reconstruido con mi dinero), acusándome de haber dejado «como una puta» a Casandra en una novela, y yo aguanté la humillación y me fui en silencio, mientras mis hijas veían perplejas la escena.

Pero todo dura lo que tiene que durar y después de tanto tiempo, ya mis hijas adolescentes, ya Casandra con cuarenta años y harta de los desatinos de su madre, ocurrió lo inevitable: me pidieron que les comprase un apartamento en la calle Marte.

No lo dudé. Era lo que, como padre y amigo, debía hacer. Casandra encontró un apartamento en Marte, primer piso, todavía en construcción. Decidimos comprarlo. Luego nos animamos a comprar otro en el piso de arriba para que yo pudiese quedarme allí y no en un hotel cuando visitase Lima.

Ya estaba todo listo para firmar cuando llamé a Casandra y le dije un par de cosas que creí razonables, sin imaginar que originarían una pelea.

Le dije: «Ya que vamos a ser vecinos, es bueno que sepas que cada uno preservará su libertad amorosa y sexual. Tú puedes hacer lo que quieras con quien quieras en tu apartamento y yo lo que quiera con quien quiera en el mío.»

Su respuesta me resultó inesperada: «En ese caso prefiero la distancia, que vivas lejos.»

Me dejó perturbado. Me pareció incomprensible que, después de tantos años separados y divorciados y siendo buenos amigos, se negase a respetar mi libertad como yo respetaba la suya, solo porque seríamos vecinos.

Luego le dije: «Si vamos a tener un hijo, como habíamos acordado, seguiremos siendo amigos y cada uno será libre sexualmente.»

Me dijo: «Yo jamás tendría un hijo con un amigo.»

Sentí que no era aceptable que después de tantos años como amigos me dijera cosas tan hirientes, porque yo pensaba darle un hijo como un acto de amor puro y bello precisamente porque se lo daría como amigo, sin recortar sus libertades, solo porque la quería y sabía lo buena madre que era.

La conversación duró tres horas, terminó a gritos, ella insultando a mi novio Leopoldo («solo quiere tu dinero»), yo diciéndole cosas mezquinas («eres tú quien solo quiere mi dinero, él me ama de verdad»), y entonces, ya enfurecido, le dije que, dadas las circunstancias, había decidido no comprar ningún apartamento, pues ella acababa de demostrar que no era mi amiga, y en consecuencia se quedaría viviendo con las niñas en la casa del vivero. Eran las seis de la mañana, salí a comprar los diarios y tomar un jugo de naranja y pensé que Casandra nunca sería capaz de entenderme y quererme bien, me quería pero de una manera obsesiva, autodestructiva.

Como el amor a mis hijas prevalecía sobre todas las miserias que nos envenenaban a su madre y a mí, al día siguiente le escribí, ya descansado, diciéndole que había reconsiderado mi posición, comprendía que tenían que mudarse a Marte y estaba dispuesto a comprarles un apartamento en ese edificio, pero renunciaba a la ilusión de ser su vecino y tener un hijo con ella y prefería seguir quedándome en ese hotel tan lindo, el Neptuno, donde me mimaban como un principito o una princesita los domingos que pasaba en Lima.

Casandra tuvo la nobleza de disculparse, decirme que quería ser mi socia y amiga, no mi pareja, y estaba feliz con la idea de comprar el apartamento.

Entonces, en un arrebato de optimismo, dije que lo mejor era que comprásemos los dos y dejásemos el otro vacío, como inversión, para que eventualmente pudiese irme a vivir a ese apartamento y fuésemos amigos y vecinos, queriendo de paso a las eventuales parejas o novios que nos reservase el destino, que es así como debíamos educar a nuestras hijas: el amor se funda en la amistad incondicional y el sexo es solo una prolongación traviesa y a veces fugaz de esa amistad.

(Jaime Baylys, «Vecinos y amigos»,

*El Siglo XXI*)

Casandra vivía obsesionada con tener una casa propia, a su nombre, lejos de la casa hacienda de su madre, donde se sentía prisionera de los caprichos y modales despóticos de la vieja arpía. Quería comprarse una casa, un apartamento, lo que fuera, pero no tenía dinero. Pidió préstamos a los bancos de Lima, pero no le dieron nada porque el trabajo que tenía en el vivero familiar le pagaba un sueldo mísero de mil dólares al mes, así de tacaño era su padrastro. Se enamoró de un judío con plata, dueño de casinos y máquinas tragamonedas, y el judío iba en serio con ella, le regaló una perra, se encariñó con nuestras hijas, pero luego le encontraron un tumor en el cerebro (se habían ido juntos a bucear a las Bahamas y allí quedó inconsciente, bajo el agua) y el tipo quedó vivo pero muy menoscabado, y Casandra lo acompañó un tiempo y luego se alejó de él. Después se enamoró de un médico más joven que ella, diez años más joven, quien, apenas se graduó en Lima, se fue a vivir a Chicago. Casandra iba a visitarlo a Chicago, era un buen muchacho, hijo de un prominente político del gobierno autoritario, pero parece que decidió cortar la relación y Casandra se quedó sin el sueño de irse a vivir a Chicago con su novio y nuestras hijas. Parecía tener mala suerte, primero un novio que le salió puto como yo, luego un novio con cáncer, luego un novio que se cansó de ella y la dejó por vieja.

La única esperanza que tenía para comprarse una casa en Lima a su nombre era yo. Después de unos años pateando latas, escribiendo novelas que dejaban poco dinero, siendo profesor universitario en Washington DC sin saber qué carajo enseñar en una clase de literatura, me vino, de golpe, una buena racha en la televisión, que duró varios años y me hizo ganar dinero en Miami, Lima, Bogotá y Buenos Aires. Casandra se enteró de que yo había ganado dos millones de dólares esos años viajando como un loco todos los fines de semana de un lugar a otro, y como nuestras hijas ya tenían dieciséis y catorce años seguramente pensó, bajo el consejo insidioso de su madre: «Esta es mi última oportunidad para que Jaime Baylys me indemnice por ser tan puto y me compre un apartamento a todo lujo, ahora que está forrado de plata.» Casandra ilusionó a nuestras hijas con la idea de mudarse a un edificio nuevo que estaban construyendo en la calle Marte, frente a un edificio donde vivía una de las mejores amigas de mi hija Carmen. Visitaban las obras, elegían sus cuartos, negociaban el precio, me informaban de todo por emails, me dijeron que el apartamento que era perfecto para ellas costaba un millón de dólares, con cuatro cocheras incluidas, tres cuartos, tres baños, bien grande, primer piso. Sabían que yo tenía dos millones en mis cuentas fuera del Perú, y si era buena gente tenía que mojarme comprándoles el apartamento de un millón.

Así fue. Les dije, para quedar como un buen padre, un campeón, un marido divorciado muy generoso: «Claro, chicas, lo compramos, es un hecho, trato cerrado.» Y luego las sorprendí: «¿Y qué tal si yo compro el piso de arriba y así cuando voy a Lima a visitarlas ya no me tengo que quedar en un hotel?» Les pareció una gran idea, se entusiasmaron, negocié con el constructor italiano, me dijo que los apartamentos me los dejaba en dos millones, con ocho cocheras y los mejores acabados. Era toda la plata que tenía en el banco en Miami después de treinta años rebuznando como un asno en televisión aquí y allá. Dije: «Al carajo, la buena racha va a seguir, no seas pesimista, aviéntate a la piscina y queda como un ganador.» Compré los dos pisos, el de abajo para Casandra y las niñas, el de arriba para mí. Y le dije a Casandra que cada uno tendría absoluta autonomía en su apartamento: si ella quería pasar la noche con alguien en su piso uno, genial, y si yo quería hacer lo que me diera la gana en mi piso dos, genial, cada uno era dueño de su casa y éramos divorciados y ya estábamos grandes para hacer escenas ridículas de celos.

Casandra no estuvo muy de acuerdo con eso de que yo podía tirar arriba con mi novio, se ofuscó, dijo que eso podía confundir a las niñas, y yo me frené y escribí una columna en el periódico *El Siglo XXI*, contando el conflicto y diciéndole a Casandra que si no me daba absoluta libertad en el piso dos, la misma de la que ella disponía en su primer piso, entonces mejor deshacía la compra y no jugábamos a ser vecinos si éramos incapaces de ser ante todo amigos, como se lo había pedido por periódico en mi columna de los lunes. Casandra aceptó de mala gana, pero fue una primera señal de alarma. Compré los pisos. No por una orden mía, el constructor italiano, al recibir el dinero, inscribió los apartamentos a mi nombre. Pero le dije a Casandra: «Es una formalidad, una tontería, está a mi nombre pero es tuyo, es tuyo y será tuyo toda la vida, y más adelante lo pondremos a tu nombre.» Ponerlo a su nombre costaba cincuenta mil dólares en absurdos trámites legales y notariales. «No tiene sentido», dijo Casandra. «Confía en mí —dije yo—, el apartamento es tuyo y nunca nadie te sacará de aquí, a menos que quieras venderlo.»

Hay una chica en mi cama, es lunes y en dos horas tengo que dejar el hotel y correr a darle un beso a Pilar, mi hija menor, que está enferma, y luego correr en medio del tráfico caótico de Lima para llegar a tiempo a tomar el vuelo de regreso a Miami.

La chica es Lucía y sabe que he reservado esas dos horas con ella y no tengo un minuto más, sabe que he llegado a Lima el día anterior y no he podido verla porque he estado enredado en compromisos familiares y grabaciones en el canal de televisión. La chica también sabe que esa mañana no he podido verla porque he acudido a una dependencia policial a someterme a un interrogatorio derivado de la querella que ha planteado contra mí una señora ignorante y famosa que se niega a aceptar que el tiempo nos corroe a todos y la televisión es una fiesta que no dura para siempre.

Lucía está callada y por eso me gusta. Ha dejado a su novio y ha ido a buscarme al estudio de televisión varios domingos seguidos; me ha regalado fotos suyas (algunas perturbadoras, en el mejor sentido) y me ha dicho que solo quiere ser mi amiga, sabiendo que eso es imposible y es demasiado joven y deseable como para que me resigne a ser su amigo. Lucía ha abandonado la universidad, ha conseguido que yo pague todo el semestre para que su padre no se entere de que ya no estudia psicología, se ha matriculado en un taller literario dictado por dos escritores que se han pasado la vida diciendo que soy un escritor malo o incluso pésimo, y me ha dado a leer algunos cuentos que ha escrito, unos cuentos que me han gustado mucho, tanto que le he prometido que quizás algún día los publicaré.

Los cuentos son todos muy personales y suelen narrar las peleas que ella tiene con su madre, que es adicta a las pastillas, y su padre, que fue alcohólico y, sin embargo, es un avezado jugador de frontón, y con su ex novio Lucas, que la acosa por teléfono y le ruega que vuelva con él y alivia su tristeza visitando prostíbulos, cosa que él inexplicablemente le cuenta y a ella le da asco y ganas de no verlo más.

Lucía y yo nos hemos visto varias veces en ese hotel de Lima, el Urano, y nos hemos besado y tocado y ella ha cumplido con perfecta sumisión las bajezas que le he ordenado, pero no se podría decir que hemos hecho el amor, han sido solo unos breves encuentros en los que la amistad, sus cuentos tristes y el deseo se han entremezclado y han terminado conmigo metiendo dólares en su cartera para que pueda pagar el taller literario que dictan los escritores que se consideran infinitamente superiores a mí y no pierden ocasión de despedazar cada novela que publico.

Esta noche, sin embargo, y tal vez porque sabemos que solo disponemos de dos horas, las cosas ocurren como si tuviesen que ocurrir, como si estuviesen escritas en un guion: nos besamos, nos quitamos la ropa y le pregunto si debo ponerme un condón y ella me dice que no, que toma pastillas, y sin perder tiempo se sienta a horcajadas sobre mí y cabalga mientras yo tiro de sus pelos marrones y pienso si será verdad que toma pastillas y si debo terminar dentro de ella corriendo el riesgo de dejarla embarazada a sus apenas veinte años y yo con una hija de dieciséis que es más alta que esa chica que está agitándose sobre mí.

Como suele ocurrirme en esos momentos, me abandono a la fortuna que reserve el destino y entonces hacemos el amor, solo que es un acto breve, desesperado, impregnado de una extraña tristeza, porque ambos sabemos que no nos veremos en un tiempo largo y quizá no nos veremos más.

Después, mientras ella se viste, meto mis cosas atropelladamente en el maletín de mano, llamo al botones, pago la cuenta, la subo a un taxi sin darle siquiera un beso y manejo como un suicida para llegar a tiempo a darle un beso a mi hija enferma con cuarenta de fiebre y luego llegar atropellándome al vuelo que me instalará de vuelta en la vida sedentaria y cálida de la isla, lejos de mis hijas, mi madre, mi chica callada y tal vez ahora embarazada.

Porque ocurre enseguida lo que era predecible: Lucía me escribe preguntándome si tengo sida. Le digo que no. Me pregunta cómo estoy tan seguro. Le digo que estoy seguro. Le pregunto si es verdad que toma pastillas. Me asegura que sí. Le digo que no le creo. Le digo que seguramente ya está embarazada. Le digo que si está embarazada me encantaría tener un hijo con ella. Me dice que no está embarazada y que si lo estuviera abortaría sin pensarlo dos veces. Deja de escribirme unos días. Luego me escribe y dice que le vino la regla. No sé si creerla. En todo caso, sé que no quiero verla en un tiempo. No quiero más enredos amorosos en mi vida. Se lo digo: «Quiero estar solo, radicalmente solo, no me escribas más, no vayas a verme al canal, no me busques en el hotel.»

Lucía me dice que soy «un egocéntrico y un vanidoso» (usa esas palabras) y solo una persona tan egocéntrica y vanidosa es capaz de hacerle lo que yo le hice: llamarla al hotel, tener sexo apurado con ella, subirla a un taxi y decirle que no quiero verla por un tiempo indefinido. Le digo que probablemente tiene razón, pero que no olvide que puedo ser generoso además de vanidoso, porque pagué todo el semestre que dejó de ir a la universidad, mintiéndoles a sus padres.

Lucía es preciosa y escribe bien, y cuando veo sus fotos la extraño y pienso en ella haciéndome el amor, en llevarla de viaje a una playa y disfrutar abusivamente de su cuerpo. Le pregunto si está dispuesta a viajar conmigo escapando de Lima en las fiestas de fin de año. Me dice que sí. Luego me manda un cuento en el que recrea la escena del hotel: ella es la inocente aspirante a artista que ha caído en la emboscada que le ha tendido vilmente el escritor egocéntrico, quien, después de usar de forma inmoderada su cuerpo, le mete plata en la cartera como si fuera una prostituta, lo que a ella le resulta humillante. Le escribo diciéndole que ya no tengo ganas de seguir leyendo sus cuentos y si mi plata le resulta humillante, debió decírmelo y no aceptarla en silencio y luego quejarse escribiendo cuentos sobre su vida torturada para que sus profesores del taller la elogien, sospechando que ese egocéntrico que compra las caricias y los labios de aquella pobre chica soy yo, el escritor frívolo al que ellos detestan.

La historia con Lucía, la chica que me dijo que quería ser solo mi amiga, que dejó a su novio y la universidad para ser escritora y me miraba desde una esquina del estudio de televisión todos los domingos con un aire de superioridad (como diciéndome que mi programa era un adefesio y yo no merecía a una chica tan joven y bella como ella), parece haber terminado de momento, porque ella me ha dicho que soy peor aún de lo que parezco en televisión, y yo le he dicho que no me interesa leer sus cuentos ni verla más. Y entonces ella me ha preguntado: «¿Y no vas a cumplir tu promesa de publicar mis cuentos?» Y yo le he dicho que las malas personas rara vez cumplen sus promesas y que ella supo desde el primer domingo que fue a sonreírme, coqueta, al estudio, que yo era una mala persona y no sería su amigo, sino su amante mercenario y delator.

(Jaime Baylys, «El amante mercenario y delator», *El Siglo XXI*)

Apenas los apartamentos estuvieron terminados, Casandra me pidió plata para decorarlos. Le mandé cien mil dólares. Decoró el primer piso, era más urgente, y luego se quedó corta de plata para el segundo y le mandé más dinero. Antes de las navidades, se mudaron. Estaban felices. Por fin habían cumplido su sueño, o el sueño de Casandra, de irse de la casa del vivero en el barrio de Andrómeda, la casa hacienda de su madre y su padrastro, donde habían terminado viviendo casi quince años relativamente felices. Se alejaron del colegio, ahora tenían que salir más temprano, pero tenían chofer y camionetas, todo pagado por mí, y estaban contentas. Yo, que había vivido siempre en hoteles cuando pasaba por Lima, ciudad en la que prefería no quedarme a vivir, seguí viviendo en un hotel de Bogotá de lunes a viernes, haciendo el programa de televisión, y en Lima, los fines de semana, haciendo otro programa los domingos.

Cuando Casandra terminó de decorar mi apartamento con todos los lujos y comodidades, dejé de ir al hotel Neptuno de Lima los fines de semana y me instalé en el apartamento de Marte, un piso arriba del que ellas ocupaban. Todo parecía predispuesto a la felicidad. Las empleadas de Casandra se ocupaban de cocinar lo que me gustara, Casandra me llamaba a almorzar cuando las niñas llegaban del colegio, los domingos salíamos a desayunar los cuatro al hotel Neptuno, después de leer los periódicos que me daban, como candidato presidencial, un cuatro o cinco por ciento de intención de voto en las elecciones del año siguiente. Casandra veía con entusiasmo mi candidatura, no ya digamos mi madre. Casandra se había enamorado viéndome en televisión veinte años atrás, cuando solo hablaba de política y apoyaba apasionadamente a Vargas Llosa, y creía que mi destino inexorable era ser presidente del país. Mi madre me lo había dicho desde niño: «Tú eres un líder nato, has nacido para ser presidente.» Yo me dejaba halagar el ego y veía la candidatura con simpatía, pero no tenía los tres o cuatro millones de dólares para financiarla y nadie estaba dispuesto a solventarme la campaña. Me había quedado sin plata tras comprar los apartamentos en Marte. Me quedaba menos de medio millón de dólares en mis cuentas, pero me iba bien en la televisión y confiaba que en cosa de un año llegaría al millón y tendría más liquidez. Casandra trabajaba en los negocios de su padrastro, pero le pagaban un sueldo ridículo que no le alcanzaba para nada, así de tacaños eran su padrastro y su madre arpía. Por fin, después de tantos años de soñar con tener su apartamento, su casa, Casandra se había dado el gusto, y además me tenía durmiendo en el piso de arriba, lo que daba la impresión de que estábamos muy necesitados de vernos (no necesariamente de tener sexo, pues no lo teníamos desde hacía diez años y las ganas o la urgencia no parecían presentarse por su parte ni por la mía), y que, siendo una familia disfuncional de padres divorciados, con padre puto y madre alcohólica, habíamos encontrado la manera de vivir juntos, en un mismo edificio, preservando el buen humor, comiendo cosas ricas y disfrutando de las niñas, que, con dieciséis y catorce años, hacían lo que querían y vivían rodeadas de amigos pelucones con los que se iban a la azotea o al parque a fumar sabe Dios qué hierbas.

Todo parecía presagiar que en ese edificio de Marte seríamos razonablemente felices. En unos años las niñas se irían a universidades en Estados Unidos, pero Casandra seguiría en su piso uno y yo, en el piso dos. Y yo, que estaba exhausto de viajar todos los fines de semana, notifiqué a mis socios colombianos de la televisión que en junio, expirado el contrato, no renovaría y me iría a Lima, lo que ellos tomaron como una mala noticia y trataron de disuadirme, pero les expliqué que llevaba veinte años o más viajando todos los fines de semana a Lima y el cuerpo ya no me daba para esos trajines extenuantes. En junio me despedí del canal colombiano, me mudé a Lima y anuncié en mi columna de los lunes en el periódico *El Siglo XXI* que me quedaría a vivir en Lima un año entero sin tomar un solo avión. Como el programa de los domingos llevaba cinco años de éxito consistente y era un buen negocio para el canal, y de paso para mí, me ofrecieron hacer el programa también de lunes a viernes a las once de la noche, con el mismo nombre *El niño terrible*. Acepté. Apenas terminase el mundial de fútbol, comenzaría el programa de lunes a viernes en vivo a las once, y los domingos haría el programa también en vivo de diez a doce de la noche. En total, ganaría cincuenta mil dólares al mes, antes de impuestos, después de pagar a todo mi equipo periodístico. Era muy buena plata y no tenía que subirme a un avión y tenía a mis hijas en el piso de abajo si quería verlas: a Carmen le faltaban dos años para terminar el colegio, y a Pilar, tres, o sea que todo había salido perfecto, redondo. Pensé que comprar esos apartamentos de Marte había sido la mejor decisión de mi vida.

Es sábado, dos de la tarde, estoy en una autopista, manejando un Jaguar azul con mi licencia de conducir suspendida por exceso de multas por manejar a excesiva velocidad, y estoy llegando a Hollywood, donde me espera una chica, Lucía, que no me atrevo a decir que es mi chica, pero me gustaría que lo fuera.

No estoy llegando a Hollywood, California, pues ese viaje me tomaría una semana en auto desde mi casa, solo estoy llegando a Hollywood, Florida, una hora al norte de la isla donde vivo, un pequeño pueblo rodeado de bosques y perdido en el medio de la nada. Pero no importa el estado en que se halla o en que yo me hallo, lo que importa es que hay una chica en Hollywood esperándome y dispuesta a mentirles a sus padres para salir conmigo, y eso me basta para ser feliz, lo que es una prueba de mi mediocridad y mi resignación ante ella y la certeza de que nada me salvará de ser un mediocre.

Lucía les ha dicho a sus padres que saldrá esa tarde «con un amigo gay». Es una verdad a medias. Es verdad que soy su amigo, aunque también lo es que

31

quiero acostarme con ella. Es verdad que soy gay, aunque también lo es que soy bisexual o que no he podido ser completamente gay y todavía me gustan las chicas como ella. Por eso estoy llegando a Hollywood: no porque quiera ser su «amigo gay», sino porque quiero llevarla a un hotel cerca de su casa, que ya he identificado mirando los mapas de Google y cuyas coordenadas llevo anotadas en un papel. Mi propósito es entonces claro y deshonesto: recoger a Lucía, que no es del todo mi chica, sin que sus padres me vean (porque ella no ha precisado quién es exactamente ese amigo gay y ellos han tenido la prudencia de no preguntar), llevarla al hotel de cuatro estrellas cerca de su casa y atreverme a ser un hombre todavía, los residuos o escombros del hombre que alguna vez fui.

Dicho deseo o ambición subalterna no está exento de riesgos y temores por mi parte y la suya. Por mi parte, temo que no se me ponga dura, porque hace semanas, si no meses, que, debido a la masiva cantidad de pastillas que trago para dormir y no deprimirme y soportarme y no rendirme, creo que me he vuelto del todo impotente, y si llevo a Lucía al hotel, quizá fracase miserablemente ante ella, pero estoy dispuesto a correr el riesgo, y en ese sentido digamos que soy, sí, su «amigo gay», porque sé que a ella no le importaría si soy incapaz de producir una erección y se reiría conmigo. Por su parte, Lucía tal vez teme que mi interés por ella sea meramente sexual y cuando piensa eso se queda triste y confundida, y no sabe si le conviene seguir saliendo con ese hombre panzón, con fama de marica, que podría ser su padre. Ahora Lucía está en el Jaguar azul y parece contenta y su belleza me conmueve y sobrepasa y subordina por completo al imperio de sus caprichos. Le pregunto adónde quiere ir. Me dice que quiere tomar algo. Le pregunto si está bien si vamos a un hotel. Me dice que no le parece una buena idea. Comprendo. Lo acepto con espíritu deportivo: la chica quiere pasear, no meterse a la cama conmigo.

Vamos a un café y tomamos algo y comemos un pastel de manzana y voy al baño de hombres y dejo un mojón de proporciones, y luego ella va al baño y hace algo que no me cuenta (me encanta que las mujeres me cuenten sus pequeñas miserias escatológicas).

Lucía es muy linda y tiene cara de niña y la gente que me saluda piensa que es mi hija, o algunos, más suspicaces, piensan que es mi amante menor de edad y soy un pervertido, un depravado. Pero Lucía no es menor de edad, tiene veinte años, solo que su cara no los delata, parece de dieciséis o diecisiete, y por eso me gusta más. La chica habla poco y sonríe a medias y no es eufórica ni expresiva y solo me cuenta que sigue escribiendo su novela, pero se niega a dármela a leer o decirme siquiera el título provisional. Yo la admiro porque ha tenido el coraje, a esa precoz edad, de salirse de la autopista y perderse en el bosque de sus fantasías, extraviarse en el laberinto de su soledad y sus sueños de ser una escritora incomprendida. Por lo poco que he leído de ella, sé que está condenada a ser una escritora y es valiente para contar las historias que el destino le ha impuesto. Por lo poco que la he besado, sé también que es valiente para jugar el juego del amor.

Luego le pregunto qué quiere hacer, ya que no quiere ir al hotel. Me dice que quiere dar vueltas por ahí. La llevo a una tienda de ropa y le compro cosas lindas, medias, gorritos, chalinas, guantes, cosas que se va probando en el espejo y la hacen sonreír, y me llenan de una felicidad despojada de todo deseo de poseerla sexualmente, de una felicidad digamos paternal, de hermano mayor o «amigo gay».

Parece ser entonces que ella no les mintió a sus padres cuando dijo que saldría con un «amigo gay». A eso me ha reducido o elevado esa tarde, a pesar de mis otros deseos ya proscritos por ella. Y no por eso estoy frustrado o descontento, siento que es una tarde linda, con una chica linda, en un pueblo no tan lindo llamado Hollywood, Florida, lo que, sin embargo, lo hace algo más curioso o memorable.

Luego subimos al auto y le pregunto adónde quiere ir, si ya podemos ir al hotel a besarnos un rato, y me dice que no tiene ganas de ir a ningún hotel, tiene ganas de ver el mar. Sus deseos son órdenes, soy su leal y obediente servidor, su belleza me derrota y esclaviza. Manejo a toda prisa, con la licencia suspendida, por una autopista que nos lleva a una playa, Dania Beach, perdida en el medio de la nada. Hay un bar. Hay una orquesta tocando una música chirriante en el bar. Hay una mesa de billar y otra de ping-pong. Hay unos borrachos encantadores que se parecen todos a Mickey Rourke.

Entramos en el bar, pedimos limonadas y sándwiches de pollo y contemplamos en silencio a esos personajes marginales, tatuados, solitarios, derrotados, alcoholizados, dopados, encantadores. Yo miro el ping-pong y, cuando termina un juego entre dos extraños, reto a un Mickey Rourke amateur a jugar conmigo, ya que Lucía se niega a jugar ping-pong, dice que le da vergüenza. Ahora estamos jugando Mickey Rourke y yo en esa mesa con olor a alcohol barato y aserrín, en medio de un fragor de canciones pueblerinas, y mis ojos están clavados en la trayectoria azarosa de la bolita y no hay nada más importante en toda mi puta vida que ganarle a ese Mickey Rourke tatuado, y que fuma y bebe ron y maldice en inglés cuando pierde un punto. No fue fácil ganarle, la cosa fue reñida y salpicada de insultos y miradas turbias, pero conseguí prevalecer, sin duda gracias a que mi chica estaba mirándome.

Creo que cuando le gané a Mickey Rourke, Lucía me vio con otros ojos, cambió de planes y me dijo, caminando por la arena, espantando a las gaviotas que querían arrancarnos un pedazo de pan, que si todavía quería ir al hotel, ella ahora sí que tenía ganas.

Creo que fue mi triunfo inesperado en el ping-pong lo que me ayudó a convencerla de que todavía podía jugar ese juego y otros también, y no salir derrotado como un miserable perdedor.

Como en efecto no salí perdiendo, enredado con Lucía en las sábanas de un hotel barato, perdido en una calle de Hollywood, Florida, amándonos una y dos veces, volviendo sorprendentemente a ser un hombre, sintiendo que esa chica podía erizarme como ninguna mujer me había gustado hacía tanto, tanto tiempo.

Fue así como, abrazando a esa chica desnuda que podía ser mi hija, escuchando las canciones de Jack Johnson que ella me había pedido que le comprase aquella tarde, sintiendo que le había ganado el bravo desafío a Mickey Rourke y había hecho el amor con mi chica en Hollywood un sábado de enero a la tarde, sentí que, contra todo pronóstico, y sin que nadie se enterase, había logrado finalmente, a mi manera, triunfar en Hollywood, y eso era algo que nunca olvidaría, y con suerte Lucía tampoco.

(Jaime Baylys, «Triunfar en Hollywood»,
*El Siglo XXI*)


Llevaba ocho años de novio con un argentino llamado Leopoldo Camacho. Los primeros seis años fuimos felices, los últimos dos la cosa decayó porque me fui a Bogotá y él se quedó en Buenos Aires, y apenas nos veíamos una o dos veces al año. La última vez que lo había visto había sido en Bogotá, antes de despedirme de esa ciudad y mudarme a Lima. Meses después, ante su insistencia por verme, y dado que yo no podía viajar a Buenos Aires, porque en Lima salía en televisión seis de los siete días de la semana y mi salud estaba muy desmejorada tras veinte años viajando como un demente, pensé que podía ser una buena idea que Leopoldo viniera una semana y se quedara en uno de los cuartos de mi apartamento de Marte. Esos cuartos, dos, eran de mis hijas, pero ellas dormían en el piso de abajo con su madre, y no pensé que se molestarían si le prestaba el cuarto a Leopoldo una semana.

Mis hijas conocían a Leopoldo desde que me enamoré de él, habíamos viajado juntos los cuatro muchas veces y se llevaban razonablemente bien con él. Casandra no lo conocía y no quería conocerlo y tenía una pobre opinión de él, decía que era un acomplejado y solo me quería por mi dinero, y los primeros años con Leopoldo me hizo la guerra para que yo no pudiese viajar con mis hijas a estar con él un par de semanas en Buenos Aires, Santiago o Miami. Leopoldo era en cierto modo parte de la familia, al menos para mis hijas, que lo llamaban Leo y se divertían cuando estaban con él. Una noche, después del programa, le dije a Casandra que Leopoldo quería venir a visitarme y quería alojarlo en mi apartamento. Le dije: «No tienes que saludarlo, no tienes que verlo, él se quedará en el piso de arriba y hará una vida tranquila conmigo.» Casandra se enfureció. Dijo que le parecía una falta de respeto, que nuestros apartamentos eran «un hogar familiar», y si Leopoldo venía a visitarme se rompería esa condición de «hogar familiar» y ella quedaría humillada, teniendo que escuchar cómo Leopoldo y yo follábamos en el piso de arriba. Traté de hacerla entrar en razón, le recordé que teníamos un pacto de honor según el cual cada uno era dueño de su casa y podía dormir en ella con quien quisiera, pero fue imposible, no razonó, se atrincheró en su odio a Leopoldo y dijo que de ninguna manera permitiría que ese sujeto impresentable se metiera en nuestro edificio a perturbar «la paz familiar». Además, le pareció de pésimo gusto que yo estuviese pensando que Leopoldo durmiera en el cuarto que nuestra hija Carmen tenía en mi apartamento, donde colgaba sus cuadros y a veces subía a pintar. «Ese cuarto es de Carmen, es su taller de pintura. ¿Cómo se te ocurre que vas a meter allí a tu novio argentino? Sería un desplante para ella», alegó Casandra a gritos.

Más tarde llamé a Leopoldo y le dije que Casandra había prohibido su entrada en el edificio de la calle Marte, y añadí que mejor sería que se quedara en un hotel cercano. Leopoldo se sintió ofendido, traicionado, dijo que Casandra era una perra, una malagradecida, no tenía derecho de echarlo de un apartamento, el piso dos, que yo había comprado y era mío, él era mi novio y tenía derecho a dormir allí si a mí me daba la gana. Le di la razón, pero le dije que no quería una guerra en el edificio y le rogué que fuese humilde e hiciera la concesión y se fuera al hotel cercano. Llamé al hotel e hice la reserva. Pero quedé furioso con Casandra. Pensé: no llevamos siquiera medio año viviendo juntos y acaba de romper el pacto de buenos vecinos y amigos que hicimos cuando compré los apartamentos. «Un hogar familiar», los cojones. Yo soy puto, tengo novio, lo lógico es que el hogar familiar incorpore tranquilamente y sin sobresaltos al padre puto y a su novio de ocho años, queridísimo por mis hijas. Pero Casandra, digna hija de su madre, se empecinó en que Leopoldo no entraría en nuestro «hogar familiar», y yo me quedé descolocado, incómodo, humillado, pensando qué insolencia y qué descaro tiene esta loca para decidir quién puede entrar en mi apartamento del segundo piso.

Regreso a casa en Miami después de pasar cuatro días en un hospital. El médico me dijo que sería una operación sencilla, que esa misma noche volvería a casa, pero las cosas se complicaron y tuvieron que operarme de nuevo, y me dejaron internado cuatro noches, soportando los chillidos de las enfermeras en el parlante del cuarto (lo mismo que cuando vas en un taxi y escuchas las conversaciones de la central con las unidades) y entubado a una bolsa de suero a la que añadían una forma suave de morfina cada cuatro horas para aliviar el dolor. Sonaba el teléfono, pero no podía pararme a contestarlo. Tampoco podía ir al baño y una enfermera me amenazaba con meterme un tubo por la poronga para sacarme ríos de orín. Una tarde vino una señora parecida a mi madre, me puso un crucifijo rojo en el pecho y rezó por mi alma. Esa noche meé con el crucifijo haciendo un péndulo sobre mi poronga asustada.

Salí en silla de ruedas del hospital. Demoraron una hora en traer la maldita silla. Si salía caminando, ya estaría en la isla, refunfuñé cuando llegó la enfermera con la silla. Me dejó afuera del hospital. Me preguntó si vendrían a recogerme. Le dije que sí. Era mentira. Cuando se fue, me puse de pie y caminé sin saber adónde había dejado el auto. La luz del sol me cegaba. A duras penas podía cargar el bolso. Caminé sintiendo cada paso, como si me hubieran violado los reos de un penal de máxima seguridad, y subí unas escaleras que se me hicieron eternas y luego caminé extraviado por la playa de estacionamiento. Esa fue la peor parte, aún peor que los dolores que me atacaron después de la primera operación fallida. («Fue mi culpa —me dijo el doctor mexicano, con una franqueza inesperada—. Corté mal. Nunca fallo y con usted me viene a pasar.» «No se preocupe —le dije—. No lo voy a enjuiciar.») Cuando encontré el auto, cubierto por una fina capa de polvo, fue un alivio, sentí que estaba un paso más cerca de casa.

Los doctores me habían dicho que no podía conducir, estaba aturdido por las drogas, pero si en algo tenía experiencia era en conducir aturdido por las drogas. Manejé despacio, sintiendo cada hueco de la pista en la panza revuelta y agujerada, hasta llegar a casa. Al acercarme a la puerta, encontré una tarjeta que decía: «Detective Héctor Hernández, Policía de Sunrise. Por favor, llámeme lo más pronto posible.» Luego había escrito dos teléfonos en tinta negra.

Entré en casa y llamé al detective.

—Necesito hablar con usted de un asunto delicado —me dijo en inglés.

—Encantado —le dije—. Cuando usted quiera.

—¿Puede venir mañana a la estación?

—Lo siento, pero no será posible. Me han operado hace unos días y acaban de dejarme salir del hospital. No puedo moverme de casa.

—¿Le molesta si paso por su casa mañana?

—Lo espero mañana.

—¿A qué hora le conviene más?

—Después de la una, si no le molesta.

—Mañana a la una, entonces —dijo el detective.

—¿Puedo preguntarle de qué se trata?

—Es un asunto delicado. Tenemos pruebas que lo incriminan. Debemos tratarlo personalmente.

—Lo espero mañana entonces.

El detective jugaba a hacerse el misterioso y yo no sabía qué pruebas tenía contra mí.

Me eché en una de las camas de arriba y soñé que un coro de ángeles gays ponía en escena un musical maravilloso para mí, que mis ángeles gays del techo me daban la bienvenida. Era todo muy blanco, muy feliz, muy gay. Fue el mejor sueño de mi vida, mejor incluso que cuando soñé que volaba.

Al día siguiente, a la una, estaba sentado en la sala, esperando a la policía. A la una y media pude ver que un auto marrón, sin identificación policial, aparcó al lado del mío. Bajaron un hombre y una mujer. Cuando se acercaron al timbre, los esperaba de pie, con la puerta abierta. Los hice pasar. Les invité a tomar algo. Declinaron. Nos sentamos en la sala. El hombre se sentó más cerca de mí. La mujer era idéntica a Ellen de Generes. El hombre era calvo, de bigotes, y no se sacó las gafas de sol. Debía de ser Hernández. Dijo:

—Tenemos pruebas de que usted estuvo la tarde del sábado 24 de enero en un hotel de Sunrise con una menor de edad.

Luego me enseñó unas fotos. Allí estábamos Lucía y yo, entrando o saliendo del hotel rosado al que fuimos a ducharnos y escuchar las canciones que ella quería hacerme oír.

—Sí, recuerdo esa tarde —dije—. Somos Lucía y yo.

—Encontraron manchas de sangre en la habitación —dijo la mujer, que nunca me dijo su nombre y a la que yo quería preguntar si era hermana o pariente lejana de Ellen, porque no podía ser tan parecida no siendo de su familia.

—Sí, recuerdo las manchas —dije.

—¿Qué edad tiene su amiga? —preguntó el detective.

—Veinte años —respondí—. Nació en noviembre de 1988. Podría ser mi hija. Yo nací en febrero de 1965.

En ese momento no supe cuáles serían las consecuencias legales de mi declaración. Solo supe que había dicho la verdad. Si era un crimen para la policía de Sunrise, Florida, tener relaciones sexuales mutuamente consentidas con una chica de veinte años, enfrentaría las consecuencias con la misma humilde resignación con la que acepté, contrariando mi instinto paranoico, que unos extraños revolviesen mi estómago en el hospital.

—Necesitamos hablar con la sospechosa —dijo la mujer.

Odié que usara esa palabra, «sospechosa».

—Se llama Lucía Santamaría —le dije—. Está en Lima. ¿Quiere que la llame?

—No —intervino el detective—. Necesitamos ir a su casa.

—No vive acá —dije—. Estaba de visita con sus padres. Se quedaron en casa de su hermana María.

—¿Dónde vive su hermana? —preguntó la mujer.

—No lo recuerdo —dije—. Pero cerca del hotel. ¿Quiere que llame a Lucía y le pregunte?

—Por favor —dijo la mujer.

Llamé al móvil de Lucía en Lima y le conté que había dos policías en mi casa preguntándome su edad y la dirección de su hermana en Miami. Puse el altavoz. Lucía confirmó que tenía veinte años recién cumplidos. Luego buscó su agenda y les dio a los policías el teléfono y la dirección de su hermana María, en Sunrise.

—La policía me dice que voy a ir preso por hacer el amor contigo —me arriesgué—. Yo les he pedido que si me llevan preso, que vayamos juntos, porque tú eres cómplice del delito.

Lucía soltó una carcajada. Los policías se rieron. Fue un alivio. Nunca deseé tanto que una broma tuviera éxito. Las risas de la policía eran las mejores que había oído en años. Valió la pena arriesgarse a hacer la broma. Se rompió el hielo. Algo humano se instaló entre nosotros. Me despedí de Lucía, le dije que todo estaría bien, que no se preocupase.

—Por favor, explíquenos las manchas de sangre —me pidió la mujer.

Me pareció una pregunta insólita, viniendo de una mujer. Pensé que a su edad ya debería saber que las mujeres adultas, cada mes, se manchan de sangre. Se lo expliqué:

—Estaba menstruando.

—¿No era virgen? —preguntó el detective.

No entendí la naturaleza de la pregunta, a no ser por el morbo puro.

—No —dije—. No era virgen.

Casi añadí: «Lamento decepcionarlo.» Pero no quise jugar con fuego.

—Muy bien —dijo la mujer—. Iremos a hablar con la hermana. Si ella confirma la edad, no habrá ningún problema.

—Es que Lucía tiene cara de niña —dije—. Más de una vez nos han visto juntos y han pensado que era mi hija. Puedo comprender el malentendido.

—Nos llamaron del hotel —explicó el detective—. Nos dijeron que lo habían visto con una menor. Nos dijeron que habían encontrado sangre en las sábanas. Vimos los videos. Parece una menor. Tenemos que investigar.

—Comprendo —dije—. No hay problema.

—Además, leímos su artículo en el periódico —dijo la mujer—. Usted contaba que tuvo relaciones con una chica que parecía su hija. Y no precisaba la edad.

—Comprendo —dije, sorprendido de que la policía leyera mis artículos en *El Heraldo de Miami* como parte de sus investigaciones de rutina.

Antes de que se fueran, les dije a los detectives:

—Le advertí a Lucía que no se acercara a mí, que solo le traería problemas.

Me escucharon atentamente.

—Le dije que siempre meto en problemas a la gente a la que quiero. Pero no me hizo caso. Dejó la universidad. Quiere ser escritora. Está escribiendo una novela.

Siguieron escuchando a la espera de una confesión que les ahorrase el interrogatorio a la hermana.

—Yo soy escritor. Ella me conoció leyéndome. Le dije que la tarea de un escritor consiste en contar las historias que la vida le trae. Ahora creo que ustedes han entrado sin querer en la novela de Lucía.

Se miraron, sorprendidos o asustados o ambas cosas, me dieron la mano y subieron a su horrible auto marrón. Yo subí a duras penas las escaleras, tomé pastillas contra el dolor y me quedé esperando a que alguien, la policía de Sunrise o los ángeles gays o quienquiera que fuese, viniese a llevarme a un lugar distinto de ese.

(Jaime Baylys, «La policía viene a mi casa»,
*El Siglo XXI*)

Leopoldo no quiso venir a Lima a quedarse en un hotel, canceló el viaje, dijo que yo era un ridículo, un puto en el clóset que no se atrevía a mostrar a su novio argentino en Lima. Casandra se quedó feliz con el desenlace. Odiaba a Leopoldo, no quería conocerlo, no quería verlo ni en foto. Yo me quedé furioso con ella. Decidí que los cuartos de mis hijas en mi apartamento, que ellas en realidad no usaban, en los que no dormían ni veían la televisión, que Carmen usaba cada tanto como taller de pintura, los convertiría en cuartos de huéspedes para tener más independencia de Casandra y mis hijas, y poder alojar allí a mis amigos o amigas que eventualmente me visitasen. En represalia por la prohibición de Casandra a que Leopoldo se quedara en mi apartamento, hice sacar las pinturas de Carmen de su cuarto y las cosas de Pilar y redecoré los cuartos como fríos cuartos de huéspedes. Carmen se quedó resentida conmigo. Me escribió un email diciéndome: «Nunca me imaginé que botarías mis cuadros del cuarto que me habías dicho que era mío.» No los boté. Simplemente los despaché al piso de abajo. Pero la humillé, fui un idiota, no debí hacer eso. Pilar no me dijo nada, pero dejó de subir al segundo piso y cuando la llamaba al celular para pedirle que viniera a saludarme, me cortaba.

El viaje fallido de Leopoldo dejó esa primera pelea: Casandra me hizo sentir un prisionero en el jodido «hogar familiar»; perdí la calma y saqué los cuadros de Carmen de su taller en mi apartamento, redecoré los cuartos de mis hijas, convirtiéndolos en cuartos impersonales de nadie para alojar a supuestos visitantes extranjeros que ya vendrían a hospedarse en mi casa (¿qué visitantes?, ninguno, era solo una manera de decirle a Casandra: «me has ganado esta vez con Leopoldo, pero en un tiempo voy a invitar a mi amiga chilena María Gracia y no voy a permitir que ejerzas tu censura mojigata de monja superiora»), y en general el ambiente se tensó un poco.

Quiero tener un hijo. Estoy impaciente por tener un hijo. Estoy desesperado por tener un hijo. Siento que se me escapa la vida y no quiero irme sin dejar un hijo.

Quiero que mi hijo se llame James, James a secas, James como me llaman mis hermanos. Jaime es un nombre atroz, un nombre sumiso, de chofer, de mayordomo. Yo soy un mayordomo, solo que no tengo claro quién es mi amo. Creo que soy un mayordomo de mí mismo.

Quiero que James sea gay. Sé que no depende de mí, pero si pudiera elegir, lo haría gay, condenadamente gay, felizmente gay, todo lo gay que no pude ser yo. No es improbable que lo sea. En mi familia no son infrecuentes los genes alegres. Abundan. A veces se esconden, a veces irrumpen con insolencia, pero están por todos lados. O sea que James, con suerte, saldrá gay. Dios quiera. Sería lindo tener un hijo muy gay.

Quiero que James nazca en una ciudad propicia para la felicidad. Es decir que no quiero que nazca en Lima ni en ninguna ciudad, aldea o caserío peruano. Quiero que nazca en Londres, Estocolmo o Copenhague. Lo lógico y natural sería que naciera en Londres porque de allí vienen mis antepasados, ilustres borrachos tacaños. Nunca entenderé cómo y por qué un señor británico se subió a un barco, huyendo sabe Dios de qué, y terminó arrojado meses después en el puerto del Callao, que era como irse al infierno sin haberse muerto. Nunca debió huir de su isla flemática y afincarse en el país gris. Mucha desdicha, muchas suertes torcidas, mucha infelicidad soterrada, muchos destinos castrados, mutilados, se desprendieron de aquella incomprensible decisión que tomó el caballero británico.

Quiero que James sea peluquero, diseñador de moda o decorador de interiores. Quiero que sea muy bello y persiga ciegamente la belleza y solo la belleza. Quiero que solo crea en lo que se puede ver y tocar, y se ame a sí mismo más que a todos los prójimos sumados y hacinados. Quiero que sea egoísta, ególatra, egocéntrico. Quiero que esté absolutamente fascinado de conocerse. Quiero que sus manos le den más placer que las de cualquier otra criatura humana.

Quiero que James no se parezca en nada a mí y se parezca completamente a su madre.

El problema es que no sé quién debería ser su madre.

Aquí es cuando las cosas se enredan y me dan ganas de llorar como una quinceañera, que es la única manera de llorar que conozco.

Lo natural, predecible y políticamente correcto sería que la madre de James fuese Casandra. Es bella, elegante, refinada, irresistible. Me sigue pareciendo una mujer a la que tenía que perseguir por medio mundo, a la que tenía que robar de los brazos de su novio francés, quien se quiso matar por despecho y no supo ejecutar cabalmente su empresa suicida (ya se sabe que los franceses no son buenos en el oficio de matar).

¿Por qué no estoy convencido de que Casandra debe ser la madre de James?

Porque está felizmente instalada en Lima y, si consiguiera convencerla de dejarse embarazar de nuevo por mí, no dudo de que ella elegiría, sin negociar un ápice, que los nueve meses preñada y el parto a gritos tendrían lugar en Lima, acompañada de sus amigas, sus hijas, su madre. James sería entonces peruano, nacería contagiado de ese virus incurable, estaría condenado a padecer esa enfermedad corrosiva que es la pertenencia a nuestra bárbara tribu instalada a orillas del Pacífico. James no debe ser peruano en ningún caso, debe crecer lejos del Perú. James, si queremos que sea verdaderamente James, debe ver el Perú como yo veo a esa araña en la esquina del techo de mi casa: como una amenaza peligrosa.

Lo siento por Casandra, pero no será la madre de James.

¿Quién será entonces la madre?

No lo sé todavía, pero ando buscándola con cierta impaciencia porque sé que no me queda mucha vida, y no escribo esto por frivolidad, lo sé porque lo sé, lo sé y no respondo a preguntas.

Le pedí a Princesa Austríaca, besándonos de madrugada en Madrid, que fuese la madre de James.

Princesa Austríaca, ennoviada con un argentino millonario, hijo de un embajador argentino, se deshizo en una carcajada y me dio un beso de despedida, y nunca más supe de ella, solo me quedan las fotos que nos hicimos montando en bicicleta por el Retiro.

Le pedí a Mariposa Inmortal, volando por el Caribe, donde ella cobró vida, que me dejara entrar en ella, alojase en su vientre alado al pequeño James, viniese conmigo a Londres o Copenhague a parir a nuestro benjamín. «¿Le haríamos la circuncisión?», preguntó Mariposa Inmortal. Pensé entonces que había encontrado a la madre perfecta. «Por supuesto», respondí. Es una cuestión de higiene y estética y respeto a las tradiciones familiares. Mariposa Inmortal estuvo de acuerdo en que un pene circuncidado es superior a uno encapuchado. Todo parecía confluir favorablemente. Pero Mariposa Inmortal rompió a llorar y dijo que en los próximos cinco años no podía ser madre porque así se lo había dicho su bruja pitonisa: «Mariposa, me ha dicho la Virgen, que se me ha aparecido sentada sobre mi cabeza (y no pesaba nada la Virgencita), que no debes ser madre en los próximos cinco años, porque si quedas preñada en esos cinco años abortarás un feto sin ojos.» Mariposa Inmortal nunca osaría desobedecer a su bruja pitonisa y a la Virgen que se le sentó encima.

Cinco años es demasiado tiempo para mí. En cinco años estaré muerto o casi muerto. En cinco años seré cenizas o carne podrida, o ese tipo que agoniza detrás de las cortinas atendido por una enfermera gorda filipina que se come mi gelatina.

Hay que capturar el momento. Es ahora o nunca. Tengo que secuestrar a una mujer, llevarla conmigo a Copenhague y ponerla a parir.

Le he pedido a Lucía, alias Escritora Maldita, que me haga el favor. Escritora Maldita es bella, loca, maldita, no le tiene miedo a nada. Escritora Maldita está dispuesta a ser la madre de James en Londres, Copenhague, Estocolmo o donde yo la lleve. Escritora Maldita tiene apenas veinte años y, si bien no encuentra apetecible mi cuerpo estragado, sí que se deja tentar por la idea de escapar a una monarquía escandinava y parir a mi hijo idealmente gay.

El problema parecía resuelto: Escritora Maldita y yo haríamos el amor, haríamos el amor tantas veces como fuesen necesarias para que ella quedase preñada, esperanzada, esperando a James. Luego escaparíamos a Copenhague, no a Londres ni Estocolmo, a Copenhague ciertamente.

¿Por qué a Copenhague? Una vez vi a la actriz Gwyneth Paltrow diciendo que Copenhague era la ciudad más bella del mundo. Creo que es una verdad irrefutable y científicamente demostrable que la señora Paltrow es la criatura viva más hermosa del planeta. Lo que me lleva a la conclusión de que James no debe nacer en Londres, como sus antepasados borrachos y tacaños, James debe nacer en Copenhague y ser un súbdito leal del reino de Dinamarca y la corona danesa (moneda con la cual he de pagar el parto).

Todo estaba bien pensado: James, gay, peluquero, danés, hijo de Lucía Santamaría, Escritora Maldita, inmediatamente circuncidado. No me moriría sin concederme esa menuda extravagancia.

Esta mañana he comprado los pasajes aéreos. Escritora Maldita y yo viajaremos a Nueva York y luego a Copenhague el primero de agosto y nos alojaremos en un hotel con vistas a los jardines Tívoli.

Hace un momento me llamó Lucía desde Lima y me dijo llorando (las cosas en Lima suelen decirse llorando) que no le habían dado la visa para entrar en Europa, que James no podría nacer en Copenhague porque una maldita-gorda-danesa-estreñida le había negado el sello en su pasaporte rojo peruano.

«No llores —le dije—. Nos casaremos en Miami, te pasaré la ciudadanía norteamericana y cuando te la den, iremos a Copenhague con James.»

Lucía se quedó feliz, pensando que nos casaremos en Miami. Yo me quedé triste porque sé que no me alcanzará el tiempo para que las autoridades migratorias norteamericanas le expidan el pasaporte a Escritora Maldita: el asunto es lento, toma años, lo sé porque lo he vivido.

(Jaime Baylys, «Esperando a James»,
*El Siglo XXI)*

A Lucía la conocí en el estudio de televisión en Lima, como parte del público, y me enamoré de ella en pocos meses. Estaba harta de su novio motociclista, Lucas, y yo, cansado de mi novio Leopoldo, al que tenía que ir a visitar a Buenos Aires cuando quería que me cogiera con delicadeza. Lucía tenía veinte años pero parecía menor, y eso le daba cierto morbo al asunto. Vivía con sus padres, estudiaba psicología en la universidad, se aburría, quería ser escritora, vivir sola. Nuestros primeros encuentros sexuales fueron en el hotel Urano y luego en el Neptuno, y cuando compré los apartamentos de Marte me imaginé que no habría ningún problema en que Lucía viniese a follar conmigo si nos daba la gana; por eso había sido muy claro con Casandra en decirle que cada uno era dueño de su casa, su cama, sus amantes, sus novios y revolcones, y esa era una regla de oro, respetar la libertad amorosa y sexual del otro, del vecino, para que todo fluyera y se preservara la armonía. Pero, por supuesto, ya mudados a los apartamentos, y después del incidente del viaje fallido de Leopoldo, no me atrevía a decirle a Lucía que viniera a mi apartamento. Prefería ir al suyo, que quedaba a cuatro cuadras, en la calle Júpiter. Lo habíamos alquilado por mil dólares al mes cuando ella y yo nos hicimos amantes, y ella me dijo que no soportaba más vivir con sus padres y que necesitaba un lugar para ella, para escribir, fumar porritos, oír música y bailar como loca y eventualmente tirar conmigo o su otro amante, Pepe, Pepito, con quien no tiraba del todo, pero era una delicia dándole sexo oral.

Lucía eligió ese apartamento, yo firmé el contrato a mi nombre, lo imprimí en la impresora de Casandra y así Casandra se enteró de todo y montó un escándalo porque yo estuviese alquilándole un apartamento a una chica de veinte años que era mi amante, y desde entonces quedó claro que si queríamos estar juntos, el lugar era el apartamento austero de Lucía en la calle Júpiter, no mi apartamento, porque el mío estaba bajo la vigilancia estricta de Casandra, que si veía a Lucía era capaz de decapitarla o destetarla. Lucía resultó alérgica al polvo del apartamento alquilado, así que me pidió que se llevasen todos los muebles viejos y entonces contraté a unos operarios que se llevaron todo el mobiliario del apartamento y les regalé todos esos muebles horrendos, llenos de polvo. Lucía cambió los pisos, los baños, compró camas nuevas, sofás nuevos, teles nuevas, cortinas nuevas, y dejó el apartamento impecable, como nuevo. Allí escribía tranquila y hacía su vida pajera, y no se acercaba al piso de la calle Marte porque sabía que Casandra la tenía entre ceja y ceja.

Tan loca estaba Casandra con Lucía de vecina a cuatro cuadras, que una noche me dijo que el portero del edificio de Marte había visto a Lucía dando vueltas en actitud sospechosa al lado del apartamento de Casandra en el primer piso, con un paquete, como si quisiera tirar algo, una bomba, una bolsa con caca, un animal muerto. «Estás delirando, Casandra, Lucía es incapaz de hacer una cosa así», le dije, y ella se puso su bata de vieja loca, me llevó al portero del edificio, hizo poner el video y efectivamente, esa gorda que pasaba una y otra vez por la calle aledaña a nuestro edificio no era Lucía ni a cojones. Me fui a dormir pensando que Casandra estaba oficialmente loca. Hacía diez años que habíamos dejado de tener sexo y ahora la veía como una señora fea, narigona, codiciosa, intrigante, la persona menos atractiva del mundo. Y a cuatro cuadras tenía a una chica linda, sexi, atrevida, con un culito delicioso, una chica que me volvía arrecho como nunca nadie me había vuelto así de calentón, ni hombre ni mujer. Todo el día pensaba en tener sexo con ella y no había noche que no tirásemos. Mientras tanto, en Buenos Aires, Leopoldo pensaba que seguía siendo mi novio y yo no lo llamaba y pensaba: ya se dará cuenta solo, si no lo llamo ni voy a verlo, de que la cosa se ha terminado.

Como me he propuesto pasar un tiempo en Lima sin subir a un avión, y como me gustaría ver cada dos o tres meses a Leopoldo, que vive en Buenos Aires, le digo a Casandra que me gustaría que Leopoldo viniese a Lima y se alojase en uno de los cuartos de huéspedes de mi apartamento.

Casandra se altera, llora de un modo incomprensible para mí y dice que si Leopoldo se quedase como invitado en uno de mis cuartos de huéspedes, la situación le resultaría simplemente insoportable y tendría que irse del apartamento de abajo, que compré para que ella viviera allí con nuestras hijas.

Comprendo que la oposición de Casandra es visceral, inconmovible e impermeable a la razón, así que me repliego derrotado y le digo que, como la familia está primero, Leopoldo, si quiere visitarme, tendrá que quedarse en un hotel cercano. Dicha concesión, sin embargo, no parece calmarla. Lo que al parecer le provoca tal desasosiego o angustia es que yo tenga ganas de ver a Leopoldo y él tenga ganas de verme a mí, y ambos coincidamos en que un año sin vernos no parece una buena idea.

Llamo por teléfono a Leopoldo y le doy la mala noticia a sabiendas de que le sentará fatal: «No puedes quedarte en mi casa, lo siento, es mi casa pero yo no decido a quién puedo invitar a dormir, eso lo decide Casandra.» Ella tiene poder de veto, de tacha, de recortar mi libertad al punto de decirme (no es una prohibición, es algo peor: una amenaza) que si Leopoldo se queda en mi casa, ella se irá de la casa de abajo con nuestras hijas, provocando una hecatombe familiar que de ningún modo quiero causar.

Como era previsible, Leopoldo se siente dolido y humillado y me dice que le parece patético que me rebaje a aceptar las invasiones de Casandra en el territorio de mi libertad, que debería mandarla al carajo y pelear por él, por nuestra amistad, y si ella quiere irse a otro lado, pues que se vaya. Trato de suavizar su postura. Es en vano. Desde luego tiene razón. Pero no puedo cambiar los sentimientos de Casandra y no quiero herirla más, y no quiero que se vaya de la casa de abajo con mis hijas.

Pero ni siquiera tiene que verme, alega con razón Leopoldo. Basta con que no suba a tu apartamento y yo no baje al suyo (que en realidad es tuyo, tú compraste los dos, más generoso no podrías ser con ella), y nadie le pide que sea mi mejor amiga, solo que entienda que no puede decidir quién entra y quién no entra a tu casa, quién se queda a dormir y quién no. Desde luego Leopoldo tiene razón. Pero los sentimientos no son gobernados por la razón y a Casandra le resulta intolerable, invivible, cohabitar con Leopoldo en el piso de arriba, aun sin verlo siquiera.

Como es siempre uno el que cede y otro el que se obstina en afirmar su capricho, y como es generalmente Leopoldo quien termina cediendo, hago una reserva en un hotel de la calle Saturno para que venga a visitarme y se quede allí, no muy lejos de mi apartamento. De todos modos, el asunto sigue fastidiándome porque siento que Casandra, más que humillar a Leopoldo, me ha hecho sentir que mi casa ya no es mi casa, soy un intruso o un extranjero en mi casa, y entonces ya me quiero ir de Lima, ya no quiero vivir allí si no siento que dispongo de plena libertad para hacer en mi casa (la que he comprado con mis ahorros) lo que me dé la gana.

Entretanto, y como la vida sigue y hay que pagar las cuentas y alguien tiene que trabajar para que otros tengan tiempo de llorar, paso en televisión un reportaje sentimental (la media hora que más trabajo me ha costado desde que trabajo en televisión, y son ya muchos años en televisión) sobre mi vida, mi infancia, mis primeras caras en la televisión, mi amor por Casandra, por nuestras hijas, una biografía cursi y emotiva en la que por supuesto no omito mostrar algunas fotos de Leopoldo y decir puramente la verdad: que es mi novio y compañero y socio, y que espero que lo sea hasta el último de mis días (Leopoldo me ha pasado esas fotos en las que sale convenientemente guapo). Casandra queda encantada con el reportaje, Leopoldo también, mis hijas también, yo más; pero hay una persona en el mundo, Lucía, que no ha visto el reportaje y a la que sus amigas chismosas y cizañeras llaman para despertarla y decirle: «Mira lo que ha hecho Baylys, no ha puesto tu foto en el reportaje, ni te ha mencionado; es un hijo de puta, qué vergüenza, qué humillación, yo no le perdonaría ese golpe bajo a ese maricón.»

Bruscamente despertada, Lucía, que no ha visto el reportaje, comete el error de hacer suyo el acalorado reclamo moral de sus amigas intrigantes, y de pronto siente que he emitido un reportaje de media hora en televisión sin mencionarla siquiera diez segundos, y llega a la atropellada conclusión de que eso es una putada, una cabronada, una mariconada imperdonable. Enseguida hace dos cosas violentas: me escribe un correo salpicado de insultos en el que me dice que no la veré más y luego da varios golpes de puño a dos espejos y los rompe, pero, lo que es peor, se rompe los nudillos de las manos y empieza a sangrar y termina en la Clínica Americana, que por suerte queda muy cerca de su apartamento, para que la atiendan y le pongan puntos en las heridas.

Tenemos a esas alturas a tres personas heridas, humilladas por mí: Casandra, que llora porque quiero hospedar a Leopoldo en mi casa; Leopoldo, que llora porque quiero despacharlo a un hotel cuando venga a Lima y me dice que no lo quiero como él merece que lo quieran; y Lucía, que llora porque no pasé una foto suya en el reportaje de la televisión (que ella no vio pero sus amigas le contaron con lujo de detalles). Podemos llegar a una primera conclusión, que no es novedad, no al menos para mí: tengo un talento natural para hacer llorar a la gente que más quiero.

Luego decido tomar algunas medidas para controlar los daños y restaurar la armonía o el equilibrio perdido. Primero, le digo a Casandra que no quiero que suba a mi apartamento y yo no bajaré al suyo, que cada uno es dueño de su casa, y por lo tanto yo invitaré a mi casa a quien me dé la gana, le guste a ella o no le guste, del mismo modo que ella y mis hijas pueden invitar al piso de abajo a quien les dé la gana (como en efecto hacen) sin pedirme permiso, autorización ni visto bueno. En términos prácticos, rompo relaciones diplomáticas con Casandra. Parece una decisión juiciosa. Pasan los días y siento que es mejor así. Ella no sube, yo no bajo, nos comunicamos por correo electrónico o por teléfono. Segundo, le digo a Leopoldo que, si quiere venir a Lima, podrá quedarse en el cuarto de huéspedes de mi apartamento, y si Casandra quiere hacer una escena absurda de celos o despecho e irse del apartamento de abajo, que proceda, no me interpondré en su camino. Tercero, visito a Lucía, le pido perdón, compro espejos nuevos y paso en la televisión tres fotos suyas (fotos que ella me ha mandado, en las que sale convenientemente linda), y digo en público que estoy orgulloso de ser su amigo. Lucía me había amenazado con irse del apartamento, y en efecto se fue al día siguiente de cortarse las manos, pero al llegar a casa de sus padres descubrió que su cuarto ya no lo era más, porque habían redecorado la habitación y la habían convertido en un estudio, es decir que no podía quedarse ya con sus padres y no tuvo más remedio que tragarse el orgullo y volver al apartamento del que, por otra parte, yo le rogaba que no se fuera (y en el que por suerte se quedó y sigue recibiéndome para escuchar música y reírnos).

Parecería entonces que la historia tuvo un final feliz. Pues no. El otro día fui a la feria del libro y dije (siempre hablo de más) que mi hígado no está del todo bien, que los doctores me aconsejan que no siga tomando tantas pastillas porque eso estropea el hígado más aún y algunos sugieren que me haga un trasplante. Dije enseguida (y no por hacerme el valiente, sino por puro cobarde) que no dejaré las pastillas ni me haré el trasplante, y que estoy seguro de que si sigo con las pastillas no moriré todavía y si en cambio me hago el trasplante algo saldrá mal y moriré seguro. Por decir esto, Leopoldo (quien, a pesar de estar en Buenos Aires, o precisamente por eso, se entera de todo sobre mí) me escribió diciéndome que soy un loco, un idiota, un suicida, un irresponsable y no quiere verme más, no vendrá a Lima, no se quedará en mi casa ni en un hotel, no quiere seguir sufriendo conmigo. Es decir que Leopoldo, debido a mi crisis hepática o mi falta de valor para resolver dicha crisis, decidió romper relaciones diplomáticas conmigo, y la ironía es que lo hizo luego de que yo rompiera relaciones diplomáticas con Casandra por defenderlo o defender su derecho a dormir en mi casa.

Reporto el siguiente parte de guerra desde mi trinchera, escuchando el silbido del fuego cruzado: no quiero que Casandra suba a mi casa, Casandra no quiere que Leopoldo venga a mi casa, Casandra no quiere que yo vea a Lucía, Leopoldo no quiere venir a mi casa ni a un hotel ni verme más, Lucía está mejor de las manos y luce bella y espléndida en los espejos nuevos, Lucía le ha regalado mi última novela a su padre, mi hija mayor ha tomado partido por su madre y tampoco quiere subir a saludarme. Vamos bien. Hemos de resistir. He venido a Lima a vivir y morir, y esa certeza me devuelve una cierta ironía o un cierto cinismo para reírme de todas estas zarandajas sentimentales que poco o nada me importan, porque, basta de hipocresías, cuando más feliz soy es cuando nadie me molesta y me dejan escribiendo como un orate en mi estudio.

(Jaime Baylys, «La sangre derramada»,
*El Siglo XXI*)

Estaba harto de viajar todos los fines de semana entre Miami y Lima, entre Lima y Buenos Aires, entre Lima y Bogotá. Me había pasado muchos años viajando como un demente y ya no podía más de aviones y aeropuertos. Todo sugería que pasar un tiempo en Lima sin subirme a aviones tenía sentido. Debí ser prudente y no sobreexponerme en la televisión peruana, declinar el programa diario y quedarme con el de los domingos, que ya era un éxito y llevaba varios años gozando de la preferencia del público. Pero me cegó el dinero, la codicia, las ganas de ganar más, ganar en Lima lo que antes ganaba en Miami y Bogotá, y sumar un buen ingreso mensual que me permitiera darme la buena vida que me había dado siempre. Todo comenzó en julio, después del mundial. El mundial de fútbol es el último punto de felicidad y armonía que recuerdo con Casandra y mis hijas, Carmen y Pilar. Lo vimos juntos, en el piso de arriba, Casandra haciéndome cafés y más cafés porque yo, lleno de Dormonids, me quedaba dormido a mitad del partido. Ya entonces tomaba ocho o diez Dormonids para dormir cada noche, además de muchas otras pastillas, pero esa era la más potente, la que me hacía dormir más profundamente. Vimos el mundial y todo estuvo bien, luego comencé el programa de lunes a viernes y seguí los domingos y era un placer no tener que correr a subirme a un avión cada fin de semana. Por supuesto, engordé. No hacía sino comer helados sándwiches D'Onofrio de chocolate con lúcuma, qué adicción, me comía ocho o diez cada noche, entre tandas de Dormonid.

Metido a opinar de política en el programa, como siempre me había metido a opinar, me opuse tenazmente a una candidata de derechas, religiosa, conservadora, a quien había apoyado en dos elecciones presidenciales, y apoyé, tal vez por mi sensibilidad gay, a una candidata de izquierdas que me parecía liberal, progresista, gay *friendly*, menos contaminada por el veneno religioso que la señora de derechas. Y me fui a la guerra en el programa contra la señora de derechas, que era la candidata del dueño del canal, Jacobo Friedman, y la de mi madre, y en defensa de la señora de izquierdas, gay *friendly*, que empezó a subir en las encuestas. Lo inteligente, dado el caso, hubiera sido tomarles el pelo a las dos, no tomar partido por ninguna, no atrincherarme con ninguna, mantener el tono humorístico, irreverente, burlón. Pero me perdió la vanidad, la tentación soberbia de decir: «Esta elección la manipulo yo, la cambio yo, ya verán cómo influyo entre el público televidente, que al final la candidata que yo apoye será quien gane, y ganará gracias a mí.» Me perdió esa estúpida vanidad de querer demostrar mi poder.

Entretanto, las cosas con Casandra seguían tensas porque ella sabía que después del programa no regresaba a los apartamentos de la calle Marte, sino que pasaba por el de Lucía en Júpiter y nos quedábamos oyendo música, fumando un porrito, follando. Casandra llamaba al celular, me vigilaba, me marcaba a presión, quería saber dónde estaba, por qué me demoraba en llegar, y Lucía se reía y me decía: «Pero ¿por qué te llama así, con esa actitud celosa, posesiva, si ya están divorciados hace tantos años?» Y yo no sabía qué responder, pero lo cierto era que Casandra, desde que se mudó al edificio de la calle Marte y se convirtió en mi vecina del piso de abajo, diseñó para sí misma la ficción de que seríamos una familia feliz, sin sexo entre nosotros, pero sin que nadie perturbara la armonía improbable de nuestra familia disfuncional.

Y ahora estaba esta chica a la que yo le había alquilado un apartamento a cuatro cuadras, en Júpiter, y Casandra no sabía qué hacer, me venía con preguntas, me preguntaba si yo la mantenía, si le pagaba la universidad, si teníamos relaciones sexuales con protección, me sometía a unos interrogatorios absurdos, ella en su bata de loca, a las tres de la mañana, cuando yo llegaba por fin a mi apartamento y ella subía a hacer su inspección, y era evidente que yo estaba felizmente enviciado con una chiquilla linda, medio hippie, medio loca, atrevida, rebelde, con ganas de ser escritora, y eso había obrado el milagro de despertar en mí la minúscula parte heterosexual que yo pensaba que ya estaba en coma profundo, para siempre, y entonces Casandra no podía reconciliarse con la idea de que yo, su ex esposo que la dejó para ser puto, y que fue felizmente puto con su novio argentino ocho años, de pronto me hubiese vuelto machito, arrecho y enchuchado con una chiquilla que podía ser mi hija, tenía apenas veinte años y a la que me cogía con una lujuria animal, atizando el deseo con Cialis y Viagras y jugándome la vida en cada polvo.

Casandra se daba cuenta de todo eso y no sabía qué hacer, y yo simplemente le decía: «¿Qué quieres que te diga? Así son las cosas, a Leopoldo no tengo ganas de verlo y con Lucía lo paso bien y tenemos una química rarísima y no hay más explicaciones que deba darte.» «Pero ¿se cuidan, tú te cuidas, te pones condón?», preguntaba ella, obsesivamente, y yo le decía

«No, yo no me cuido, tú sabes que nunca he podido tirar con condón, y ella tampoco se cuida, así que cualquier día hacemos un mini Jaime, ¿no sería divertido?» Y Casandra se iba a dormir, y yo sentía que en cualquier momento subiría de puntillas con un cuchillo de cocina y me lo clavaría en el pecho por humillarla de nuevo, no ya siendo puto, sino ahora siendo un macho arrecho pinga loca que se cogía a una chiquilla del colegio Humboldt que fácil parecía de la edad de mi hija Carmen. Y ninguna de las amigas de Carmen, todas muy lindas por cierto, era tan rica como Lucía, que además parecía de dieciocho o diecisiete pero tenía veinte. Daba igual, Lucía había estado cuatro años con su novio Lucas y sabía de sexo todo lo que tenía que saber, y eso por supuesto jugaba a mi favor, porque de pronto me encontraba haciendo con ella todas esas cosas que nunca me había atrevido a hacer con una mujer.

Esa noche me fui a dormir a las tres de la mañana y me di cuenta de que no tenía un solo Dormonid. Se me habían terminado todos. Busqué y rebusqué obsesivamente, pero no encontré ninguna capsulita azul. Sin ella no sería capaz de dormir y al día siguiente sería un ogro, un monstruo, qué clase de programa saldría en la televisión si no había dormido mis diez horas medicadas de ley. Me subí a la camioneta y salí dispuesto a conseguir un Dormonid, aunque tuviera que entrar en una farmacia rompiendo la puerta a patadas. Di vueltas y no encontré ninguna farmacia abierta y la cosa me empezó a desesperar. Paré en una bodeguita de la avenida Mercurio, que estaba cerrada con una puerta de barrotes y varios candados gruesos, y le pregunté al viejito si vendía Dormonid. Me miró con mala cara, me reconoció, me miró con peor cara y me dijo que sí, pero solo con receta. «Yo tengo receta, pero la he dejado en mi casa», le dije, y no me creyó ni hizo el ademán de venderme un carajo. «Le ruego que me ayude», imploré, con cara de adicto desesperado. Se compadeció de mí. «Bueno, le vendo, pero solo uno.» «Ya, perfecto, con uno está bien», le dije, pensando: con uno duermo hasta las siete y a esa hora mando a Pablo, el chofer, a que compre cien Dormonids en la farmacia de Saturno, donde me venden lo que me dé la gana sin receta. Era cuestión de llegar vivo a las siete de la mañana. Me cobró lo que quiso por el Dormonid, siete soles, y me lo vendió envuelto en un papel de periódico, como si fuera una droga ilegal.

Salí de allí con la tranquilidad de saber que tenía mi droga en el bolsillo y no me daría un infarto por no tomarla. Estaba tan contento, que me pasé un semáforo en rojo y no me di cuenta, y en cosa de segundos tenía a un patrullero con sus luces aparatosas obligándome a parar. No bajé, esperé tranquilo, me reconocieron, esperaban un soborno amigable, todo muy cordial, me negué a darles plata, me puse firme y, después de un momento tenso, y al ver que no cedía, me dejaron ir, ni siquiera me pidieron mi licencia de conducir, que creo que no estaba al día. Quedé contrariado, tenso, me sentí asaltado por esos oficiales confianzudos y llamé a Lucía, eran las cuatro de la mañana, y la desperté y le pregunté si podía pasar por su apartamento de Júpiter un ratito. Me dijo que sí con voz de dormida. Me dio una gran alegría. Me recibió en buzo, con medias gruesas, bien abrigada. Hacía frío. Le pedí un porrito para calmarme. Lo armó, me dijo que era la «maldita» que le había regalado Pepe, no le pregunté si Pepe le había hecho sexo oral como acostumbraba cuando la visitaba, no quise hacer el papel de celoso o mañoso preguntón, y luego, cuando estuvo listo, fumamos el porrito.

Mi conexión con Lucía ya era mágica sin estímulos, naturalmente, pero cuando estábamos volados era más evidente para mí que me había enamorado hasta los huesos de ella, y todo en ella, sus bromas, su delicadeza, sus historias, me fascinaba. Nos quedamos hablando, escuchando música, canciones de John Mayer que ella elegía, y luego, cuando ya empezaba a amanecer, nos metimos en su cuarto, en su cama nueva sin el polvo que le daba alergia, y nos besamos, nos quitamos la ropa, se sentó a horcajadas sobre mí e hicimos el amor despacio, sin apuro, sin precaución, sin cuidarnos, a sabiendas de que esas fricciones deliciosas podían cambiarnos la vida. Cuando terminamos, ella se quedó llorando de emoción y yo me fui medio lloroso también porque el momento fue intenso, precioso, totalmente inédito para mí, cómo era posible que, después de estar ocho años de novio con el argentino, ahora me enamorase como un perro de esta chiquilla que me volvía loco, al punto de que no me importaba dejarla embarazada, tener un hijo con ella, es más, la idea de tener un hijo con ella me parecía divertida, estimulante, una aventura loca y por eso mismo conveniente. Me fui manejando despacio, tocado por la gracia del momento, paré en el Delicass de la calle Saturno y pedí un cruasán con huevos revueltos y jamón y dos jugos de papaya. Fue un momento de inmensa felicidad. El Dormonid lo bajé con papaya y luego me replegué en mi madriguera a dormir hasta las cuatro de la tarde.

Todo iba bien, todo iba encaminado, todo parecía bien dispuesto para que esa larga temporada en Lima sin aviones a ninguna parte fuese placentera y de gran provecho económico. El programa marcaba buenos puntos, me habían dejado tres y cuatro puntos de lunes a viernes y ya estábamos en doce y trece, peleando el primer puesto. Casandra pedía más plata: «Ocho mil al mes me quedan cortos, quiero diez mil», me dijo en tono áspero. Luego: «Diez mil me quedan cortos, quiero doce mil», volvió a la carga, pero yo estaba tan dopado y contento y forrado en dólares que le daba lo que me pedía, con tal de que dejara de espiarme en las noches, llamándome obsesivamente al celular para ver si estaba en Júpiter con Lucía. Tenía un trauma con Lucía. Decía que esa chica era una puta, una trepadora, una chola blanca, que era imposible que teniendo veinte años estuviera realmente enamorada de mí, decía que Lucía quería que yo la mantuviera económicamente para dedicarse a no hacer un carajo y darse el estatus de novia clandestina de Jaime Baylys, el niño terrible, ahora tío terrible.

¿No decían que tenía novio argentino? Parece que no, parece que el argentino ya fue, ahora Jaime Baylys está recalentado por una chiquilla que parece su hija, qué mañoso Jaime, qué depravado, qué viejo verde, pobres sus hijas, qué pensarán del papá que tienen; primero les dice que es puto, les presenta a un novio, lo aceptan, se hacen amigas de él, viajan con él, y de repente el argentino sale de la foto, deja de aparecer, y el papá de las chicas se enrolla con una chiquilla obsesiva que iba todos los domingos al estudio del canal en plan de observación, a ver si había onda con Jaime Baylys, que tenía fama de marica pero también de doble filo y nadie sabía bien qué cosa le gustaba finalmente en la cama.

Lucía vino las primeras veces al estudio con su novio Lucas, que estaba con la pierna y el brazo enyesados porque era corredor de motos y todo el día se rompía los huesos y se hacía unas contusiones del carajo que lo dejaban más bruto de lo que ya era sin tanto choque ni colisión. Luego Lucas dejó de venir, Lucía ya no quería estar con él, y ella siguió viviendo sola y Ximenita, mi productora, vio el peligro y dio instrucciones para que no la dejaran pasar al estudio, pero Lucía, terca, porfiada, niña mala, me esperaba afuera y me reñía, me decía: «¿Por qué no me dejan pasar? ¿Qué, me tienes miedo?» Y se subía a mi camioneta y nos íbamos por ahí. Yo no quería enredarme sentimentalmente con nadie, estaba harto de Leopoldo, harto de Casandra, quería estar solo, no tener sexo con nadie, quería que mi año sabático en Lima fuese tranquilo, sosegado, sin sobresaltos, todo suave, apacible, durmiendo diez o doce horas, hueveando a medio país con la candidatura presidencial. Pero ¿cómo carajo podía inscribirme como candidato a presidente si tomaba ocho o diez Dormonids cada noche y despertaba a las tres de la tarde? A pesar de eso, mi madre jodía y jodía con que debía ser candidato, me había jodido desde niño con esa idea maniática, disparatada, y Casandra también jodía con que si me ponía mi «traje de superhéroe» (así lo decía, con esas palabras, estaba loca), nadie me ganaría las elecciones.

Yo, que estaba loco desde niño, veía con simpatía la idea de ser candidato, aunque solo fuera por joder, defender ideas libertarias, libertinas, pelearme con los curas y los moralistas, exigir bodas homosexuales y marihuana legal y cosas así, pero no tenía plata para financiar ni media campaña. Mi madre tenía la plata, muchos millones, pero no me daba un centavo porque sabía que mi agenda era anticlerical, pro Estado Laico, y su amigo de toda la vida, el cardenal Romero del Opus Dei, le decía: «Ni se te ocurra darle plata a tu hijo, sería una catástrofe moral para el país.» También salió un tío banquero, muy exitoso, Waldo Baylys, a quien mi padre llamaba Chiquilín, a decir que si yo ganaba sería «una catástrofe» para las finanzas del país. Delicado el tío Waldo, en la familia siempre se esconden tus peores enemigos, ya se sabe, y eso me deprimió y dejó jodido, y después de esa declaración ya nadie quería solventar mi campaña porque Waldo tenía muy buena reputación y yo, la peor. Además, en las encuestas tenía, como mucho, un cuatro o cinco por ciento, y con mi fama de pituco marica que había vivido toda su vida en el extranjero y decían que era marihuanero y coquero, parecía bien difícil que pudiera ganar las elecciones en el Perú o en ninguna tribu cercana.

Pero mamá jodía, Casandra jodía, las encuestas me tenían en cuenta y mis números no eran tan malos, y la única que me decía «no seas huevón, no te lances, te vas a quemar, tú eres un escritor, no te metas en política, ganes o pierdas vas a llevar una vida de mierda porque no vas a poder dormir de seis de la mañana a tres de la tarde y no vas a tener tiempo de escribir tus novelas pajeras», era la loca de Lucía, que, con sus precoces veinte años, veía las cosas con bastante lucidez. Nos fumábamos un porrito, tirábamos, nos íbamos a pasear por el malecón y todo volvía a estar bien. Yo le decía: «Ni a cojones seré candidato, además ya me gasté toda mi plata en los dos apartamentos de la calle Marte, capricho de Casandra; con las justas me quedará medio millón y con eso no financio una campaña presidencial.»

Pero todo estaba bien, no quería ver a Leopoldo, Casandra jodía pero estaba contenta con su apartamento nuevo y todo el puto día lo decoraba y redecoraba y cambiaba los muebles de un lugar a otro; el programa iba bien y la relación con Lucía era linda y divertida, y a veces realmente pensaba que sería fantástico tener un hijo con ella, un hombre idealmente, ya tenía dos hijas, y así lo escribía en mis columnas de los lunes en el periódico *El Siglo XXI*. Porque los médicos de Lima, si podíamos confiar en ellos, me habían dicho que mi hígado estaba hecho mierda de tantas pastillas y mis pulmones tenían una infección jodida e incurable, y así las cosas me daban dos, tres años de vida, a menos que me hiciera un trasplante de hígado, y yo dije: minga, pinga, la poronga ciega, a mí no me trasplantan nada. O sea que me tentaba de puro loco aventurero tener un cachorrito con Lucía y llamarlo James y después morirme en paz. Y Lucía no se cuidaba, no tomaba pastillas, no me obligaba a ponerme condón, o sea que el riesgo estaba latente en el aire, y cada noche que tirábamos estábamos jugando a dinamitar mi sosegada vida familiar con Casandra, Carmen y Pilar y hacer volar todo al carajo.

Pero yo lo quería todo, los chicos, las chicas, las pingas grandes como la de Leopoldo, los culos deliciosos como el de Lucía, las hijas y, por qué no, un hijo al final de mi vida, y a veces también quería lanzarme de candidato, despeinar a tanto político ganso y aplatanado y ser presidente, y luego morir de un infarto tirando en Palacio con Lucía tras ingerir tres Viagras y tres Cialis y mamársela a un edecán. No era una idea que me disgustara para nada. Y la loca de mi madre estaría feliz pensando que su hijo mayor llegó a ser presidente y se curó de ser puto, que se volvió machito con la chiquilla esa que Dios la mandó en su camino para adecentarlo y reformarlo. Si mamá hubiera sabido cómo Lucía me metía el dedo en el culo mientras yo me la cogía, quizás habría dudado de aquella intervención divina.

**La política es una enfermedad, los políticos son personas casi siempre enfermas y sin embargo extrañamente admiradas, el político que triunfa y llega al poder es rara vez alguien que desea servir por razones altruistas o desinteresadas, suele ser una criatura desesperada por alcanzar la gloria, la notoriedad, el poder, aunque todo eso dure poco y a menudo acabe mal.**

**¿De qué están enfermos los políticos? Supongo que de vanidad, de contemplarse a sí mismos con pasión desmesurada, escucharse embriagados, mirar las noticias no para ver qué ha ocurrido, sino cómo han salido ellos. Los políticos persiguen enfer-**

mizamente eso que llamamos el poder, que no es otra cosa que la sensación pasajera de que uno es más importante que los demás, uno está por encima de los demás, uno es el que manda, el jefe de la tribu, el que toma las decisiones. Todo lo que es importante en la política gira alrededor del poder: los que no tienen poder sueñan con llegar a tenerlo, se desesperan por alcanzarlo, se sienten menos cuando no lo tienen, y los que han llegado al poder no se contentan con eso, quieren más poder, tienen miedo a perderlo, se desvelan por no perderlo, recurren con frecuencia a toda clase de trampas, ruindades y abyecciones para perpetuarse en el poder y extender su dominio sobre los otros, los que miran las noticias sin aparecer en ellas.

Eso es lo que distingue a los políticos de raza, a los que no conciben su vida fuera del mundo tóxico, enrarecido de la política: todos piensan que si llegan al poder, si ganan las elecciones, serán considerados exitosos, triunfadores, incluso ejemplares, pero si no llegan al poder, si pierden por un puñado de votos, si por mucho que lo intentan siguen perdiendo una y otra vez, caerá sobre ellos una sombra oprobiosa, la sospecha de que son perdedores, gente desgraciada, sin suerte, que tuvo un destino aciago, pobrecitos, nunca llegaron al poder con el que tanto habían soñado. De modo que el político que se respeta entiende, echándose el alma a la espalda, que el poder lo es todo, llegar al poder justifica todos los esfuerzos, todos los embustes, todas las concesiones intelectuales, morales y estéticas, todo sea por aparecer en la portada del periódico al día siguiente y leer: «Yo gané, los demás perdieron, ya entré en la historia, soy alguien.»

Pero el que gana, por supuesto, no es el mejor, no es la mejor persona, ni es tampoco el que tiene las mejores ideas o las mejores intenciones, qué va, ni el que hará mejor el trabajo al que se ha postulado, qué ocurrencia; generalmente el que gana es quien mejor ha sabido venderse, quien ha sabido decirle a la gente lo que ella quería escuchar. Dado que el producto que el político vende no es un jabón o una pasta de dientes, sino él mismo, sus palabras y sonrisas, sus arengas y simulaciones, el mejor político es el que sabe adaptarse camaleónicamente, cínicamente, a lo que la mayoría necesita oír, quiere escuchar. No gana el más inteligente ni el más preparado ni el más virtuoso ni el más leído, gana el que seduce más eficazmente a la mayoría, el que interpreta con astucia lo que la mayoría quiere escuchar en ese momento, esa determinada circunstancia. En el empeño por conquistar el poder (que antes era una operación en la que había que empuñar las armas y prevalecer de un modo bárbaro sobre el adversario y ahora es un concurso en el cual los aspirantes deben ganar la confianza de quienes desean representar), las ideas y los principios pueden resultar un estorbo si contravienen las expectativas de la mayoría, lo que resulta conveniente no es tener unas ideas irrenunciables, unos principios no negociables, una visión irreductible de uno mismo, todo eso es un lastre, un baldón; lo que facilita enormemente la victoria y el ascenso al poder es no tener ninguna idea irrenunciable, estar dispuesto a renunciar a cualquier idea perdedora, impopular, y abrazar a toda prisa y sin escrúpulos las ideas ganadoras, entendiéndose por ganadora no necesariamente una buena idea sino una que la mayoría aprueba, aplaude, ve con simpatía o entusiasmo. Como la mayoría suele cambiar de ideas y convicciones según soplen los vientos, el buen político, el que aspira a tener poder y no perderlo, es el que, dócil, maleable, muda de ideas y convicciones al mismo tiempo y en la misma dirección que la veleidosa, antojadiza mayoría, y no el que se aferra con terquedad a unas ideas que la mayoría reprueba.

Hay algo triste en los políticos, en la gente que solo habla de política, los que no tienen otra vida fuera de la política, los que buscan el sentido de la existencia en el ejercicio del poder, hay algo chato, mediocre, sin vuelo, en los que creen que la vida comienza y termina en la política y solo son admirables los que ocupan el poder. Cuando uno viaja, lee, observa y escucha con atención, cuando busca la belleza en el arte, que es lo que perdura, y no en el poder, que es pasajero y accidental, el mundo de la política parece un gigantesco manicomio, una casa afantasmada, un lugar reservado a los orates, los charlatanes, los que se obstinan en ofrecernos la peor versión de sí mismos, todo el día intrigando, conspirando, rebajando al adversario, embaucando a los cándidos, todo el día envanecidos, ensimismados, mirándose en el espejo, escuchando el eco de sus propias voces. Pero la vida, por fortuna, es algo más que la política, mucho más que la política, y para advertirlo solo hace falta ignorar a los políticos, mirarlos como si fueran translúcidos, transparentes, tratando de ver lo que está detrás, la belleza tranquila que ellos nos ocultan con sus poses y sus gritos.

(Jaime Baylys, «Las poses y los gritos»,
*El Siglo XXI*)

Después de ocho años teniendo a un argentino servicial que me ponía la poronga en la boca o apenitas en el orto y me esperaba a que me viniera tocándome y luego se venía él, todo higiénico, en una toallita para no salpicarme su leche de coco aguada, me había aburrido de ser siempre el mamón, el que abría las piernas y era apenitas enculado por su macho musculoso porteño. Estuvo bueno mientras duró, pero de pronto dejó de calentarme, de interesarme, se me hizo tedioso, predecible, repetido, y además me daba una flojera mortal ir hasta Buenos Aires a que Leo me diera mi ración de poronga fina. De pronto estaba más entusiasmado con las tetas de Lucía, con su culo esplendoroso, sus dedos traviesos, sus besos temerarios, con todo lo que ella estaba dispuesta a hacerme y dejarme hacer. Me volvía loco que me metiera el dedito cuando yo me la cogía, me volvía loco que me la chupara magistralmente como nunca me la había chupado el dientón de Leopoldo, me volvía loco que me dejara hacerle el orto sin quejarse, disfrutándolo.

Yo siempre le había dicho a Leopoldo que yo era genéticamente bisexual, en fase gay con él, marcadamente gay, pero ahora me había venido una fase más de machito con Lucía, y no era pose ni falsedad ni oportunismo político ni impostura, Lucía era una delicia en la cama y nos entendíamos realmente bien. Y además a veces no tirábamos sino que nos hacíamos pajas y ella me contaba que quería comerle el coñito a su amiga La Flaca y yo le contaba que quería darle el culito a mi amigo Ricardito Trola, y eso nos unía de una manera fantástica. Yo a veces pensaba que Lucía era predominantemente lesbiana, qué duda, pero mientras le durase la fase heterosexual conmigo, suerte la mía. Y una vez fuimos a media tarde a tomar un café a Saturno y a la vuelta nos encontramos con mi hija Carmen, quien miró a Lucía con mala cara, como si fuera un bicho raro, y no le quiso dar un beso en la mejilla. Y cuando le pregunté si todo estaba bien, si necesitaba algo de plata, Carmen me dijo secamente, mirando a Lucía: «No, yo no necesito tu plata, yo no te busco por eso.» Se fue y Lucía sintió la pegada, y yo pensé: «Coño, no sabía que a Carmen le jodía tanto que ya no esté con Leo y esté en arrumacos con Lucía, que, por lo demás, no me busca por la plata, o sea, sí, le pago el apartamento de Júpiter y la mantengo y le permito hacer su vida pajera de escritora maldita, pero lo hago feliz porque ese apartamento es también mi apartamento y allí fumamos y tiramos, y Lucía es austera, sencilla, relajada, no es una perra obsesionada con la plata, pensando en comprarse cosas de lujo como Casandra.» Pero me quedó claro que a Lucía, en casa de Casandra, la tenían como la enemiga número uno, qué jodidas eran las mujeres.

De puro idiota me compliqué la vida pensando que debía ser candidato presidencial con una agenda libertaria, anticlerical. Sabía que no ganaría, pero me tentaba hacerme el importante y salir en la foto. Tenía cuarenta y cinco años, una cierta imagen de éxito en los libros y la televisión, dos hijas adolescentes y un número de jóvenes rebeldes dispuestos a votar por mí. Lo que no tenía era plata para financiar la campaña (la poca plata que había ahorrado en tantos años de televisión la había invertido en los benditos apartamentos de Marte) ni partido político que me lanzara. Una tarde me armé de valor y llamé al jefe de un partido de extrema derecha, un octogenario que había sido amigo de mi padre, y le pedí una reunión y fui a verlo a su estudio de abogados en Miraflores y, entre un café y otro, le dije que yo tenía que ser el candidato de su partido, que su partido nunca había ganado una elección presidencial y ya era hora de sacarse el clavo y que para eso necesitaban un candidato joven, moderno, liberal, como yo. Me escuchó, me miró con desconfianza, seguramente pensó «este loco del carajo se ha drogado y ha venido a venderme humo o sebo de culebra», y me dijo que él no tomaba ya esas decisiones y la palabra final la tendría la gorda machona boca chueca que era la candidata de su partido a la alcaldía de Lima. Esa gorda gansa tenía menos gracia que una monja de clausura con el coño seco y había perdido todas las elecciones en las que había participado y era evidente que no iba a apoyarme, como en efecto sucedió. Fue una pena. Pudo ser divertido lanzarme con ese partido de extrema derecha, pero ellos eran religiosos, conservadores, antiaborto, antigays, antidrogas, y yo era todo lo contrario, no podíamos sellar una alianza contra natura, como decía mi madre. La gorda machona boca chueca se hizo la estreñida conmigo cuando le dijeron que quería ser candidato presidencial de su partido de perdedores y dijo que primero ella tenía que ganar la alcaldía, y yo pensé: «Pero no vas a ganarla, gorda gansa, porque la candidata de izquierdas, liberal, progresista, que yo apoyo en el programa, te va a hacer paté, te va a dejar el orto hecho fogata.» Me quedé dolido y rencoroso con ese partido de momios, dinosaurios, ricachones mojigatos, y me dediqué a apoyar como un obseso a la candidata de izquierda y la gente pensó: ¿qué se ha fumado este cabrito, que siempre ha sido de derechas y ahora apoya como un lunático a la candidata de izquierdas?

Mi apoyo fue tenaz, obsesivo, una lucha despiadada, sin cuartel, y mandé al carajo la neutralidad y el manual de estilo y la obligación de entrevistar a la gorda machona con pies de camote. Dije: «No, que se vaya al carajo, yo no la recibo en mi programa», y eso creó un clima de tensión en el canal, porque el dueño, Jacobo Friedman, mercachifle patán, y sus gerentes mamertos apoyaban todos a la gorda boca chueca, que a su vez era apoyada por el presidente cetáceo y el alcalde saliente con fama de pirañita bravo. Sin darme cuenta, y de puro bruto, me puse en la trinchera de la candidata de izquierdas y en contra del canal, del dueño Friedman, los gerentes lambiscones, y toda la clase política de derechas, mafiosa, intrigante, ladrona, que dominaba con sus aires de emperador seboso el presidente cetáceo, íntimo amigo del dueño del canal y quizá dueño del canal él mismo. Quién carajo me mandaba reunirme con partidos políticos para ofrecerme como candidato coqueto, liberal, marihuanero, bisexual, agnóstico, en un país mayoritariamente católico y trasnochado como el mío. Nadie, solo mi ego y las exigencias implacables de mi madre para que hiciera algo útil con mi vida, mínimo ser presidente. Y como en el partido de extrema derecha no me dieron bolilla, llamé a otro partido honorable, que estuvo tres veces en el poder, y me reuní con la plana mayor en una casa en los suburbios y les dije que quería ser el candidato, que tenía un millón de dólares para invertirlos en la campaña. Se interesaron, pero luego uno de ellos me dijo al oído que si quería ser candidato tenía que ganar unas elecciones internas y había un congresista de los Andes del sur que quizá me haría la pelea en esas primarias, y entonces se me bajó el entusiasmo: yo quería la nominación sin mucho jaleo y sin exponerme a una derrota deshonrosa con un provinciano con pinta crapulosa.

Todas esas reuniones llegaron, por supuesto, a oídos del dueño del canal, Friedman. Le dijeron: «Mira qué barbaridad, Jaime Baylys se está ofreciendo como candidato en el partido tal y en el partido cual, y está usando el programa periodístico *El niño terrible*, que tú le has dado, para negociar su futuro político. Eso es trampa, está traicionando su condición de periodista para subastarse como candidato, tienes que decapitarlo, guillotinarlo, darlo de baja. Ese pendejo de Jaime Baylys a fin de año va a renunciar al programa y se va a lanzar como candidato presidencial, y el trampolín de lanzamiento será el programa que tú le has dado, tu canal, y vas a quedar como un gran huevón al que le metieron la mano hasta la cintura.» Y entonces el dueño del canal empezó a rumiar que tenía que despedirme antes de que yo renunciara y anunciara mi candidatura, y en ese momento ya tenía los días contados en el programa, en el canal, en el Perú, donde ingenuamente había pensado que pasaría un año sin viajar en avión a ninguna parte.

En medio de mis dudas, conspiraciones, intrigas y conciliábulos para ser candidato de algún partido decoroso, y sin plata, y sin posibilidad alguna de sacarle plata a mi madre (y pensando hipotecar los apartamentos de la calle Marte para financiar mi campaña, y dispuesto a ser un candidato que se despertaba a las tres de la tarde y hacía campaña solo y rigurosamente de noche y en televisión), Lucía me dijo un día en el ascensor de su edificio de Júpiter que no le venía la regla y se había hecho no sé cuántas pruebas de embarazo y salía embarazada. La abracé, me alegré, pero al mismo tiempo quedé asustado y consternado: era una idea linda pero en la ficción, ya en la realidad, que Lucía estuviera embarazada así de golpe, en pleno mes de agosto, a un mes apenas de haberme mudado a Lima, traería harta turbulencia a todo nivel. ¿Qué podía hacer? Nada, apoyarla, darle ánimo, ilusionarme, pero yo sabía que la cosa iba a ser densa con Casandra y con Carmen y Pilar. La concha de la lora, la concha de mi hermana, ¿en qué me había metido? «Primero me enredo con una chiquilla, le alquilo un apartamento, nos hacemos marihuaneros de madrugada, ella dice que quiere ser escritora, yo le digo que me quedan dos años de vida y quiero tener a mi hijo James antes de irme, y ahora está embarazada y se acabó el cuento de hadas y hay que lidiar con la realidad, la concha de su hermana, la concha de la lora.» Así nomás fue, de buenas a primeras Lucía estaba embarazada y fue a hacerse las pruebas de sangre definitivas a la Clínica Americana y dio que sí, que el embarazo era real, y al día siguiente la productora de mi programa, Ximenita, me dijo que en el programa de chismes de Magalys, su íntima amiga, iban a dar la primicia del embarazo de Lucía porque una enfermera de la clínica había llamado a darles el dato.

Y entonces Magalys soltó la bomba de que Lucía y yo estábamos embarazados, y esa misma noche Lucía vino a mi programa y confirmó que en efecto estaba embarazada. Lucía era una chiquilla de veinte años que parecía de dieciocho, y a mucha gente le sentó fatal que un viejo obeso, decadente, deslenguado, con fama de sátiro como yo, hubiera embarazado a esa pipiola que parecía mi hija, la amiga menor de mis hijas. No les gustó que además la llevara a la televisión y lo anunciara con gran jactancia y desparpajo, como haciendo alarde de mi potencia sexual, mi virilidad, y muchos pensaron que era una operación desalmada para darle fuerzas a mi candidatura presidencial, un golpe de imagen pensado para diluir mi imagen gay o bisexual y sembrar la idea de que ahora tenía novia, tiraba con ella, tenía fuego de macho y la había dejado embarazada, y entonces era un candidato con novia jovencita e hijo en camino.

Entre los moralistas que se escandalizaron porque lo tomaron como una traición de viejo verde a Casandra y mis hijas, y los cínicos que lo interpretaron como un cálculo desprovisto de amor solo diseñado para simular ser el machito que no era, el anuncio del embarazo de Lucía cayó como una bomba, me trajo muchos detractores y críticos, y en el canal de Friedman les pareció de pésimo gusto que usara el programa para ventilar tan escandalosamente mis asuntos íntimos. El dueño del canal y su esposa y sus hijas eran amigas de Casandra y les sentó fatal que yo llevara al programa a una chiquilla a decir que estaba embarazada de mí, les pareció un golpe bajo a Casandra, una deshonra para ella, una deslealtad de mi parte: en qué carajo está pensando este Jaime Baylys, que ahora se ha encoñado con una chiquilla loca y se pelea con sus hijas y su ex esposa de toda la vida. Si ya el clima en el canal estaba enrarecido con mis conspiraciones políticas para ser candidato, el anuncio del embarazo de Lucía tensó más las cosas, los llevó a pensar que el embarazo era planeado para ser candidato con fama de macho y aceleró mi caída inminente. La gente pensó que me había vuelto loco y estaba dispuesto a cualquier cosa con tal de ser candidato presidencial, pensaron que Lucía no era mi novia, que la había contratado para que simulara serlo, pensaron que yo era tan puto que no podía haberla embarazado; seguro que había sido por inseminación artificial o la había embarazado alguno de sus amigos drogones y yo hacía feliz el papel de cornudo para posar ante la opinión pública como un ex bisexual redimido y reformado, y ahora convertido en heterosexual puro y pinga loca.

Esas dos cosas, que pasaron bien rápido, una tras la otra, sellaron mi suerte: ya en el canal, el dueño

Jacobo Friedman quería echarme por jugar a ser candidato a sus espaldas, y ahora, con el anuncio de que mi novia lolita estaba embarazada, tenía más ganas de despedirme porque le parecía que yo estaba usando el programa *El niño terrible* para fines bastardos, subalternos, para sacar un provecho indebido en el campo político o en el campo del sensacionalismo puro. El dueño del canal y sus gerentes mamones, a pesar de que los números del programa eran buenísimos, se oponían tenazmente a mi candidatura, y tomaron todos partido por Casandra, la víctima, la humillada, la malquerida, la que meses atrás había venido al programa por el día del padre y hacía el perfecto papel de primera dama: una señora cabal, graduada en ciencias políticas, fluida en cuatro idiomas, con el orto invicto, madre de familia ejemplar, amiga de todos ellos, de los veranos al sur y las fiestas y coctelitos y reuniones de enólogos borrachosos.

Todos querían a Casandra, la adoraban, y consideraron de pésimo gusto que yo me volviese loco por una lolita con pinta de mañosa y aire hippie y culo glorioso, por una chiquilla que parecía ser menor de edad, y les pareció imperdonable que la dejara embarazada, la llevara al programa, lo anunciara con gran aspaviento y no tuviera la mínima consideración por cómo iban a quedar mi ex esposa Casandra, tan querida, y mis hijas Carmen y Pilar, que me adoraban y con seguridad no estaban preparadas para que, en cuestión de tres meses, yo, su papá con fama de gay, con novio argentino, terminara con Leopoldo, dejara de verlo, empezara a salir con una lolita que parecía menor que ellas y había dejado la universidad de Lima y vivía mantenida por mí, y ahora, para ponerle la guinda a la torta, la dejara embarazada y lo anunciara en la televisión. ¿Con qué cara iban a ir ellas al colegio al día siguiente, qué explicaciones iban a darles a sus amigas y amigos? ¿Cómo es que tu papá se ha arrechado tan locamente por esa chiquilla y ahora van a tener un cachorrito, qué onda?

Muy poca gente en la ciudad vio con simpatía que Lucía y yo estuviésemos tirando tan contentos y tan volados y que, de puro distraídos, ella hubiese quedado embarazada y, ya denunciados por el programa de chismes de Magalys, lo anunciáramos en la televisión como un gran triunfo del amor. Mucha gente la odió a ella, la vio como una oportunista, una trepadora, una pendeja mañosa que quería quedarse con mi plata y no tenía la menor consideración por dinamitar la buena relación que yo tenía con mis hijas, y mucha gente me odió por ser tan irresponsable, tan alocado, tan viejo verde, mañoso, pinga loca. Y muchos pensaron que yo era un perfecto hijo de puta que, con tal de ser presidente, estaba dispuesto a manipular cínicamente a esa chiquilla, hacerle un hijo y presentarme como un candidato macho y bien macho y con culito fino al lado. Mi suerte estaba echada, esa noche que Lucía vino al programa y anunció el embarazo, creo que el dueño del canal y sus gerentes mamones decidieron que tenían que dejar caer la guillotina y decapitarme; estaban seguros de que el embarazo era una jugada política para hacerme subir en las encuestas y despejar las dudas sobre mi sexualidad.

Mi vida cambió por una pastilla para dormir.

Aquella noche fui a tomar mi dosis habitual de pastillas y descubrí que no tenía la más potente de todas.

Pude tratar de dormir tomando las demás, o una dosis de las demás superior a la habitual, pero me entró una crisis de nervios y me dije que si no conseguía la pastilla que me faltaba no dormiría y al día siguiente sería el infierno.

Cuando no duermo es el infierno. Lo mismo le pasaba a mi padre, es el mismo tipo de locura.

Por eso salí presuroso a las tres y media de la mañana a buscar una farmacia abierta que me vendiera la pastilla.

Después de dar vueltas y vueltas encontré una farmacia en la avenida Mercurio. Un señor de aspecto oriental me habló con desconfianza detrás de unas rejas. Le pedí la pastilla. Me pidió la receta. Le dije que no tenía. Me dijo que entonces no podía vendérmela. Le rogué que me la vendiese, le dije que mi doctor se llamaba tal y cual y que me había dado la receta, pero ya no la tenía conmigo y hacía años que tomaba esa pastilla, y si no la tomaba aquella noche no podría dormir. El señor me creyó a medias. Trajo la pastilla. Era una sola pastilla.

—Son siete soles —dijo.

Le dije que necesitaba un frasco entero. Se negó a vendérmelo. Me resigné a comprarle la pastilla. Le pagué con un billete de diez.

—Quédese con el cambio —dije.

Subí a la camioneta, bajé por Mercurio, doblé en Tres Marías y de pronto advertí que tenía una sirena detrás. Me detuve. No entendía por qué me habían parado. No estaba manejando rápido. No había cometido ninguna infracción. Se acercó un policía y dijo que me había pasado la luz roja. Le dije que no me había pasado ninguna luz roja. Discutimos acaloradamente. Le dije que me estaba acusando de algo falso y eso era indigno de un policía. Me dijo que yo debía de estar loco o drogado para no haber visto el semáforo en la esquina de la calle Mercurio.

—Si me pasé el semáforo en rojo, le juro por mis hijas que no lo vi —le dije.

—Es que el semáforo está mal puesto y muchos dicen que no lo ven —dijo él.

Luego fue evidente que el policía quería dinero para dejarme ir. No sé por qué, tal vez porque ya venía irritado o tenso, le dije sin rodeos que no estaba dispuesto a pagarle nada fuera de la ley, yo respetaba a la autoridad y si había cometido una infracción, pues que me multase y pagaría la multa sin protestar.

El policía llamó a su compañero. Hablaron sin que yo pudiera escuchar. Se acercaron a mí. Me hablaron en un tono más cordial. Evidentemente me habían reconocido.

Me dijeron que no querían multarme, pero tampoco podían dejarme ir porque me había pasado la luz roja. Es decir, insistieron en que pagase una coima amigable. Yo me puse terco e insistí en que me pusieran la multa. Ellos sugerían amablemente que la coima me saldría más barata que la multa. Yo afirmaba enfáticamente que no me importaba pagar más, pero de ninguna manera les pagaría algo fuera de la ley.

No sé por qué estaba de un ánimo tan virulento aquella noche, no sé por qué (habiendo pagado coimas tantas otras veces) esa vez me parecía que pagar una coima era premiarlos por esperar sigilosamente en ese supuesto semáforo que me pasé en rojo para saltar sobre mí a cobrarme la coima, me parecía que era premiar esa conducta innoble de la policía y a la vez humillarme como ciudadano.

Simplemente me cogieron en mi noche de «no pago una puta coima, punto, y si me tienen que llevar a la comisaría, pues vamos».

Al final, después de discutir con vehemencia sin que ninguna de las partes cediera, y luego de soportar los policías el sermón moralista que les infligí sobre el honor que no debían manchar recibiendo dineros por fuera de la ley, me dejaron ir, hartos de ese lunático charlatán que les recordaba que ellos representaban la autoridad y yo acataba esa autoridad y me sometía a ella, y precisamente por eso, por respeto al uniforme que vestían, me negaba a pagarles nada que no fuera estrictamente la multa. Creo que los policías terminaron odiándome y pensaron que era un tacaño y no un ciudadano honrado y, cansados de mi cháchara, me dejaron ir sin multarme.

Pero yo estaba demasiado tenso para irme a dormir.

Llamé a Lucía y le pregunté si tenía marihuana. Eran las cuatro de la mañana. La desperté. No se molestó. Me dijo que sí. Le pregunté si podía pasar a fumar. Me dijo que sí.

Media hora después, estábamos fumando marihuana y escuchando a John Mayer, Avril, Pink y Lily Allen (ella escuchaba ese tipo de canciones).

Media hora después, estábamos haciendo el amor. Yo no tenía un condón. Estuvo genial.

Llegué a mi casa cuando ya había amanecido. Antes, en un café del barrio, tomé mis pastillas, incluyendo la que me vendió el señor en la botica enrejada. Me fui a dormir.

Semanas después, Lucía me llamó y dijo que no le venía la regla. «Genial», le dije. Creo que mi optimismo no le hizo ninguna gracia.

Al día siguiente me dijo que se había hecho la prueba de sangre y estaba embarazada. Le dije que me parecía una estupenda noticia. Le pregunté si quería tener al bebé.

—Por supuesto —me dijo—. Aunque tú desaparezcas, voy a tener al bebé.

—Por favor, no se te ocurra abortar —le dije—. Si no lo quieres tener, me lo das a mí, yo me encargo de todo.

—De ninguna manera voy a abortar —dijo Lucía.

Luego hice una pregunta que no debí hacer:

—¿Estás segura de que soy el papá?

Me respondió ofendida:

—¡Obvio!

La acompañé al ginecólogo. Todo iba bien. Estaba de seis semanas. Las náuseas eran normales. Ya pasarían.

Saliendo del ginecólogo, le dije que si era hombre quería que se llamase James Baylys. Estuvo de acuerdo. Diría más: se entusiasmó con la idea. Luego me dijo que si era mujer se llamaría Lucía. Me pareció perfecto (aunque pensé que a mi tío Waldo tal vez le molestaría, porque su hija tenía el mismo nombre y apellido que quizá tendría mi hija).

Hasta allí todo estaba bien.

Un día amanecí de malhumor, y cuando Lucía me llamó y pidió que la acompañase al ginecólogo, le dije que no, no quería ir al ginecólogo con ella, mi vida era demasiado complicada para verla cuando ella me llamase.

—Todo bien —dijo ella, y cortó.

Pero todo no estaba bien. Todo estaba mal y se pondría peor. Porque le escribí un correo diciéndole que, si bien quería tener al bebé y me ilusionaba ser papá de nuevo, solo la vería una vez por semana, punto, y cuando tuviese al bebé también la seguiría viendo una vez por semana, y asumiría todas mis obligaciones económicas y digamos sentimentales, pero las confinaría a una visita semanal, más exactamente los sábados por la tarde, punto. Le dije en el correo que no se hiciera ilusiones: si tenía el bebé, a mí me verían los sábados y nada más. Y le dije que si yo viajaba, no viajaría con ella y el bebé de ninguna manera. Y le dije que sería todo lo buen padre que pudiese ser, pero limitándome a los sábados que estuviese en Lima, y si me provocaba irme medio año o un año fuera del Perú, pues me iría igual, y ella se quedaría con el bebé en Lima, no me iría con ella y el bebé ni loco.

Nunca debí escribir ese correo.

Ella no contestó.

Yo pensé ingenuamente que Lucía había entendido que no era una buena idea que la acompañase al ginecólogo y tenía que respetar mis jodidas manías ermitañas.

Pero no fue ingenuidad, fue idiotez la mía.

Porque cuando ella leyó el correo lo tuvo todo muy claro: hizo una cita para abortar al día siguiente y me escribió un correo informándome de que probablemente abortaría por mi culpa.

Y ahora ¿cómo hago para ir los sábados a visitar a James Baylys, que ya nunca será James Baylys?

(Jaime Baylys, «Todo mal», *El Siglo XXI*)

Al día siguiente de que Lucía saliera en el programa diciendo que estaba embarazada, comenzó el caos. Bajé a media tarde al piso uno: Carmen y Pilar ya habían regresado del colegio, Casandra me miró con cara de querer degollarme, les pedí a mis hijas hablar a solas con ellas. Hablé primero con Pilar en su cuarto, ya lo sabía todo, se lo habían comentado en el colegio, estaba muy afectada, sorprendida, perpleja, decepcionada por mí. ¿Cómo podía haber hecho una cosa tan vulgar, tan chapucera, embarazar a una chiquilla que ella ni siquiera conocía? ¿Cómo podía haberla puesto en una situación tan incómoda en el colegio con sus amigas? Solo atiné a decirle que el embarazo había sido fortuito, un golpe de suerte, un accidente, fumamos marihuana esa noche, no nos cuidamos, y luego le dije varias veces: «No te preocupes, nada va a cambiar, todo va a seguir igual entre nosotros, ustedes van a seguir en este apartamento, yo en el de arriba, y Lucía en su apartamento y cuando nazca el bebito iré a verlo los sábados y tú no tienes que conocerlo ni verlo nunca; Lucía no vendrá a este edificio y todo va a seguir exactamente igual entre nosotros.»

Pilar lloró apenas, se contuvo, fue muy elegante, no me hizo reproches, pero estaba sinceramente afectada, herida por la noticia y el modo tan feo como la noticia la había asaltado, sin que yo le presentara a Lucía, sin que se lo dijera. De pronto todo expuesto burdamente por televisión y al día siguiente el colegio revuelto, alborotado, las habladurías sobre el papá de las chicas Baylys que todos decían que era putito, bebita, y ahora resultaba que había embarazado a una chiquilla lolita, seguro que el papá del bebito no era él. Después hablé con Carmen en su cuarto, estaba seria, molesta, herida; Carmen sí conocía a Lucía de aquella vez, saliendo del Starbucks, que nos encontramos casualmente, y ella la miró feo y me dijo: «Yo no necesito tu plata, yo no te busco por tu plata», o sea que ya era claro que a Lucía la tenía atravesada entre ceja y ceja y me miraba incrédula, profundamente decepcionada: «¿Cómo puedes ser tan huevón, tan irresponsable, tan pinga loca de dejar embarazada a una chiquilla que recién conoces, que podría ser mi amiga? Es apenas mayor que yo... ¿Cómo puedes ser tan imbécil de no saber ponerte un condón a los cuarenta y cinco años?» Pero no me decía nada de eso, lo pensaba, me miraba, me miraba con lástima, algo de rabia, una sensación de que todo lo bueno entre nosotros podía irse al carajo bien pronto. Y yo le decía: «No, todo va a estar bien, todo va a seguir igual, el bebito nacerá y yo iré a verlo los sábados un par de horas, pero nuestra vida familiar no va a cambiar, no te preocupes, todo va a estar tranquilo y bien entre nosotros, nadie se mueve de su casa y la vida familiar sigue normal, como si nada hubiera pasado, tampoco es para tanto, no lo tomes tan a pecho, china.»

Pero ella no me creía, sabía que ya nada iba a ser igual, las cosas se habían torcido y se iban a joder, la relación con Casandra se iba a envenenar de una manera inevitable, por mucho que yo le prometiera que todo iba a ser igual. No podía ser verdad porque tener un hijo con una chiquilla a la que ella detestaba, en medio de un escándalo público, iba a separarme de ella, de Pilar, de Casandra. Fue la última vez que pude hablar a solas con mis hijas en sus lindos cuartos de ese apartamento. Las dejé llorosas, serias, hechas mierda, realmente golpeadas. Luego Casandra me esperó afuera y me cuadró sin rodeos. Me dijo que era una vergüenza el mal rato que había hecho pasar a las niñas, uno más, una humillación más en el colegio, después de todos los escándalos que había hecho en televisión besándome con hombres y cosas así, y dijo que, para su tranquilidad, y la tranquilidad de las niñas, era absolutamente necesario, indispensable, no negociable, impostergable, que yo pusiera el apartamento del piso uno, que le había regalado a ella, a su nombre, y que idealmente pusiera el del piso dos a nombre de nuestras hijas, para que ellas se sintieran seguras en medio de la gran inseguridad que sentían por mi relación con Lucía y el anuncio del embarazo. Le dije: «Déjame pensarlo, ahora estamos todos muy agitados, no me parece una mala idea poner el apartamento a tu nombre, así estás más tranquila, lo del segundo piso déjame consultarlo con el abogado a ver qué hacemos, pero tranquila que todo va a estar bien.» Casandra me hizo dos preguntas que fueron como navajazos en la garganta. «¿Fue planeado o casualidad?» Le dije la verdad: «Yo tenía ilusión de tener un hijo con Lucía, pero no fue totalmente planeado, fue más casualidad, fumamos un porrito y pasó lo que pasó.» Luego me preguntó: «¿Estás realmente seguro de que tú eres el papá?» Me quedé sorprendido y al mismo tiempo divertido por la pregunta. Le dije: «Sí, claro, que yo sepa Lucía no tiene sexo con nadie más.» Y ella dijo lo que había estado guardándose con bastante dificultad: «No estés tan seguro. Yo a esa chica la conozco por referencias de Jimena Urdaneta y Matilde Urdaneta, esa chica es una perra, tiene fama de puta.» A todo esto Casandra se encolerizó, se le marcaron las venas del cuello, subió la voz, y yo le dije: «Por favor no digas eso, las niñas están oyendo.» Y Casandra se molestó más aún y dijo: «Carmen y Pilar no son niñas, son mujeres, y están avergonzadas de tener un papá tan imbécil que no sabe ponerse un condón y deja embarazada a una perra cualquiera.» «No es una perra, Casandra, no digas que Lucía es una perra, por favor, es mi chica, nos queremos, nos llevamos bien.» «Es una perra, ¡una perra chusca!», gritó Casandra, e hizo el ademán de cachetearme. Yo cobardemente me reí como una hiena y le dije: «Estás loca, tómate un ansiolítico, por favor», y luego entré en el ascensor y apreté el dos y vi cómo se cerraba la puerta sin saber que la puerta se cerraría de verdad y para siempre en el piso uno. En adelante, cuando bajase a visitar a las chicas, esa puerta iba a estar cerrada con llave y nadie me abriría. Todo empezaba a irse al carajo, pero lo peor estaba por venir.

Como pensé que Lucía había abortado al bebé que una noche mágica creamos tras varios intentos fallidos, como pensé (después de que peleamos por un torpe malentendido y me escribió que había decidido abortar y luego no supe más de ella) que, en efecto, había sucumbido a la tentación de deshacerse del bebé y de paso de mí, como pensé que mi chica ya no era más mi chica y mi bebé ya no era más mi bebé ni su bebé ni bebé en modo alguno, me hundí en una profunda tristeza y me refugié en las pastillas para dormir (solo quería dormir y no despertar), y por supuesto me olvidé de seguir tomando Cialis para combatir la disfunción eréctil: si ya no tenía chica, no tendría vida sexual, y si ya no tendría vida sexual, no habría necesidad de tomar pastillas para asegurarme una erección.

Pasaron los días y Lucía desapareció de mi vida y yo desaparecí de la suya, tras un breve y fulminante intercambio de correos asesinos.

No sé cómo encontré fuerzas para seguir arrastrándome cada noche a la televisión y luego seguir golpeando el teclado de la computadora, enredado en el laberinto de una novela azuzada por la rabia y el rencor.

No lloré, no soy de llanto fácil, soy de replegarme y ensimismarme y callarme secamente cuando toca perder.

Lucía lloró y vomitó y, como le temblaban tanto las manos cuando fue a abortar, simplemente no pudo abortar, sintió que no podía resolver nuestros pleitos absurdos ensañándose con la parte más inocente de todas, el bebé, el bebé que ella y yo habíamos buscado con ilusión desde que nos conocimos, el bebé que yo había soñado que tendría con ella, mi chica mala. Le temblaban las manos y las piernas y el cuerpo entero, y entonces fue evidente para el médico y para ella que no podía practicarse el aborto, no debía practicarse el aborto. Tal vez fue que el bebé presintió el peligro que le acechaba y agarró a patadas a su madre y la hizo temblar mal. En medio de la tembladera, Lucía (que ya no era mi chica) tomó dos decisiones sabias: no abortar y llamar a su madre para pedirle ayuda.

Su madre se enteró de ese modo que ella estaba embarazada (y peor aún: embarazada de mí) y había querido pero no había podido abortar. Fue comprensiva y amorosa y no dijo una sola palabra severa; la cubrió de besos y abrazos y la felicitó porque una vida nueva estaba en camino, se alegró de veras porque sería abuela por primera vez y le dijo que no se preocupase, ella cuidaría al bebé como si fuera suyo. Su madre le demostró en ese momento desesperado que era ante todo su amiga y una mujer buena, generosa y valiente, y con un formidable instinto maternal.

Yo no sabía nada de esto, solo me arrastraba por la vida pensando que Lucía y mi bebé me habían dejado por una discusión tonta, una jodida discusión sobre algo tan menor que no podía entender que hubiésemos peleado por eso, y la víctima de aquella pelea ridícula, pueril, hubiese terminado siendo el bebé con el que tanto habíamos soñado. Pero ya era tarde, o eso pensaba de madrugada, viendo una y otra vez una de las mejores películas que he visto, una película que me deslumbró por primera vez en París durante mi luna de miel con Casandra, *Los amantes del Pont-Neuf.*

Como en la película, que parece encaminada a un desenlace trágico, que está signada por el dolor y la fatalidad, pero en la que al final, emergiendo de las aguas del Sena, los amantes se encuentran por fin y alcanzan a subir a un viejo bote que los llevará al mar, a una vaga promesa de felicidad que tal vez los redima de tantas desgracias compartidas, esta pequeña historia tuvo un final feliz cuando menos me lo esperaba, y ya sentía que me ahogaba en las aguas de un río tan turbio como el Sena de noche.

Porque de pronto Lucía me escribió y dijo que había decidido de una vez y para siempre que tendría al bebé, de ninguna manera abortaría, y no esperaba nada de mí, pues tendría al bebé con mi apoyo o sin él, o incluso contra mi expresa voluntad si tal fuera el caso, que por supuesto no lo era.

Fui corriendo (en realidad manejando, pero a toda prisa) a decirle que la amaba, a besarla, abrazarla, pedirle perdón, besar su panza preciosa de casi dos meses, y fue como un milagro cuando ella me hizo ver en la computadora a ese frijolito que era mi bebé y me hizo escuchar sus latidos agitados, vivos, resueltos a seguir latiendo con fuerza como si esa habichuela estuviera golpeando un tambor.

Lo que pasó luego fue en extremo bochornoso para mí, pero no por eso me eximiré de contarlo: quisimos hacer el amor para celebrar el triunfo del bebé, de la vida, del amor, pero yo no pude, no fui capaz, por mucho que lo intenté no estuve a la altura de las circunstancias.

Yo amaba de veras a Lucía y quería amarla muy de veras, pero no era capaz de amarla o demostrárselo porque había dejado de tomar el Cialis y había vuelto a ser un miserable impotente.

—Esto no puede quedar así —le dije—. Espérame, voy a la farmacia, ya vuelvo.

Corrí a la farmacia (en realidad, manejé a toda velocidad) y compré un arsenal de Cialis y le pregunté a la amable señorita cuánto tardaría aproximadamente la pastilla en salvarme de la impotencia.

—Al segundo día es cuando hace efecto —me recordó ella.

No podía esperar dos días. Necesitaba amar a mi chica esa misma noche, desesperadamente.

—Deme un Viagra, por favor —le pedí.

—¿De cincuenta o de cien? —preguntó ella.

—De cien —respondí—. Y mejor si son dos.

Ella me vendió dos Viagras. Le pregunté cuánto tardarían en hacer efecto. Me dijo que una hora.

Tomé dos Viagras de cien y dos Cialis y pensé: «O muero de un infarto o es el mejor polvo de mi vida.» Luego pensé: «Si es el mejor polvo de mi vida y mi chica vuelve a ser mi chica y luego muero de un infarto, será la muerte más feliz que pudiera imaginar.»

Como en *Los amantes del Pont-Neuf*, la historia tiene un inesperado final feliz: mi chica volvió a ser mi chica, nuestro bebé siguió latiendo con fuerza y se negó a dejarnos, lo esperamos con todo el amor con el que fue concebido y sí, fue el mejor polvo de mi vida.

(Jaime Baylys, «Los amantes del puente colgante», *El Siglo XXI*)

El plan con Lucía era simple y relajado: «Nos quedamos en Lima, cada uno en su apartamento, el bebito que ojalá sea hombre nace en la Clínica Americana, que nos queda a tres cuadras, luego contratamos a una nana que te ayude y la vida continúa sin grandes sobresaltos, tú escribiendo tu novela, yo haciendo el programa de lunes a viernes y los domingos, y me quedo en Lima al menos un año sin viajar en avión ni a provincias.» «¿Y la política, y tu candidatura?», me preguntaba ella, que trataba siempre de disuadirme, recordarme que yo era un escritor, advertirme que la política era una cloaca, un lodazal, y no había manera de entrar en ella sin salir embarrado, enfangado, apestando. «La política ya fue, no seré candidato, menos ahora que estás embarazada, quiero estar contigo, acompañarte en el embarazo, y estoy amarrado con el canal y no tengo plata para financiar la campaña, así que olvídate, la política es solo una idea graciosa. Pero ¿cómo carajo voy a ser candidato si me despierto a las tres de la tarde y todas las noches después del programa estamos fumando porritos juntos?»

Pero Lucía no me creía del todo porque me conocía y sabía que en el fondo me tentaba mal la idea de ser candidato, aunque solo fuera para perder, para joder a los curas, los militares, los homofóbicos y los estreñidos del Opus Dei. Yo quería tenerlo todo: el programa bien pagado, el novio argentino, la lolita que me daría un hijo varón y la candidatura presidencial para hacer campaña de noche y solo en Lima, sin viajar a provincias, esa era una fatiga que me parecía inconveniente, prescindible. Y pensaba que sería cojonudo hacer una campaña así, pajera, noctámbula, viciosa, provocadora, y sacar un ocho, diez por ciento, no más, y no llevar listas al Congreso para no terminar luego metiendo a una gavilla de hampones que me representara. Nada de eso, yo quería ser candidato presidencial sin listas parlamentarias, me parecía que eso calaría hondo entre tanta gente que veía al Congreso como un nido de víboras, una cueva de asaltantes, un manicomio o un meretricio sin mínimas reglas de higiene tan siquiera. «Tranquilo, Jaime Baylys, tranquilo, todo va a estar bien», me decía, y seguía haciendo el programa a mi aire, jodiendo a la candidata de derechas, apoyando con descaro y poses de *waripolera* a la de izquierdas. Qué ganas de joder, cómo me emperré con que ganara mi candidata, y a los pocos días fue la elección y no fui a votar por temor a que me insultaran y tiraran huevos, y por la noche se anunció que la candidata de izquierdas, mi candidata, había ganado, y Lucía y yo nos alegramos en su apartamento de Júpiter, donde ya me había mudado, porque la situación en el edificio de Marte era insostenible: no me abrían la puerta de abajo, no me contestaban las llamadas, era la guerra fría, mis hijas no me contestaban el celular y Casandra menos y si quería visitarlas tocaba la puerta y no me abría la empleada Ayala. Así que me mudé al apartamento de Lucía y allí celebramos el triunfo ajustado de la candidata de izquierdas sin saber que mi suerte estaba echada y su victoria era mi derrota, y los dueños del canal y sus gerentes adulones me iban a pasar la factura, iban a escarmentarme, a castigarme con saña y sin compasión no por tomar partido, que yo siempre tomé partido políticamente, sino por tomar partido esta vez por la candidata que ellos no apoyaban y por sabotear a la candidata oficial del canal y los amigotes mafiosos del canal.

No me imaginaba que en pocos días caería la guillotina y me cercenaría la lengua viperina. Poco faltaba para que todo terminase de irse al carajo. Y recién corrían los primeros días de octubre y yo me había mudado a Lima en julio, y en tres meses todo se había torcido, complicado, tensado, y lo peor estaba por venir. La concha de la lora, ¿en qué estaba pensando cuando imaginé que podía pasar un año tranquilo y feliz en Lima? ¿Cómo fui tan irresponsable de olvidar que en esa ciudad las cosas siempre terminan mal para mí? Esta vez no habría de ser la excepción.

**Sintiendo que el corazón galopaba y estaba a punto de estallar, me eché en la cama de Casandra a las seis de la mañana y le conté que Lucía estaba embarazada de mí.**

**Casandra ya lo sospechaba, ya me había preguntado por qué le llevaba gelatina y papa amarilla y pastillas contra las náuseas a Lucía, ya me había preguntado si podía estar embarazada y yo le había dicho que sí, que tal vez estaba embarazada pero todavía no lo sabía con certeza.**

**En realidad ya sabía que Lucía estaba embarazada, ya la había acompañado al ginecólogo, pero cuando**

Casandra me interrogaba yo evitaba decirle la verdad porque Lucía me había pedido que no le dijese nada a nadie antes de que ella se lo dijera a sus padres.

Así que me hacía el tonto con Casandra y le decía que podía ser que Lucía estuviera embarazada, pero no era un hecho cierto y seguro. Y Casandra, por supuesto, hacía un drama del asunto y yo le decía: «Hey, todo tranquilo, si está embarazada nada va a cambiar entre nosotros y las niñas, es una noticia bonita, no hay que convertirla en una tragedia.»

Pero Casandra me había dicho cuando la entrevisté en televisión que quería tener no uno sino dos hijos más, y si bien no dijo que quería tenerlos conmigo, yo creí entender que su plan ideal era tenerlos conmigo (yo siempre creo entender que todos me aman y me desean, porque eso es lo que me dijo mi madre cuando era niño y yo le creí).

Ahora le había dinamitado el plan ideal y le había confirmado que Lucía tendría un hijo conmigo.

Antes ya se lo había contado a mi hija Carmen, que lo tomó con mucha calma, aunque mentiría si dijese que la noticia la hizo feliz, como tampoco pareció para nada contenta mi hija Pilar cuando le dije que tendría un hijo con Lucía pero que ella no estaba obligada a verlo, a conocerlo, a quererlo ni a nada, y que el hecho de que tuviese un hijo con Lucía no cambiaba en absoluto mi amor incondicional por ella y su hermana. Ellas lo entendieron bien, pero como era previsible les dolió o dio pena que yo tuviese un hijo con Lucía y no con Casandra. Obviamente ellas hubiesen preferido que lo tuviese con Casandra, pero ella y yo estamos divorciados hace más de diez años y no dormimos juntos hace más de diez años y yo me enamoré de Lucía y así nomás son las cosas.

Lo cierto es que a Casandra le dolió que le confirmase que tendría un hijo con Lucía. Lloró, le bajó la presión, casi se desmayó, y yo lloré con ella, le pedí perdón y, como la quiero tanto y me daba pena verla humillada, le dije: «No te preocupes, si todavía tienes la ilusión de tener un hijo, y quieres tenerlo conmigo, esperemos dos o tres años a que las niñas se vayan a la universidad y entonces te prometo que, si me lo pides, te daré un hijo y dos también, si eso te hace feliz.»

Sentí que esa promesa le sirvió de cierto consuelo y por eso aquella noche, en mi programa de televisión, ya sabiendo que Lucía estaba embarazada, le dije a Casandra que me hacía ilusión tener un hijo con ella. Lo dije pura y exclusivamente para mitigar el daño que le había provocado la noticia del embarazo de Lucía, lo dije para ser bueno y tierno y cómplice con ella, para demostrarle que mi amor por Lucía y su bebé no rebajaba mi amistad y complicidad con ella.

Supongo que a Casandra le gustó lo que dije, pero a Lucía no le gustó que dijera en televisión, estando ella embarazada y sintiéndose fatal con las náuseas y los mareos, que me hacía ilusión embarazar pronto a Casandra. Con toda razón, el anuncio le pareció un disparate cantinflesco. Intenté explicarle que lo que había dicho en televisión era solo un gesto de cariño y ternura hacia Casandra para consolarla por el dolor que sentía de que yo fuese a tener un hijo con otra mujer y no con ella. Por suerte Lucía es una loca genial que lo entendió todo rápido, y me recordó (y tenía razón) que yo no tenía por qué pedirle perdón a Casandra por estar enamorado de ella y haberla dejado embarazada, puesto que Casandra y yo habíamos dejado de ser una pareja hacía muchos años y cada uno había hecho su vida sentimental por su cuenta. Y aunque algunos periódicos seguían llamándonos esposos, Casandra y yo sabíamos bien que estábamos divorciados hacía más de diez años y que nuestra relación era de amigos y compañeros, no de amantes, y nuestra alianza o sociedad se fundaba en el hecho de ser padres de dos hijas.

Cometí entonces el error de decirle a Casandra que trataría de mantener en reserva la noticia del embarazo de Lucía y no la comentaría en televisión. De hecho, Lucía todavía no les había contado nada a sus padres, aunque sí a sus hermanos, que por suerte fueron comprensivos con ella. Pero luego ocurrió lo previsible: una enfermera que nos vio entrar al ginecólogo le contó el chisme a un programa de televisión y la presentadora, Magalys, tuvo la delicadeza de llamar a mi productora, Ximenita, para verificar si el chisme tenía fundamento, y entonces yo decidí que no iba a mentir sobre el embarazo de Lucía y le dije a mi productora que sí, podía confirmarle a la famosa animadora de televisión que Lucía estaba embarazada de mí. Esa misma noche, Magalys soltó la primicia en su programa y yo la confirmé más tarde en el mío, y al día siguiente entrevisté a Lucía y para entonces, por supuesto, ya Lucía se lo había contado a sus padres y yo supuse que todo estaría bien, que el momento de peor tensión o miedo ya había pasado.

Pero es una ley no escrita que cuando eres muy feliz con alguien estás haciendo muy infeliz a otra persona, o ese parece ser mi caso.

Pensé que podía ser feliz con Lucía y seguir siendo un buen amigo de Casandra, pero las cosas cambiaron radicalmente desde la noche en que la noticia salió en televisión y dije la verdad: el embarazo de Lucía me había devuelto las ganas de vivir y la idea de tener un hijo con ella me emborrachaba de una felicidad boba, pueril, adolescente (será por eso que dicen que cuando te vas volviendo viejo te vas poniendo como un niño).

Ahora podríamos describir la situación que estoy viviendo con Casandra y mis hijas como una guerra fría. Casandra no me perdona el desliz con Lucía, pero sobre todo que lo haya hecho tan público y encima tres semanas después de decir en mi programa, un domingo cualquiera, que quería tener un hijo con

111

ella. Las niñas, comprensiblemente, ven a su madre desolada, humillada, y toman partido por ella y me consideran un cabrón egoísta que dejó a su amada ex esposa para irse con una chiquilla pendeja. En realidad, mi amada ex esposa y yo habíamos dejado de ser una pareja hacía muchos años, pero como ahora vivimos en el mismo edificio que Casandra y las niñas eligieron para mudarse de Andrómeda a Marte, entonces se podría decir que, siendo una familia disfuncional, somos también una familia vecinal, pues ellas ocupan el piso de abajo y yo el de arriba, lo que nos obliga a una convivencia que, cuando todo estaba bien, era genial (el mejor momento fue durante el mundial de fútbol), pero ahora que me han declarado la guerra fría resulta algo triste para mí y sospecho que para ellas también. Porque ahora ya nunca suben a visitarme, ya la empleada no sube a recoger mis camisas sucias, ya no encuentro gelatina ni jugos en la refrigeradora, ahora siento el hielo que viene de abajo. Y cuando me armo de valor y voy al primer piso nunca encuentro a Casandra (al punto que no sé si sigue durmiendo abajo o se ha mudado) y muy rara vez encuentro a mis hijas, que me dan un beso seco, comedido, y me hacen sentir que estamos en plena guerra fría; me han puesto en cuarentena por dejar embarazada a Lucía, no les hace ninguna gracia tener un hermanito y tal vez piensan que soy un papá un tanto impresentable. Trato de hacer bromas y les doy toda la plata que pueda para tender puentes y restañar heridas, pero siento que ya nada es igual, algo se ha roto y no sé si podré restaurar lo que se ha dañado en ellas, por lo visto ya no encuentran placer en subir a visitarme ni en contarme sus cosas.

Y después leo en los periódicos que la guerra fría es una cosa del pasado que cayó con el muro de Berlín. Pues no en mi casa: aquí el muro se construyó hace unos días y la guerra se siente más fría que nunca, helada.

Como a mi edad y con mi arsenal de sedantes todo me da más o menos igual (lo único que verdaderamente me aterra es volver a la rutina de subirme a un avión cada semana y mi idea de la felicidad se reduce a quedarme en casa escribiendo y amando a Lucía y diciendo gansadas en televisión), no me resulta entonces tan difícil sobrevivir a la guerra que me han declarado Casandra y mis hijas y pasarme los días cumpliendo mi humilde rutina de escritor mediocre, amante rejuvenecido, hablantín a sueldo y eventual candidato a la presidencia de la asociación de padres de familia del nido Little Villa, donde Lucía y yo inscribiremos a James Baylys cuando tenga dos años de vida y donde asistirá llamándose James Baylys y vestido como hombre, así nazca mujer. No veo por qué una mujer no podría llamarse James.

(Jaime Baylys, «Laberinto de pasiones»,
*El Siglo XXI*)

Lucía me mandó un email preguntándome: «¿Tú me has mandado una perra de regalo?» Le dije que no, por supuesto que no, jamás haría una cosa tan absurda sin consultárselo. Me contó que la noche anterior había llegado a su apartamento de Júpiter y el portero le había entregado una caja con una perra chusca, cachorrita. «Es para usted», le dijo. «¿Quién lo dejó?», preguntó Lucía. «No sé, una señorita que bajó de una camioneta con chofer.» Lucía subió la caja con la perra inquieta y llorona y encontró una nota que decía «Perra chusca, como tú». No tuvo dudas de que Casandra o mi hija Carmen le había dejado ese regalo injurioso y sobre todo incómodo, porque la perrita no dejaba de llorar y hacer caca en todo el apartamento y Lucía no sabía qué hacer. Esa noche la perrita no durmió y Lucía, tratando de complacerla, recogiendo las cacas, sirviéndole leche caliente a ver si la calmaba, tampoco durmió. La perrita lloraba sin tregua, seguramente echando de menos a su madre y las otras cachorritas de las que había sido separada, Lucía lloraba sin saber qué hacer, a quién llamar. Tuvo la delicadeza de no llamarme y pedirme ayuda, no quería involucrarme en una situación tan horrible. A la mañana siguiente, el apartamento apestando a caca, Lucía apestando a caca, sin haber dormido una hora tan siquiera, tomó un taxi y fue a la oficina de su madre con la caja y la perrita chusca, y se la dejó a su mamá, que había conseguido que una amiga de la oficina se apiadara y aceptara quedarse con la perrita. Lucía volvió al apartamento, recogió las últimas cacas y odió a Casandra por hacerle esas cosas tan mezquinas, despreciables, como si Casandra fuese una condesa, una duquesa, una perra de fino pedigrí, y Lucía una perra chusca, pulgosa, callejera, que no merecía estar conmigo. Lucía se quedó dormida llorando, aliviada de haberle encontrado una dueña amable con la pobre perra que Casandra usó para humillarla.

Mi hijo James Baylys (que se llamará James así sea mujer) ha cumplido tres meses en el vientre de su madre.

Según los doctores, eran los meses más peligrosos. Por lo visto, parece resuelto a nacer y ser James Baylys. Si los dioses y sus querubines nos son propicios, nacerá en abril.

La ocasión parece propicia para festejar, pero Lucía no puede tomar alcohol, no puede fumar un porrito, no puede (no quiere) hacer algo que pueda dañar a James.

Intento convencerla de que un porrito no puede ser en modo alguno nocivo o pernicioso para el pequeño James, pero ella cree que no conviene que el bebé tenga su primera experiencia con la hierba risueña a los tres meses de no nacido.

Pues si la madre no fuma por proteger al bebé, yo tampoco he de fumar por un mínimo sentido de la cortesía. Y si la madre tiene cólicos y mareos y vomita, yo también. Ella, porque está embarazada, supongo. Yo, porque estoy enfermo, supongo. Pero no deja de ser bonito sentir que ambos estamos embarazados y ciertamente mi barriga sea bastante más abultada que la suya: sus tres meses son imperceptibles al ojo humano más suspicaz, en cambio cualquier mirón distraído diría que yo tengo seis meses y trillizos en el vientre.

¿Cómo hemos de festejar entonces los tres meses del pequeño James, si los tragos y las drogas nos son vedados con buen juicio por su madre y los doctores?

Entre la una y las seis de la mañana nos echamos en la cama con poca ropa y escuchamos música basados en un sistema que parece funcionar: ella elige dos canciones, yo una, ella dos, yo una, y así. Lucía suele elegir canciones de The Kooks, Pink, Avril, Taylor Swift, John Mayer, Jack Johnson (que a mí me llega a irritar levemente). Para mi sorpresa, elige también una canción en inglés de Juan Luis Guerra que yo no conocía y dos canciones muy tristes de Diego Torres que tampoco conocía.

Luego me hace ver una entrevista que Ellen Page le dio a Letterman en la que ella cuenta que compró una casa sin saber que había sido un burdel y de noche se le aparecen putas translúcidas en su casa y le roban el maquillaje, y esa pendeja me parece absolutamente genial, como genial me pareció en la película *Juno*.

116

Luego me hace ver a Shakira cantando y bailando en el programa de Letterman la semana pasada. Amo a Shakira, aunque más me gustan sus canciones de antes.

Cuando es mi turno, elijo lo que siempre elijo porque soy un pusilánime que ama la rutina espesa y previsible: Andresito Calamaro, el pirata Sabina, algunas canciones de Drexler, algunas de Coti, un par de Coldplay para irme a la guerra amorosa con Lucía.

Pero no podemos hacer el amor por orden del ginecólogo, de modo que nos resignamos a no tener sexo pero siento que besar su barriga y decirle a James que lo amo es ya una manera suficientemente buena de hacer el amor.

Me asomo a la ventana y veo que ha amanecido, son las seis y media de la mañana. Le digo que supongo que debería irme a dormir. Lucía me sorprende con una idea chiflada y no por eso menos tentadora: «¿Por qué no vamos al club de Villa a jugar fulbito de mano?»

En mis años de juergas cocainómanas, mis amigos y yo terminábamos en un local patibulario de la Costa Verde jugando al fulbito de mano con una pasión enloquecida y era felicidad en estado puro (y duro).

«¿Pero estará abierto el club de Villa a esta hora?», le pregunto.

«No lo sé —dice ella—. Pero si está cerrado, nos sentamos a ver el mar.»

«Genial —le digo—. Vamos.»

«No manejes tan rápido», me pide, cuando voy a toda prisa por la Costa Verde y luego por unas calles de Chorrillos por las que no pasaba hacía años y de las que me llaman la atención dos cosas singularmente pintorescas: unos cacharritos endebles que circulan como abejorros que según Lucía son «moto taxis» y que una de las calles que cruzamos se llame nada menos que «jirón Nueva York».

Luego Lucía me enseña los pantanos de Villa y le digo que me parecen siniestros y tengo la corazonada de que alguien me matará y arrojará mi cadáver allí y se lo comerán los lagartos (si lagartos hay en esas aguas turbias).

Lo que más me sorprende de Villa son sus palmeras. Tienen una forma extraña, desconcertante. Parecen pájaros muertos. Son gruesas y pajosas y altas, y todo menos verdes y luminosas. Son las palmeras más tristes que he visto. Será que estoy acostumbrado a las palmeras del Caribe, pero las de Villa me parecen unos árboles corroídos por alguna enfermedad, unos tubos de paja elevados y oxidados, unos gigantes tristes.

Por suerte cuando llegamos el club acaba de abrir. Por suerte Lucía es socia y me invita. Por suerte cae una llovizna que parece propicia para esa suave mañana de invierno. Por suerte en Lima el invierno es una ficción.

Antes de enfrentarnos en el fulbito de mano, Lucía, James y yo tomamos desayuno. Nada de mariconadas vegetarianas: huevos revueltos con jamón y panes con queso y jugos de naranja, y ella anís y yo un expreso doble. Como ya no debo tomar cocaína porque mi corazón no la resistiría y no quiero dejar a James huérfano de padre, me estimulo con expresos dobles que me ponen crispado, tenso, acelerado.

Luego es el momento estelar: son las siete de la mañana y Lucía elige ser Alianza y yo la «U» y nos enfrentamos en un juego de fulbito de mano violento, apasionado, salpicado de vulgaridades, maldiciones, procacidades y carcajadas. Lucía es llamativamente hábil con el arquero y los dos defensores, aunque no lo es tanto con sus medio campistas, que, aunque ella se empeña en hacerlos patear al estilo mariposa, suelen no darle a la pelota, lo que provoca unos fantásticos estallidos de risas, que suelo aprovechar para clavar un gol en el arco de su muy cumplidor arquerito de Alianza.

Este es sin duda el momento más feliz de la mañana en el club de Villa, más todavía que la ingestión de huevos revueltos: las risas y los insultos y las patadas al aire de los diminutos futbolistas. Cada risotada de Lucía (que suele ser consecuencia de la impericia de los futbolistas que mueve con su mano derecha) es para mí un momento de muy elevada e impensada felicidad.

Lucía se ríe y ríe, y ya no importa quién mete más goles, lo que me hace feliz es ver a mi chica y mi bebé riéndose porque extrañamente Lucía, siendo diestra, es más hábil jugando al fulbito de mano con la izquierda, y por eso su arquero bloquea espectacularmente algunos disparos de mis atacantes.

Luego jugamos al ping-pong, pero parecemos dos tías borrachas o idiotizadas porque la pelota muy raramente cae en la mesa y es un bochorno, así que suspendemos el juego por respeto a lo poco que nos queda de dignidad y por respeto a James, que tal vez está viendo el sainete que hacen sus padres en una mesa de ping-pong.

No muy distintas resultan las cosas una vez que nos enfrentamos en la mesa de billar: es jodidamente imposible meter la pelotita, así que nos rendimos bien pronto.

Miro el reloj. Son las diez de la mañana. Llevamos tres horas jugando como niños tontos y felices. Afuera algunos ya juegan al golf y al tenis, pero Lucía y yo estamos cansados y presumo que James también, así que emprendemos el camino de regreso a casa.

No sin antes hacer mis severas deposiciones en el baño del club, mil disculpas por dicha innoble donación a la junta directiva.

De vuelta a casa, manejo más despacio porque Lucía se marea y escuchamos una canción muy linda de Kevin Johansen, *Fin de fiesta*. Pero yo siento que la fiesta no ha comenzado todavía y, si los dioses y sus querubines nos son propicios, comenzará cuando James venga al mundo a acompañarnos y jugar al fulbito de mano con nosotros.

Puedo decir sin exagerar que una de las mañanas más felices de mi vida es la que acabo de pasar el sábado en el club de Villa tragando huevos revueltos y jugando al fulbito de mano con Lucía y mini James. Dios bendiga a mi chica y mi bebé y les dé vidas largas, felices y amariposadas. Yo los acompañaré siempre, cuando esté y cuando ya no esté. Y cuando no esté, seré uno de esos futbolistas de la mesa que ellos moverán, riéndose.

(Jaime Baylys, «Mariposas bajo la garúa»,
*El Siglo XXI*)


Dos días después de que ganara la candidata de izquierdas, recibí en la sala de edición, donde estaba preparando el programa junto con la productora Ximenita, una llamada telefónica del presidente cetáceo. No era mi amigo, tampoco mi enemigo. Lo había visitado semanas atrás, de madrugada, en la casa de gobierno, en el centro de Lima, y me había dicho que, si me lanzaba, él me apoyaría, pero no le creí. Había venido a comer a casa y me había animado a lanzarme, y yo le dije que no tenía plata, mi madre no me daba dinero y los empresarios no confiaban en mí, y él me animó, me arengó, me dijo: «Lánzate nomás, no seas cojudo, la plata llega sola, si ya eres candidato y empiezas a subir en las encuestas verás cómo los empresarios empiezan a darte donaciones, te lo digo por experiencia propia.»

Ahora el presidente cetáceo llamaba al canal seguramente para regañarme porque yo estaba diciendo en el programa que él iba a mover sus influencias en el poder electoral y judicial para que le hicieran perder las elecciones en la mesa a la candidata de izquierdas y se la adjudicaran con trampa a su candidata, la machona boca chueca que tenía un récord alucinante de perder todas las elecciones a las que se había presentado desde niña en el colegio de monjas. El presidente cetáceo estaba emperrado con que ganase su candidata boca chueca y llamó para retarme, y yo me negué a contestar la llamada y dije: «No tengo tiempo, estoy editando, que llame en otro momento, mil disculpas.» Mi productora Ximenita me miró con cara de «no seas loco, qué estás haciendo», y yo la miré con cara de «soy loco y qué, al carajo, ya estamos jugados en esto y es verdad que el presidente está maniobrando tras bastidores para que su candidata gane en la mesa».

Como no le contesté la llamada, el cetáceo llamó al dueño del canal, Friedman, se quejó, dijo que era una falta de respeto, una insolencia: además yo estaba propalando especies insidiosas, chismes malévolos, y él era un estadista probo, un demócrata cabal, que jamás movería discretamente sus hilos para torcer una elección, amañarla, viciarla, y darle el triunfo por un puñado de votos a su candidata boca chueca pies de camote. Esa noche, al negarme a contestarle al presidente ballena, y al salir al aire desafiante, diciendo que querían robarle en la mesa el triunfo a la candidata de izquierdas, la cosa se desbordó y el dueño del canal decidió que no me aguantaría más pulgas y ya bastante me había aguantado a principios de año, cuando había dedicado hora y media de un domingo a insultarlo, llamarlo borracho, prepotente, mandamás, colchonero, patán, adulón de dictadores, trepador, menudo cachafaz. Ya esa vez me perdonó la vida de milagro, pero ahora me la tenía jurada. Cuando llegué a casa, me llamó la productora Ximenita con voz afligida y me dijo que el dueño del canal nos había citado en su casa a la tarde siguiente. «Tenía muy mala voz, parecía realmente molesto», me dijo Ximenita. «Que chupe un caramelo de limón, yo no soy títere ni marioneta de nadie, soy un periodista independiente y por algo el programa se llama *El niño terrible.* Yo disparo mi veneno letal contra todo el mundo, incluyendo el dueño del canal si quiere coludirse con el presidente ballena y amañar la elección que nuestra candidata marihuanera ha ganado en buena lid.» Me fui al apartamento de Lucía, se lo conté todo, fumamos un porrito, bailamos, tiramos, no le dimos importancia a nada y nos ilusionamos con el cachorrito que ella llevaba en la panza y tenía que ser hombre, con pinga circuncidada, más grande que la mía a ser posible, porque yo salí un poco manicorto, y llamarse James, James a secas, y si me botaban del canal, qué carajo, me lanzaba como candidato presidencial censurado por la mafia, por el presidente cetáceo, con mi novia ricura y mi hijo por nacer y no me paraba nadie hasta llegar a Palacio. Ya luego en Palacio iba a ser más difícil poner cortinas gruesas que impidiesen la filtración de la luz natural y acostumbrar al personal, a la tropa, los edecanes, los custodios, que Lucía dormiría hasta las once y yo, hasta la una, y que el país se gobernaría solo, en piloto automático, anárquicamente, de ocho de la mañana a una de la tarde, pero como buen liberal, yo pensaba que el mejor presidente era el que menos se metía y el que dejaba que gobernasen la oferta y la demanda mientras él dormía como oso en invierno. «No tengo un plan de gobierno, mi plan es dormir hasta la una de la tarde, pero si me botan del canal, tengo que ser candidato, es una cuestión de dignidad», le dije a Lucía, y luego nos empujamos cuatro sándwiches de lúcuma de D'Onofrio, para calmar la ansiedad de la reunión al día siguiente.

Al día siguiente desperté a las cuatro de la tarde, masivamente sedado, y escuché los mensajes de mi productora Ximenita, que no eran pocos, en los que me decía que el dueño del canal no quería ya que la reunión fuese en su casa, seguro pensaba que me iba a robar un cenicero o un jarrón de porcelana o me iba a dar un brote psicótico y le iba a mear la piscina, y prefería que fuese a las seis de la tarde en casa de Ximenita, que quedaba bien cerca del canal.

—¿Y qué se supone, que después vamos y hacemos el programa? —pregunté.

Y ella me dijo:

—Ni idea, no sé, pero por las dudas ven con tu terno y tu corbata y por ahí se amistan y sales al aire.

—Perfecto, me parece un buen plan, iré vestido como si fuéramos a salir después en el programa, pero no te hagas ilusiones, me juego un huevo a que me va a despedir.

—Ay, no digas eso, ojalá que no, son muchos años haciendo este programa de gran éxito, tiene súper *ratings*, está súper vendido, no le conviene despedirnos, *El niño terrible* es un clásico.

—Ya, ya, pero a veces pienso que él no es el dueño del canal, es el testaferro del presidente cetáceo, y si el presidente nos ha bajado la cortina, jodidos estamos, Ximenita.

—Bueno, ya veremos, te espero a las seis.

—Allí estaré a las seis en punto.

Llegué puntualmente y la casa mesocrática de mi productora parecía un búnker del servicio de inteligencia, rodeada por ocho o diez matones a sueldo del dueño del canal, Jacobo Friedman, que era loco paranoico y andaba siempre en auto blindado y con diez guardaespaldas armados hasta los dientes, llamando la atención, le gustaba hacer su numerito, pasearse por Lima en plan miren cómo me juego la vida en defensa de la democracia y la libertad de expresión, menudo tipo el dueño del canal, un judío recio, bueno para el trago, intrigante, conspirador, adulón de la ballena, adulón de cualquiera que tuviera poder y pudiera cerrar buenos negocios con él, comprarle sus colchones y botas y uniformes para toda la tropa de militares indigentes. Entré, nos saludamos fríamente, la productora Ximenita sirvió tragos, yo me excusé, preferí limonada, y el dueño, Friedman, fue al punto sin perder tiempo. Me dijo que estaba entre la espada y la pared, no dijo quién lo amenazaba con una espada y contra qué pared se recostaba, y dijo luego que mucha gente se había quejado por mi manejo propagandístico del programa a favor de la candidata de izquierdas, que no les parecía ético, equilibrado, respetuoso del público, y que yo había convertido el programa en una trinchera de guerra y una plataforma para lanzarme como candidato presidencial en diciembre; y para colmo de males había desairado al presidente ballena negándome a contestar sus repetidas llamadas y sugiriendo que estaba metiendo la mano en el recuento de votos para escamotearle el triunfo a la candidata de izquierdas que yo apoyaba.

—Así las cosas —dijo Friedman—, no me queda otra salida que pedirte que rescindamos el contrato de mutuo acuerdo, amigablemente, y el programa deje de salir.

—¿Deje de salir cuándo? —pregunté.

—Rescindimos el contrato ahora mismo y ya no sales esta noche, ponemos una serie cómica argentina y la gente se relaja.

—¿No vas a dejar que me despida de mi público después de tantos años haciendo *El niño terrible*?

—No, no conviene, no tenemos confianza en lo que puedas decir, por ahí te pones loquito y comienzas a insultarme y me dices borracho, alcohólico, mafioso, todas esas cosas que ya me has dicho antes. Lo mejor, Jaime, es que firmemos estos papeles, nos demos un buen apretón de manos, quedemos como amigos y salgas de vacaciones.

—No, no salgo de vacaciones, empiezo mañana mismo mi campaña presidencial, y si gano estás jodido conmigo porque te voy a cobrar los veinte millones de dólares que debes de impuestos —le dije.

—No me amenaces, por favor —se sulfuró Friedman, levantando la voz—, tú no puedes obligarme a pagar esa deuda porque la Corte de Derechos Humanos de Costa Rica ha fallado a mi favor, es una deuda acumulada en tiempos de la dictadura que me quitó el canal.

—Ya lo veremos, ya lo veremos —dije, en tono amenazador, lanzado a la guerra, y luego—: ¿dónde quieres que firme?

—Aquí, aquí y aquí.

Firmé rápido, como si no me importara, me desligué del canal, renuncié a hacerle juicios, quedamos como buenos amigos o más exactamente como malos amigos, nos dimos la mano, me dijo «Yo sabía que eras un caballero», y se fue apurado, rodeado de sus matones. Pero no me quedé tan tranquilo. Rencoroso, vicioso, mala leche, le pedí a mi productora Ximenita que llamara a un programa de la competencia, el de

Susana Vaca en canal 4, y le dijera que me habían despedido por presiones políticas del presidente cetáceo que ella detestaba y me ofrecía a visitarla esa noche en su programa. Aceptó encantada. «Genial, me voy, me echo una siesta y te veo a las diez y media en la puerta del canal 4», le dije a mi productora. «¿Vas a dormir una siesta si te has despertado a las cuatro?», preguntó alarmada la productora Ximenita, y luego me dijo: «No vaya a ser que no te levantes a tiempo y dejes plantada a Susi Vaca.» «No, ni a cojones, duermo una siesta de ocho a nueve y media, me ducho y a las diez en punto estoy en el canal de Susi, confía en mí, Ximenita.»

Manejé rápido al edificio de Marte, llamé a Lucía por el celular y le conté que me habían despedido, lo tomó con calma, le dije que iba a dormir una siesta y a la noche iba al programa de Susi. «Promete que vienes luego», dijo ella, y quedamos vernos después a medianoche para fumar un porrito y hablar de nuestro cachorrito y nuestra campaña presidencial. Llegué a Marte, ni traté de saludar a Casandra y las niñas, subí al piso dos, me eché tres Dormonids al hilo, puse el despertador a las nueve y media y me dormí con la misma ropa, el trajecito azul, la corbata azul, con la que había ido a que el cabrón de Friedman me despidiera alegando estar entre la espada y la pared. «Ya verás lo que te voy a decir en el programa de Susi», pensé, y me quedé dormido como un koala.

A nadie le gusta que lo despidan, cuando te despiden te hacen sentir prescindible, insignificante, y eso es exactamente lo que somos, prescindibles, insignificantes, y sin embargo nos duele y ofende que nos lo recuerden, que nos digan que están mejor sin nosotros y nuestra presencia es ya un lastre, un estorbo. Nos gusta que nos elogien, nos necesiten, nos digan cuán valioso es nuestro aporte, nos paguen más y más por nuestra inestimable contribución, nos gusta tanto que nos quieran que no imaginamos que aquellos que antes nos querían un buen día se cansarán de nosotros y nos dirán adiós, buena suerte, hasta nunca. Pero eso por desgracia ocurre, a todos nos ocurre, y si nadie nos ha despedido todavía de un trabajo o un amor o una amistad, ya se encargará de despedirnos la vida misma, interrumpiendo nuestra existencia cuando le dé la gana, lo que muy raramente coincide con nuestras ganas, pues son muy pocos los que tienen ganas de morirse (alabados sean), y menos los que hacen algo para que esas ganas se traduzcan en unos hechos concretos (benditos los suicidas ejemplares). El despido suele tomarnos por sorpresa y parecernos un hecho injusto, arbitrario.

Me han despedido no pocas veces y siempre o casi siempre me ha parecido una cosa atroz, horrorosa, de muy mal gusto, que me expulsaran de un lugar, que interrumpieran con alevosa brusquedad una rutina que ya se me hacía mediocre y placentera, que me hicieran sentir que sin mí estarían mejor, mu-

129

cho mejor, y pasado el tiempo (pasa el tiempo pero quedan los rencores, indisolubles) he descubierto que esos despidos, en su momento traumáticos y sin duda dolorosos, terminaron siendo convenientes para que yo fuese quien debía ser, para que mi destino se cumpliese cabalmente tal y como estaba escrito, me temo, en las arenas movedizas que lame la ola incesante del tiempo. Me echaron del colegio por faltar sistemáticamente a clases, me echaron de la universidad por desaprobar una y otra vez un curso que no entendía, me echaron de un canal de televisión por hacer una pregunta atrevida, me echaron de la casa de mis padres por comportarme de una manera díscola y libertina, me echaron de sus vidas unos amigos por contarlo todo en mis novelas (tal vez no alcanzaron a comprender que uno solo escribe de lo que de veras le importa), me echaron de nuevo, tantas veces, para qué contarlas ahora, de la televisión, siempre por negarme a callar lo que estaba pensando, por decir lo que a duras penas podía hallar en mi cabeza y mi corazón: todos esos despidos fueron humillantes, brutales, desoladores, y con seguridad no hicieron de mí una mejor persona. Y sin embargo ahora que los recuerdo me parecen inevitables, me parece bien que ocurrieran, me digo que tenían que ocurrir y esto que soy ahora mismo es la suma de todos los infortunios que caben en mí (y siempre cabe uno más, siempre se puede estar peor hasta que uno se muere, lo que en su momento es considerado un infortunio, pero a lo mejor no lo es del todo).

Eso es lo bueno de ser escritor: todo lo malo que te va ocurriendo sirve para recogerlo y volcarlo en las novelas y escribirlo de una manera que te redima de esas miserias y pesares, todo lo que es malo en la vida misma acaso sea bueno para los emprendimientos artísticos, todo lo que te hace desgraciado te hará también, con suerte y si perseveras, menos tonto e insensible, y dotará a tu voz de una musicalidad única, singular; todos los que te han despedido y humillado son, quién lo diría, tus aliados impensados en el quijotesco afán de dejar una huella, un testimonio, algo que preserve una mínima belleza cuando ya no estemos. Lo que somos es también, al mismo tiempo, lo que no somos, lo que no hemos podido ser, las carreras inconclusas, los sueños interrumpidos, las ilusiones rotas, perdidas; lo que nos define con más exactitud no es lo que hemos conseguido, sino lo que no hemos logrado, lo que hemos perseguido inútilmente, aquello que se nos ha escapado y seguimos soñando con alcanzar; la borrosa, mágica cifra de un individuo tal vez no se encuentra en las cosas que hace, sino en las que quisiera hacer, en las que sueña que algún día hará y con toda probabilidad nunca hará. De todos los despidos, el más cruel es acaso el del tiempo, que se despide de nosotros todos los días, lenta y sigilosamente, sin que lo advirtamos con la debida perspicacia: cuando cae la tarde y llega la noche hemos sido despedidos, nos queda menos tiempo, somos los escombros o los desechos o los residuos de lo que fuimos, esta noche podría ser la última o la penúltima y sin embargo la vivimos como si fuera eterna. Tal vez por eso, porque tarde o temprano todos seremos despedidos del modesto oficio de estar vivos, es preciso aferrarse a las pequeñas cosas de las que ningún jefe o empleador podría despedirnos: esos actos solapados que nos dan alguna forma de placer, esas ceremonias íntimas, minúsculas, que nos recuerdan el goce de existir, esas palabras sosegadas que hemos pronunciado este día, en esta lengua, antes de que caiga la noche y todo sea polvo y olvido.

(Jaime Baylys, «La penúltima noche», *El Siglo XXI*)

En el programa de Susana Vaca salí como un psicópata sedado y di la impresión de ser un tipo vengativo, maléfico, de mala entraña, dispuesto a ser candidato presidencial como sea y, una vez presidente, porque a mí no me ganaba nadie, obligar al dueño del canal 2, Jacobo Friedman, que me había despedido cediendo a presiones políticas mafiosas del cetáceo, a pagar los veinte millones de dólares que debía en impuestos. Salí del canal 4, me fui a mi casa, me comí cuatro helados D'Onofrio de chocolate y pensé: «Bueno, ya estamos en campaña, ya me quité el programa de encima, por otra parte era un problema porque planteaba el conflicto de intereses entre el periodista y el candidato y daba pie a que ciertos críticos quisquillosos dijeran que estaba haciendo trampa como periodista en beneficio de mi agenda política. Y ahora, sin programa, con el alcohólico de Friedman como enemigo, vamos a jugar el juego profesionalmente, y con Lucía embarazada tengo un mejor perfil como candidato, con novia y cachorro en camino.» El problema era que solo me quedaba medio millón de dólares y con eso no llegaba muy lejos y no tenía partido político que me auspiciara y lanzara. Para lo primero no se me ocurrió nada mejor que reunirme con mi madre y pedirle un préstamo de cinco millones de dólares como adelanto de legítima herencia para financiar mi campaña.

«Mamá, tú desde niño me has dicho que he nacido para ser presidente, que soy un líder nato, ahora ha llegado el momento de que me apoyes con tu fortuna para solventar los gastos de la campaña. A cambio te prometo moderar mi posición sobre el aborto, las drogas y los gays, y reunirme con monseñor Romero y llevarme bien con él.» Mi madre me escuchó con desconfianza (era amiga de Casandra y veía a Lucía con espanto) y dijo que mi petición podía traer graves problemas de divisiones en la familia y tenía que consultarla con mis nueve hermanos, sus jefas del Opus Dei y el cardenal de Lima, monseñor Romero. «Estamos jodidos», pensé. En efecto, unos días después mi madre me dijo que mi petición había sido denegada en votación unánimemente rechazada por mis hermanos, sus tutoras morales marimachas estreñidas del Opus y el siniestro cardenal ojeroso, conspirador, mafioso y representante del ala más conservadora de la Iglesia peruana. Sin plata, estaba jodido. Y sin partido, más.

Desesperado, me reuní con un partido minúsculo, apto para competir, inscrito en el Jurado, llamado Alianza de Independientes, cuyo dueño y gerente era un chico bien, un blanquito con plata, dueño de laboratorios que hacían perfumes y champús y cremas para las señoras de clase media que no podían comprarse esos productos en el extranjero y se contentaban con lociones peruanas rendidoras, a bajo precio. El señorito se reunió conmigo, me escuchó, me ofreció la candidatura, pero no se anduvo con rodeos y me dijo que si quería asegurarme su apoyo, tenía que depositarle un millón de dólares en la cuenta tal del Banco de Crédito. «Claro, perfecto, entiendo, así será», le dije, y nos dimos la mano, muy optimistas, y sellamos la alianza, pero así no fue, porque yo no tenía un millón de dólares y no había un solo empresario chiflado en el Perú dispuesto a mojarse y prestármelo.

Pasados los tres días que el señorito me dio de plazo, anunció que apoyaría la candidatura presidencial de un mafioso de pacotilla, el alcalde de Lima, con fama de pirañita bravo, que seguramente le dio no uno sino dos millones, y me dejó tirando cintura, fuera de juego. De pronto me había quedado sin programa, sin sueldo millonario, sin plata en el banco porque casi todo había sido invertido en los malditos apartamentos de Marte, y la única manera de vengar esa humillación, la de haber sido despedido como un perro sarnoso de la televisión peruana, me parecía ser candidato presidencial, inscribirme en diciembre y ganar en abril. Moví todos mis contactos y organicé una reunión con la plana mayor de un partido político histórico, que llegó tres veces al gobierno, algo venido a menos últimamente porque su líder y fundador había fallecido y la vieja guardia estaba ya un poco octogenaria y achacosa y necesitaba una renovación. Nos reunimos diez viejitos encantadores, entrañables, enternecedores, y yo, y trazamos planes, conspiramos, deliramos, nos imaginamos ganando las elecciones, y cuando se habló de plata, ellos dijeron que el partido carecía de fondos o recursos, pero yo salté con la frialdad de un mitómano y dije: «Yo pondré un millón de mis ahorros y si nos quedamos cortos pondré un millón más.» Sellamos la alianza con grandes abrazos y fotos y brindis y cuando me fui manejando mi camioneta blindada, la productora Ximenita me dijo: «¿Y de dónde vas a sacar la plata», y yo le dije: «Ni puta idea, a lo mejor hipoteco los apartamentos de Marte.» «No seas loco, no hagas eso, te vas a quedar sin presidencia y sin apartamentos, tú eres demasiado pituco y raro para ganar unas elecciones en este país, te ven como un dandi, un niño bien, un tipo que vive en el extran-

jero. Sacarás diez por ciento pero no más, no te engañes.» «Eso mismo me dice Lucía, que en provincias
me ven como un maricón depravado y un cocainóma-
no incurable y un marihuanero que anda todo el día
volado, y esa gente de los Andes telúricos ni a patadas
votará por mí.»

Cuando volví con Lucía y fumamos un porrito y
tiramos rico, me bajó la ansiedad y la escuché y pensé:
«Soy un escritor, no soy un político, qué carajo hago
metiéndome en ese lodazal solo para demostrarme a
mí mismo que puedo ser presidente. Es un disparate,
un sinsentido, una especie de venganza a las humillaciones que me infligió mi padre y una revancha a mi
madre, que me ha negado la plata para la campaña.
Pero uno tiene que ser frío, calculador, astuto, y elegir
solo las peleas que puede ganar, y si Vargas Llosa no
pudo ganar las elecciones peruanas, menos podré yo.»
Lucía me calmó, me sedó, me hizo aterrizar y luego
abrí mis correos y leí que el dueño de un canal en Miami me ofrecía devolverme el programa que me había
quitado, un programa que había tenido éxito durante
tres años y luego me quitó por culpa de una pelea absurda que yo propicié porque consideré que el aire del
estudio estaba demasiado frío y dije en directo que era
un plan del G2 cubano para matarme de neumonía. El
dueño del canal me mandó al carajo y levantó el programa del aire y puso una canción de Celia Cruz, *La
vida es un carnaval*. Pero había pasado un año desde
entonces, el público latino me reclamaba, quería a su

hablantín insolente y procaz con los dictadores y matones del vecindario, menudos crápulas, y el dueño del canal me decía que me ofrecía un contrato por un año, un millón al año, el mismo horario, lunes a viernes, diez de la noche, en vivo. Leí el email, lo leí dos, tres veces, se lo leí a Lucía y no lo dudamos, dijimos: «Nos vamos a Miami, firmamos, lanzamos el programa y nuestro cachorrito James nacerá allá y me olvido de la campaña presidencial, que ni tengo la plata ni tengo el partido ni tengo las ganas de levantarme a las ocho de la mañana, yo me levanto a las tres de la tarde y a esa hora es harto jodido hacer una campaña política ganadora.» Ese email cayó del cielo, apenas una semana después de ser despedido, y de pronto Lucía y yo vimos que había una salida y el embarazo nos traería muchas cosas buenas si escapábamos de Lima. Una semana después, estaba en el Ritz de Key Biscayne, firmando el contrato con el dueño del canal de Miami, un año, blindado, no podían botarme, si me botaban me pagaban el año entero. Era octubre, había que conseguir casa en la isla, ya era un hecho que no sería candidato, la mafia y mi madre y el cardenal y el presidente ballena habían ganado y me habían sacado del juego, y yo sin embargo estaba feliz, pensando que prefería darme la buena vida en la isla de la felicidad, con mi chica y mi cachorrito, que peleando estúpidamente por el poder en ese entrevero de locos llamado el Perú.

No seré candidato a nada.

Quien se postula a un cargo público, a un premio, tiene que estar convencido de que merece ganar, merece esa gloria, ese reconocimiento.

Yo estoy convencido de que no merezco ganar nada.

Por lo tanto, si postulase a algo sabiendo que no merezco ganarlo, estaría haciendo trampa, embaucando a los despistados y los incautos, siendo deshonesto conmigo mismo.

Yo no votaría por mí. No me otorgaría ningún premio. En consecuencia, no debería aspirar a que otros me den lo que yo sé que no merezco.

La única manera de evitar caer en esa trampa de la vanidad es no postular a nada, a ningún cargo, a ningún premio, a ningún honor que falsee la verdad: que soy un hombre mediocre y vulgar que se siente a gusto siendo mediocre y vulgar.

El poder corresponde a los que desean ejercerlo para bien o para mal, y yo carezco de deseos para ejercer el poder, y a menudo carezco de poder para ejercer mis deseos.

Mal haría entonces en tratar de gobernar a otros, cuando a duras penas puedo gobernarme a mí mismo.

Si algún respeto tengo por los demás (por ejemplo, por mis compatriotas, los peruanos), debería hacerles saber que no sé gobernar nada, ni siquiera mi pelo o mi entrepierna, y si intentara gobernar a un número de personas (a una república, una alcaldía, una provincia, una junta vecinal, un condominio de playa) les haría un daño incalculable, como incalculable es el daño que he causado en mi pelo y mi entrepierna.

Declaro entonces que mi mayor ambición es la de ser un ciudadano ordinario y mediocre, un sujeto lastrado por la pereza, un bueno para nada, un cero a la izquierda, una sombra, un hombre que camina por la sombra.

Algunos premios me han sido dados, ninguno debió concedérseme. Devuelvo ahora los premios, mas no la plata, que ha sido ya gastada. Devuelvo los premios literarios que manchan mi biografía de escritor: un premio que me dieron en Galicia, que tuve el buen tino de no ir a recoger; otro que me dieron en Barcelona solo para que el editor ganara más dinero con ese libro; y uno más, el peor de todos, entregado por un jurado catalán que, al tiempo de darme el premio, me recordó lo que ya sabía: que no lo merecía y si pudiese me quitaría el premio y sobre todo el dinero.

Entonces aprendí que el mejor premio que puede ganar un escritor es que no vengan a molestarlo con galardones amañados y dineros obscenos que salen en los periódicos y despiertan los celos y la envidia de otros escritores (que sienten que ese premio les correspondía a ellos y les ha sido robado) y el recelo o la desconfianza de los lectores (que sospechan con razón que esa novela premiada no vale tanto dinero).

Mi agente literaria sabe que no debe postularme a ningún premio y si algún despistado insistiera en darme un premio a despecho de mi voluntad, tal premio deberá ser devuelto con las gracias respectivas.

Ninguna recompensa se compara a la de persistir en el noble oficio de coleccionar palabras dictadas por la rabia y la tristeza y compartir esas palabras con otros que al leerlas sientan algo parecido al placer.

En mi caso, ningún premio literario es justo. Siempre hay un libro mejor que el mío.

Tampoco me gustaría otorgar premios, ser miembro de un jurado, discriminar entre lo bueno y lo menos bueno, erigirme como juez supremo de quienes, jóvenes envanecidos y ambiciosos, compiten entre sí por alguna forma de reconocimiento, por un cheque, por sobresalir del montón, ser alguien notable, notorio, una foto o un titular en el periódico.

Los más notables, me parece, son los que menos se hacen notar, los que más sabiamente esquivan la notoriedad.

No deja de ser curioso que muchas personas (y entre ellas, gente de indudable inteligencia) consideren que la gloria más codiciada, entre todas las posibles, sea la siguiente: postularse al cargo público de mayor poder en la tribu a la que se pertenece, decir que uno sin duda merece dicho poder y desea con fervor servir a los demás miembros de la tribu (a los que mayormente no conoce), ganar el poder en buena lid y ejercer esa autoridad de un modo recto, justo y virtuoso, de un modo tal que induzca a los demás a pensar que uno, el poderoso, el que gobierna, es mejor que ellos, los del montón, los anónimos, los gobernados.

Pero eso no es verdad, no puede ser verdad: siempre es mejor y más estimable el que prefiere votar por otro que por uno mismo, siempre es más sabio el que advierte con lucidez que hay muchos otros mejores que él y son ellos los que merecen las glorias y los honores, nunca uno mismo.

Los reyes son tristes. Los pontífices también dudan. Los presidentes cuentan los días para dejar el poder y volver a casa (pero ya nunca podrán volver a casa). Los dictadores recuerdan con añoranza cuando podían comer sin temor a ser envenenados. Los que tienen poder envidian a los que carecen de él.

Cuanto más pesada y duradera es la responsabilidad que recae sobre el poderoso, menos poder en verdad se tiene, pues las obligaciones del cargo o la investidura o el mandato recortan el verdadero poder al que puede aspirar cualquier individuo, que es el poder de su libertad, la libertad de hacer lo que le dé la gana sin rendirle cuentas a nadie, por ejemplo la formidable libertad de escribir ficciones, que es lo que le da, si acaso, algún precario sentido a mi vida.

Por eso no quisiera ser presidente, ministro, congresista, alcalde, concejal o director de la junta de propietarios del edificio en que vivo: porque el poder temporal que otros, con suerte, me concederían con entusiasmo o a regañadientes, me convertiría enseguida en un rehén de aquellos que, al reconocerme un poder superior al que ellos poseen, han confinado al mismo tiempo los límites de mi libertad, han secuestrado mi libertad, se han adueñado de mi errabundo destino y se creen con derecho a reclamarme en tono airado si las cosas van mal, y las cosas, ya se sabe, siempre van mal.

Si de verdad quieres tener poder, tal vez deberías aspirar a tener la mayor libertad posible, una libertad que nadie pueda arrebatarte, una vida sosegada y sedentaria que a nadie tengas que explicar, el poder insuperable de mandar a todos al carajo y hacer lo que más te guste o no hacer nada, que es generalmente lo que más nos gusta hacer, nada de nada: ver una película o un partido de fútbol o escuchar una canción o darle un beso a tu chica.

Renuncio. Renuncio a ser candidato a presidente. Renuncio a postularme a un premio, un cargo, una distinción. Renuncio a intentar ser un hombre de éxito. Renuncio a gobernar cualquier otra vida que no sea la mía. Renuncio incluso a gobernar mi vida.

No renuncio todavía a mi vida porque me quedan algunos libros por escribir y porque con suerte en abril nacerá el bebé que Lucía valerosamente lleva consigo.

(Jaime Baylys, «Renuncio», *El Siglo XXI*)

Pero no fue tan fácil convencer a Lucía para irse del Perú. Había vivido toda su vida en Lima, estaba cómoda en el apartamento que le alquilaba, se había conseguido un ginecólogo de confianza en la Clínica Americana, sus mejores amigas estaban todas en Lima, se llevaba bien con sus papás, tenía un amante escondido, Pepe, Pepito, que cada tanto la visitaba y le daba un magnífico servicio de sexo oral y le renovaba la dotación de marihuana «maldita», y quería terminar de escribir su primera novela allí, en Lima, en ese apartamento polvoriento de Júpiter que le daba alergia y me había hecho renovar, cambiándolo todo. No fue fácil. Una noche fumamos un porrito y la miré a los ojos y le pregunté «¿Nos vamos o nos quedamos?», y ella me dijo: «Nos quedamos, acá es todo más fácil, más relajado, es más lógico vivir en Lima si somos escritores, allá no me veo, voy a estar muy sola, no tengo ginecólogo, no tengo amigas.» Y la entendí, le di la razón, le dije que nos quedábamos. Pero luego me fui al amanecer a tomar un desayuno pantagruélico en una cafetería de Saturno y pensé: «No, no puedo quedarme en Lima como un perdedor, despedido de la televisión por presiones políticas, sin que ningún canal peruano conteste mis llamadas ni me haga una oferta, en condición de apestado porque la mafia del presidente ballena y sus secuaces me quiere fuera del juego. No puedo terminar mi carrera de televisión de este modo tan deshonroso y patético, y si me ofrecen un programa en Miami bien pagado para que haga lo que me salga de los cojones, allá me iré, con Lucía o sin ella, pero allá me iré y allá terminaré mi carrera cuando cumpla treinta años en televisión y me retiraré, no despedido, no echado, no fumigado, diré muchas gracias, fue un placer, adiós, hasta nunca.» Me pudo el orgullo, me ganó la vanidad, me parecía más ganador volver a jugar en las ligas hispanas de Miami que enredarme en el pantano de la política peruana, sin plata, sin posibilidades reales de ganar. ¿Quién carajo iba a votar por un bisexual pastillero con fama de viejo verde que se había levantado a una chiquilla que parecía su hija? Ni mi madre ni mis hermanos iban a votar por mí, eso seguro. Claro, sacaría un ocho, diez por ciento, pero ¿quién financiaría la campaña, quién me pagaría los mítines a cincuenta mil dólares cada mitin, quién me pagaría los spots en televisión a tres o cuatro mil dólares cada spot de treinta segundos, quién? Ya no tenía caja chica, mi plata estaba jugada en los malditos apartamentos de Marte, y además Casandra sacó los colmillos y me dijo que si quería seguir viendo a mis hijas, tenía que traspasar el primer piso a su nombre y el segundo a mis hijas, y llevarme mis cosas, mudarme, dejarles los dos apartamentos a ellas para que vivieran con desahogo y comodidad y pudieran recuperarse de la humillación y el trauma que significaba haberse enterado por la televisión de que estaba de novio con una chiquilla con aires de escritora maldita y que, «buena, papi, bien jugado, gran movida», la había dejado embarazada por marihuanero, por romanticón, por envanecerme como pavo real con la idea de tener hijo macho y no saber ponerme un condón, nunca supe, nunca pude, apenas lo intentaba se me ponía blanda como flan.

Así las cosas, la situación con Casandra y mis hijas era una guerra, una guerra fría, el origen del frío, un frío que al día siguiente podía ser más helado, y Casandra me escribía unos emails cortantes, secos, agresivos, conminándome a desprenderme de los dos apartamentos que estaban a mi nombre, exigiéndome darles una prueba definitiva de amor al traspasar esas propiedades, que me habían costado tanto dinero, a ella, a ellas. Y era mucho pedirme porque esos dos millones los había ahorrado en muchos años, muchos programas, muchos viajes, muchos esfuerzos histriónicos en la televisión, y ahora se suponía que, en castigo por embarazar a Lucía, tenía que hacer maletas, dejar los apartamentos, perder la inversión e irme a Miami a comenzar de cero, con poca plata en el banco y sin la certeza de que Lucía vendría luego. Lucía me decía: «Ve tú, ve tú primero, busca casa, comienza el programa tranquilo, instálate con calma, yo me quedo escribiendo mi novela, y ya luego en enero o febrero, cuando salga la novela, voy y nos encontramos allá y el bebito nace allá.» Y yo pensaba: «La concha de la lora, que le voy a regalar los dos apartamentos, fruto de mis ahorros de toda la vida, a la bruja narigona despechada de Casandra, que se vaya a cagar al río, no me voy a dejar intimidar, acosar, atarantar de esa manera, yo peleo por mi techo propio y no le regalo nada, que se joda la arpía.» Porque ella me prometió que respetaría mi libertad y no la respetó, no me permitió traer a Leopoldo una semana de visita a que me cogiera rico como estaba necesitando, no me permitió que Lucía viniera a mi casa a tirar conmigo como a veces me provocaba, alegó que los apartamentos eran «un hogar familiar» y se adueñó de todo, del de abajo y el de arriba, y se creyó con derecho de decidir quién entraba y quién no entraba en mi casa; y ahí se fue todo al carajo y yo me emperré, me emputé, me salió la perra que llevo adentro, y dije: «No, no, si alguien se tiene que ir, no seré yo, será ella por ponerse bruta y no entender las reglas del juego que habíamos pactado, ser buenos amigos y buenos vecinos. Si alguien tiene que hacer sus maletas, no seré yo, serás tú, Casandra, y al carajo con que lo que se regala no se quita. Sí, te regalé el apartamento, pero con una condición, que no hicieras de guachimán con mi piso de arriba, y no respetaste esa condición y ahora alguien se tiene que ir, me voy yo y pierdo mis dos millones o te vas de regreso a tu casita en el vivero y preservo mi inversión, y ya es la guerra fría, sin cuartel, despiadada, ya mis hijas no me quieren ver, no me contestan las llamadas ni los emails, así que, al carajo, la que se tiene que ir de mi casa eres tú, Casandra, aunque eso me cueste no ver a mis hijas nunca más.» Increíblemente, en apenas dos meses, todo se había ido al carajo en Lima, y para colmo a Lucía no se le ocurrió mejor idea, estando embarazada, que cambiar el piso del apartamento de Júpiter, trabajo que le encargó a su hermano, y como hacían mucho ruido se fue a vivir a un hotel de la calle Saturno. En conclusión, era el caos, el caos puro, y lo que durante dieciséis años habíamos logrado cuidar, la relación entre mis dos hijas y yo, el cariño, la confianza, la complicidad, se había ido al carajo, todo por una calentura absurda, loca, disparatada, un poco tardía, de viejo verde, que me dio por Lucía y su culito irresistible, que, quién lo hubiera dicho, despertó en mí al machito pundonoroso y pinga loca que yo pensé que no existía más.

El deseo humano (quiero decir, el deseo sexual, que es el más humano de los deseos) es como un viaje en tren, un viaje en un número impreciso de trenes, un viaje que uno no sabe en qué estación te dejará, unos trenes a los que uno sube no siempre voluntariamente, sino porque el azar decide por nosotros (el azar o una corazonada o el aliento de los amigos) y cuando bajamos ya no somos los que éramos antes de subir.

El deseo humano (quiero decir, el deseo sexual, el deseo de enredarnos con otros humanos y buscar placer en esos escarceos y refriegas y en los intercambios de fluidos y secreciones) es como un viaje en tren, pero (dependiendo del espíritu o las convicciones de cada individuo) puede ser un viaje en un solo tren, un viaje sin sobresaltos que uno sabe bien adónde lo llevará, o puede ser un viaje incesante y caótico en tantos trenes como deseos nos asaltan, trenes que a veces van en direcciones opuestas, que chocan y nos dejan confundidos, en los que viajan personas que se jactan de ser honorables y otros trenes (estos suelen ser los que van más atestados y de los que resuenan ecos de fiesta y alegría) a los que se suben quienes quieren divertirse aun a expensas del honor o la reputación.

Siendo el deseo sexual un universo complejo y misterioso, tiendo a creer que hay personas que viajan en un solo tren o muy pocos trenes, tal vez porque están cómodas de esa manera o porque les asalta el temor cuando piensan en subir a otros trenes de destinos inciertos, y hay personas que nunca se contentan en un solo tren y entonces bajan y suben y se apean y vuelven a trepar y toman todos los trenes que les sea posible tomar, aun si no saben adónde van, aun si subirse a tal o cual tren entraña un desafío a las convicciones que se tenían antes de subir: «¿Seré el mismo cuando baje o seré otro mejor o peor?»

Soy de los que han tomado numerosos trenes en el viaje impreciso y errático del deseo. Algunos han sido divertidos y me han obsequiado paisajes inspiradores; otros me han condenado a travesías desagradables, incómodas, unos trenes de los que me quería bajar, pero ya era tarde; y algunos pocos han terminado en colisión con otros tan descarrilados como aquel al que me había subido, guiado por mi infatigable curiosidad por conocer cuál era la verdadera naturaleza de mi deseo o cuál era en ese momento (porque cada tren la modifica, la transforma) la verdadera naturaleza de mis deseos (parece, a estas alturas, más exacto hablar en plural).

El primer tren que tomé fue un viaje corto, en asiento mullido, con paisajes bucólicos, y de aquella travesía exenta de tropiezos solo recuerdo que viajaba a mi lado la actriz Farrah Fawcett y ella tuvo la discreta cortesía de educarme en los placeres del deseo (sin enterarse, desde luego). Cuando bajé, me sentía ya un hombre y poseía dos certezas: estaba enamorado de Farrah Fawcett y ninguna criatura humana podía despertar en mí un deseo tan quemante como el que ella azuzaba en mi imaginación.

Tal vez no debí bajarme, pero en mi caso no siempre me he subido a los trenes a los que quería subir, a veces he subido para complacer a los amigos.

El segundo tren no quería tomarlo y subí con miedo (más exactamente, con pavor). Me subieron unos amigos que querían estrenarme como hombre. Yo tenía catorce años y me temblaban las piernas y quería bajarme, pero ya era tarde. El tren nos condujo a un burdel en los extramuros de la ciudad. En esa estación subieron unas mujeres con los labios muy pintados y se sentaron con mis amigos. Una de ellas se sentó a mi lado y quiso educarme en el placer, pero fracasó porque mi cuerpo trémulo rehusó a obedecerla. Fue un viaje que me hundió en el desaliento. Cuando bajamos, mis amigos parecían eufóricos y yo no era ya la misma persona: era un hombre que dudaba de que me gustasen las mujeres, puesto que no había podido complacer a esa señora pundonorosa. Ese tren fue el de la duda y esa duda me acompañó en todos los otros trenes que después tomé.

El tercer tren lo tomé porque quise y no por obligación, y me subí a él porque quería sentarme al lado de una chica linda, de cabello ensortijado, a la que quería besar, y fue por eso un viaje del que guardo gratos recuerdos porque ella no solo me permitió besarla sino que fue la primera mujer que me hizo el amor. Cuando bajamos, íbamos tomados de la mano y yo estaba enamorado de ella y seguro de que no quería subirme a ningún otro tren.

Naturalmente, estaba equivocado. Cierta vez pasó un tren y alcancé a ver a un amigo de la universidad que me hacía señas para que subiera; era un amigo risueño y divertido, y no dudé en subirme, y una vez que estuve a su lado, y sin presagiar lo que habría de ocurrir, ese amigo (al que yo solo veía como un amigo) me tocó y pidió que lo tocase y tales caricias furtivas me resultaron insólitas y sin embargo gratificantes, aunque cuando bajamos mi amigo me dijo que nunca más nos tocaríamos ni hablaríamos de lo que había ocurrido en el vagón. Cuando bajé, yo era un hombre roído por la duda, un hombre que seguía enamorado de la chica linda del pelo ensortijado y, a la vez, un hombre que quería volver a tocar solapadamente a ese amigo risueño.

Tal vez para disipar esa duda o confirmarla, subí a un tren en el que viajaba un amigo famoso y, aunque el viaje fue breve, nos obsequiamos fugaces momentos de placer en los que pareció que la llamarada de la pasión nos consumiría; y subí a otro tren en el que cantaba y tocaba su guitarra un amigo músico, y el viaje fue todavía más breve; solo guardo recuerdos borrosos porque ambos nos intoxicamos con estimulantes, y luego él me pidió que le hiciera el amor y yo procuré complacerlo, aunque no sentí que tal cosa fuera amor, era una manifestación atropellada y brutal de esa criatura malcriada que era el deseo sexual. Cuando bajé de ambos trenes, ya no estaba tan seguro de que seguía enamorado de la chica linda del pelo ensortijado (ella se había marchado a una ciudad lejana) y creía estar más seguro de que, al menos por el momento, me provocaba educarme en el deseo con los muchachos.

Parecía entonces que, después de aquellos viajes, había llegado a una precaria certeza: aunque me gustaban las mujeres (y muy especialmente la chica linda del pelo ensortijado), también me gustaban (y si estaba intoxicado, aún más) los jóvenes.

Aquella precaria certeza se quebró cuando subí a un tren en el que viajaba una mujer cuya sola mirada me embrujó, una mujer que, apenas subí y corrí a su lado, me susurró al oído que me subiera a todos los trenes a los que ella me dijera, y yo la obedecí y fuimos saltando de vagón en vagón, de ciudad en ciudad, y viajar con ella fue el viaje más enriquecedor de todos los que había hecho; me enamoré de ella y me casé con ella y me dio dos hijas, y ya parecía que en ese tren me quedaría instalado y no bajaría más.

Pero ocurrió lo inesperado: estaba tan contento en ese tren, que me aburrí de estar contento y me angustió la idea de que no subiría nunca a otros trenes, y por puro espíritu gitano me arrojé del tren mientras ellas me pedían que me quedara, que no saltara.

Es una de las cosas más estúpidas que he hecho, saltar de aquel tren, pero no fue una elección, estaba condenado a saltar.

Tiempo después, me subí al primer tren que pasó y me senté al lado de un joven alto y delgado, un joven tan tímido y taciturno que parecía mudo, y con mucha dificultad logré que me hablase, y de pronto, sin darme cuenta, me enamoré de él y creo que él se enamoró de mí y entonces pensé: «De este tren ya no me bajo más.»

Pero tampoco me quedé allí cuando no había razones para bajarme. En realidad, hubo una razón para dejarlo, y es que, amando a ese joven como lo amaba, no podía dormir, ese tren me había robado el sueño y me había condenado al insomnio y por eso salté; salté porque tantas noches sin dormir me habían convertido en un sujeto violento al que ya no le interesaba el amor o el deseo sino meramente dormir.

Fue por eso que escapé de ese tren y fue por eso que no tardé en subirme a un tren en el que había médicos que prometían pastillas de colores, y en ese tren me durmieron y nunca dormí tanto y tan plácidamente y entonces pensé que allí me quedaría hasta morir dormido. Cuando bajé de ese tren, el penúltimo que he tomado, llevaba conmigo muchas pastillas, una maleta llena de pastillas, y me sentía un hombre sedado y sin ningún vestigio o rescoldo de deseo sexual, pues las pastillas lo habían eliminado.

Tendría que haberme quedado tranquilo en mi casa, durmiendo y resignado a la impotencia. Pero ya está claro que no sé quedarme tranquilo. Cargando mis pastillas, oteé en el horizonte que venía un tren y me subí sin saber adónde iba ni quiénes viajaban en él. Solo llevaba mujeres jóvenes, y de pronto descubrí que las deseaba y las quería enredar conmigo y confiarles los suaves matices de mi hombría, y entonces todas mis anteriores certezas se desvanecían porque ya no era impotente y no me interesaba seguir viajando solo con hombres y, mientras pudiera seguir viajando en ese tren libertino y desenfrenado, amaría (es un decir) a todas las jóvenes que quisieran jugar conmigo a sabiendas de que el juego era solo un juego y cuando bajásemos no nos volveríamos a ver.

No sé cuánto durará ese viaje ni adónde me llevará, pero es un descubrimiento formidable que, después de tantas bifurcaciones del deseo y ramificaciones de la duda, haya vuelto al punto original, a la estación primera, al tren en el que sentí que era un hombre y un hombre sin dudas de serlo y con ganas de ejercer su hombría.

(Jaime Baylys, «Viajar en tren», *El Siglo XXI*)

Era imposible hablar con mis hijas. No me abrían la puerta del apartamento de abajo ni contestaban mis llamadas. Me sentía tan incómodo que me iba a dormir al escondrijo de Lucía después del programa. Una tarde fui a mi piso en Marte, me di una ducha, me abrigué bastante y bajé al piso uno y traté de entrar, pero la puerta estaba cerrada con llave, trabada desde dentro, deliberadamente dejándome fuera. Iba a tocar cuando escuché la voz de mi madre. Estaban Casandra y mi madre hablando cerca del ascensor, en la sala. Casandra decía que por mi culpa las niñas estaban traumadas, no querían ir al colegio, se sentían profundamente decepcionadas por mí. Mi madre la escuchaba y la consolaba y le decía: «Sí, hijita, te entiendo, hijita, sé fuerte, hijita, reza, ofrécelo, hijita, todas estas pruebas que el Señor te ha mandado con Jaime tienes que superarlas, hijita.»

Pero Casandra no le hacía ningún caso y seguía quejándose y decía que yo la había engañado, que le había regalado el apartamento del primer piso y lo había puesto a mi nombre: «¿Dónde se ha visto eso, señora? Me dice este apartamento es tuyo, te lo regalo, y lo pone a su nombre, y ahora que le exijo que lo ponga a mi nombre para tener la seguridad de que esta casa es mía como él me lo aseguró y se lo aseguró a sus propias hijas, me dice que no quiere, que son sus ahorros de toda la vida, que no tengo derecho de dejarlo en la calle.» Mi mamá sufría, murmuraba, se deshacía en disculpas, sentía seguramente vergüenza y culpa de mí, como toda la vida, y Casandra le trabajaba maniáticamente la culpa y se quejaba y se hacía la víctima y decía que la única salida posible a esa horrible humillación que ella y las chicas estaban viviendo era que yo me fuera del apartamento de arriba y les dejara los dos pisos a nombre de ellas. Y mi mamá le decía «Sí, hijita, tienes razón, eso es lo mejor», pero Casandra se impacientaba y decía: «Pero Jaime no quiere irse, está en pie de guerra, me ha dicho que no se irá, que si alguien tiene que irse, soy yo.»

Y entonces Casandra sollozaba y mi madre la consolaba y yo escuchaba todo desde el ascensor y mi madre le decía «No te preocupes, yo conozco a mi Jaime Baylys, él es muy bueno, él se va a ir con su amiga, él nunca sería capaz de quitarte este apartamento tan lindo que te ha regalado porque él te adora y adora a sus hijas.» «Entonces convénzalo, pues, señora, de que me ponga los apartamentos a mi nombre y se vaya a vivir con su noviecita trepadora.» Y mi madre decía:

«Pero mi Jaime no me escucha, no me contesta las llamadas, es un rebelde perdido, peor sería si yo intervengo, lo mejor es que rece para que él se ilumine y haga lo que en la debida rectitud debe hacer.» «¿Y si me bota de esta casa, de esta casa que me regaló, adónde me voy, qué hago, me voy a dormir a un parque?», sollozaba Casandra, levantando la voz, haciendo el melodrama, sabiendo perfectamente que mi madre había heredado una fortuna de su hermano, y entonces mi madre le dijo, estoy seguro de que escuché eso desde el ascensor: «Si Jaime te quita esta casa que te regaló, yo te regalo una casa mejor, Casandra, así que quédate tranquila que yo soy tu suegra, la abuela de tus hijas, y no voy a permitir que mi hijo te quite lo que te ha regalado y en justicia y por ley natural es tuyo.»

Cuando regresó de Londres, le escribí un correo a mi madre invitándola a tomar el té con Lucía. Dado que mi madre no conocía a Lucía y ella tendrá un bebé conmigo, me parecía una buena idea que ambas se conocieran.

Por lo visto, a mi madre no le pareció una buena idea, porque no contestó el correo ni se dio por aludida.

Semanas antes, cuando estaba en Londres o Nueva York, le escribí un correo contándole que Lucía estaba embarazada de mí.

Mi madre se tomó diez días en contestarme, quizá porque no leía a menudo sus correos, quizá porque no sabía qué decirme. Lo que me dijo fue breve y no por eso menos hilarante: «Tu felicidad = mi felicidad.» Si bien su respuesta era tardía, también era generosa al menos en las formas, porque yo, que soy suspicaz y conozco a mi madre, sé que ella suele consultar esas cosas a sus consejeros del Opus Dei (que mucho no me quieren) y no siempre escribe o lee lo que honestamente le apetece, sino lo que sus guías morales le dictan o susurran.

Digamos que me costaba trabajo creerle que estaba feliz sabiendo que yo había dejado embarazada a Lucía y no a Casandra.

Pero si estaba feliz, ¿por qué no contestaba mi invitación para tomar el té con Lucía cuando llegó a Lima?

Probablemente porque estaba consultándolo con sus directores espirituales del Opus Dei. Ahora que mi madre, tras heredar la fortuna de su hermano, se había convertido en una mujer rica, era comprensible que sus amigos del Opus Dei y su amigo el cardenal de Lima, monseñor Romero, la quisieran mucho más de lo que ya la querían antes de que heredase. Desde que mi madre se había vuelto muy rica, el cardenal se esmeraba en cultivar su amistad y los intrigantes del Opus Dei no escatimaban gestos de afecto, ternura y se diría que devoción a mi santa madre. No me cabía duda de que todos ellos la querían de veras, tampoco de que querían de veras la fortuna que ahora poseía. Tampoco me cabía la menor duda de que se oponían a que mi madre compartiese una porción de esa fortuna conmigo.

Lucía tomó con gran sentido del humor el silencio de mi madre respecto a mi invitación para tomar el té. «Dale tiempo», me dijo. «Tiempo le daremos», le dije. Pero si se tomó diez días en felicitarme por el embarazo con esa frase memorable («Tu felicidad = mi felicidad»), y ahora no respondía a mi sugerencia para que Lucía y ella se conocieran, parecía que tal frase no era del todo sincera, porque si ella subordinaba su felicidad a la mía, no se entendía que se resistiera a que tomásemos el té.

Como tan tonto no era, supuse que mi madre estaba decepcionada porque ella hubiera querido que yo dejase embarazada a Casandra y no a Lucía. Mi madre quería a Casandra como si fuese su hija; diría más: quería a Casandra probablemente más de lo que me quería a mí, o la quería de un modo más parejo y exento de angustias y sobresaltos, mientras quererme a mí era una empresa ardua que desafiaba sus credos, dogmas y certezas. Dicho de otra manera: las cosas que yo decía o escribía o hacía no le gustaban porque colisionaban con sus convicciones religiosas, y muy a menudo tratar de quererme la situaba en la indeseable disyuntiva de elegir a su hijo o a Dios. Lógicamente, si competía con Dios, yo llevaba las de perder. Mi madre me quería, no lo dudaba, pero antes que nada quería reunirse en el cielo con mi padre, y si yo me oponía a esa travesía, entonces me pasaría por encima, era comprensible.

Nadie en su sano juicio cambiaría un pasaje a la vida eterna (pletórica de glorias y felicidades) por un té ralo con su hijo. Lo primero era infinito, el nirvana, una suma de placeres inimaginables. Lo segundo era corto, podía ser tenso y además había que pagar la cuenta.

Digamos entonces que hasta ese momento Lucía y yo comprendíamos el silencio de mi madre y su renuencia a tomar el té con nosotros.

Luego ocurrió un hecho fortuito que enredó más las cosas.

Una noche, antes de irme a la televisión, bajé al apartamento de mis hijas a saludarlas y preguntarles si todo estaba bien, y desde el ascensor escuché las voces de mi madre y Casandra conversando en la sala. Ellas no podían verme. Yo podía escucharlas. Por razones diplomáticas, no diré todo lo que escuché. Solo diré que lo que hablaban no resultaba halagador para mí. Daré una pista: se estimulaba la hipótesis según la cual yo había dañado el bienestar de mis hijas dejando embarazada a Lucía. Digamos que Casandra cumplía el papel de víctima despechada y mi madre cumplía el papel de extenderle sus condolencias por el sufrimiento que yo había infligido a mi familia.

No me pareció prudente interrumpirlas, pues era evidente que mi madre y Casandra habían concertado ese encuentro sin la intención de que yo participara en él. Simplemente me retiré y no me resultó difícil comprender que para mi madre fuese más placentero tomar el té con Casandra (sin decirme nada) que con Lucía.

Para ser franco, no pude dejar de pensar que el afecto de Casandra por mi madre había crecido como un río caudaloso y empezado a desbordarse y anegar mis sentimientos desde que mi madre heredó la fortuna de su hermano. Para ser franco, no pude dejar de pensar que Casandra, haciendo el papel de víctima, podía conmover a mi madre y conseguir alguna donación que mitigase su pena tan honda.

Ya en la camioneta, llamé al apartamento y hablé con mi hija Pilar, y ella me confirmó que mi madre llevaba horas hablando con Casandra en ese apartamento que compré y tuve el buen tino de inscribir a mi nombre. De modo que no mentía si decía que Casandra y mi madre estaban hablando o conspirando o deplorando mi conducta, mientras tomaban el té en mi casa, dado que, en rigor, el apartamento de abajo y el de arriba los compré con mi dinero, los hice decorar con mi dinero y los inscribí en los registros públicos a mi nombre.

Dolido y humillado por una conducta que juzgaba desleal por parte de mi madre y Casandra (una conducta que, además, entrañaba un cierto desaire a Lucía), le escribí a mi madre diciéndole que no entendía su renuencia a conocer a Lucía y entendía menos que viniera a mi casa a escondidas y sin saludarme, y que tal manera de proceder me parecía innoble. La respuesta de mi madre fue algo así como: «Has tergiversado mis intenciones.» Mi respuesta fue: «Yo no puedo leer las intenciones humanas. Solo Dios, si existe, las lee. Yo solo puedo juzgar los actos, los hechos. Y, en los hechos, no quieres conocer a Lucía y vienes a mi casa y te reúnes con Casandra y no me avisas para que baje a darte un beso.»

Luego le escribí un correo a Casandra diciéndole que me parecía incomprensible que mi madre pasara dos o tres horas en el apartamento de abajo, sin que nadie me avisara para que yo bajase a saludarla, como me hubiera gustado saludarla, porque yo a mi madre la quería mucho, a pesar de nuestras diferencias. Le dije que me parecía desleal que concertase un encuentro con mi madre en mi propia casa, omitiendo informarme de tal encuentro, es decir, procurando que yo no estuviese al tanto de dicha reunión. Le dije que esa conducta era innoble y pérfida y ambas, ella y mi madre, me habían humillado y de paso desairado a Lucía, y si querían seguir reuniéndose a mis espaldas, no me gustaba que lo hicieran en mi casa, por lo que invité a Casandra a que hiciera sus maletas y se retirase de mi casa tan pronto como le fuese posible, de modo que se fuera a vivir a un lugar donde pudiese reunirse a chismear con mi madre sin que ese lugar sea mi propia casa.

Privada y públicamente, he invitado a mi ex esposa a que se retire de mi casa. De momento no me ha contestado. Mis hijas tampoco porque se han ido a pasar el fin de semana largo al hotel de Paracas y no responden mis correos.

Corren las apuestas. Lucía apuesta a que Casandra no se irá del apartamento y yo al final me ablandaré y cederé (y Lucía suele ganarme las apuestas). Casandra no ha respondido mis correos pidiéndole que se retire de mi casa (engorrosa operación cuyos costos yo pagaría, desde luego). Yo apuesto a que mi madre, espantada por mi conducta satánica, le comprará a Casandra una casa mejor que la mía y le dará el dinero que pensaba darme a mí. De ser tal el desenlace, no cabe duda de que Casandra habría ganado la partida, puesto que gana el que más fichas tiene al final del juego, y mucho me temo que las fichas de mi madre irán para su amada Casandra, pobrecita ella, que sufre tanto por culpa de Jaime, el agnóstico y amoral, y no caerán sobre mi mesa de ping-pong (pues, para aliviarme de estas miserias humanas, he comprado una mesa de ping-pong en la que ahora juego unos partidos muy inamistosos con Lucía, la bella y adorable madre de mi hijo, que se llamará James o Sol, según su dotación genital).

(Jaime Baylys, «Peligros de tomar el té»,
*El Siglo XXI*)

Leopoldo llamaba y llamaba como un obsesivo y yo no quería contestar el teléfono, no quería hablar con él, no quería verlo en un buen tiempo, porque sabía que estaba desquiciado con la noticia del embarazo de Lucía y sobre todo con que yo hubiera llevado a Lucía a mi programa de televisión, cosa que en ocho años no había hecho con él; nunca lo había entrevistado ni llevado a la televisión, y entonces estaba despechado, no solo porque yo ahora estaba con una chiquilla de veinte y él estaba de salida, sino porque Lucía iba a la tele y él no salía en televisión ni por accidente. Alguna noche me encontró llegando al apartamento, contesté, no debí, se puso a llorar, me dijo que me amaba, que quería venir a vivir a Lima, que él aceptaba mi relación con Lucía, mi bisexualidad, y ella tenía que aceptar nuestro amor, que nosotros siguiéramos siendo amantes, pero yo no quería seguir tirando con Leopoldo, estaba demasiado entusiasmado tirando con Lucía y no tenía ganas de chupársela a Leopoldo o que me metiera solo la cabecita. Entonces le dije: «Sí, sí, claro, todo va a estar bien, pero tú espérame allá, no vengas a Lima, no conviene, acá todo está muy movido, yo me voy en unos días a Miami, firmo el contrato con el canal, y entonces me escapo una semana a verte (mentira, no pensaba hacerlo, solo ganaba tiempo) o vienes una semana a Miami y la pasamos genial. Y tranquilo, que Lucía entiende que soy bisexual y nunca me ha pedido que deje de verte ni nada.»

Leopoldo me creyó, dijo que le hacía mucha ilusión ir a Miami, instalarnos todos en Miami (Lucía, él, yo, el

163

cachorrito), y ser una familia moderna y feliz, yo tirando con Lucía en mis noche machas, Leopoldo tirando conmigo en mis noches de putito bebita, y me juró que él estaba re copado con esa idea, y si Lucía no se ponía celosa posesiva, podía ser genial vivir todos en Miami. Y yo le dije «Sí, claro, genial, perfecto, sería el mejor de los mundos para mí, no perderte y tener a Lucía y al cachorrito en mi casa», pero en el fondo estaba pensando: «Ya fue, Leopoldo, ya fuiste, fueron ocho años estupendos, seis fueron lindos, los dos últimos fueron en caída libre, ya me había aburrido, me hacía pajas pensando en chicas, no tenía ganas de tomarme un avión para verte, ya fue, no tiene sentido forzar las cosas, ahora estoy con Lucía y no creo que tenga sentido pretender hacer un arreglo de a tres, como sugieres.» Pero no le decía nada de eso y lo ilusionaba y le decía que lo extrañaba y que iba a conseguir una casa grande, con muchos cuartos, muchos carros, un Honda Fit azul para él, para que pudiéramos caber todos, incluyéndolo. Y él me decía que Lucía le parecía linda, una copada, una divina, una loca adorable, y se moría de ganas de conocerla y ser el padrino de mi cachorro, que yo le decía que con seguridad sería hombre y se llamaría James, y él decía: «Qué copado, qué lindo, voy a ser el padrino de James y vamos a seguir estando juntos con la pendeja que te calienta, me re divierte que seas machito con ella y putita conmigo.»

Y así quedamos, que yo firmaría el contrato en Miami y él vendría a celebrarlo, pero yo sabía que eso no iba a ocurrir y todo se iba a ir al carajo, y tal vez firmaría en Miami y ni siquiera Lucía vendría a tener al bebé y se quedaría en Lima. Y en cuanto a Casandra, ya estaba resignado a perder, hacer todas las concesiones, rendirme, dejarle los dos pisos y sacar mis cosas del apartamento de arriba y rehacer mi vida en Miami; me parecía que botarla del piso de abajo era suicida porque mis hijas no me lo perdonarían y mi madre le terminaría comprando una mansión, avergonzada de mí. Ese era el plan, ir a Miami, firmar con el canal, conseguir casa en la isla, luego volver a Lima, hacer maletas, sacar mis cosas y dejarle los dos pisos a Casandra, a su nombre, para que no fuera diciendo por ahí que yo era un crápula y un patán y un mal padre que le había regalado una casa y ahora de puro encoñado quería quitársela y echarla a la calle. No me convenía ese final, me tocaba perder, darle los pisos, irme a Miami, sacar a Leopoldo de la foto y esperar a que Lucía tuviera coraje y viniera a que mi cachorro naciera en Miami.

En vísperas del viaje a Miami para firmar contrato con el canal de televisión, le pedí a Casandra que me diera media hora para hablar. No quiso. Me dijo que todo lo que quisiera decirle se lo dijera a Ayala, la empleada. Bajé, me reuní en la cocina con Ayala, una gordita con cara de buena gente que adoraba a Casandra y Carmen y Pilar, y le dije que me iba a vivir un año a Miami, no vendría a Lima ese año porque estaba harto de los aviones, les dejaba los dos apartamentos a ellas, y mi abogado se ocuparía pronto de traspasar la propiedad de ambos pisos a nombre de la señora Casandra, para que se sintiera más cómoda y segura. Le dije a Ayala que ya me estaba llevando casi toda mi ropa y las pocas cosas mías que quedaban allí las vendría a recoger al mes siguiente, en noviembre. Le dejé todas las llaves: las de mis tres camionetas, mi apartamento del piso dos, los controles automáticos para abrir la cochera, todas esas cosas, y le dije que Carmen y Pilar podían hacer en el segundo piso lo que les diera la gana, dar fiestas, jugar partidos de fulbito o ping-pong en las mesas que había instalado en una de las salas grandes, llevar amigos o amigas o amantes de cualquier género, ver películas, lo que quisieran.

Ayala me escuchó, me agradeció, parecía apenada de que me fuera así, tan rápido, recién había llegado a fines de junio, era mediados de octubre y ya me iba y abandonaba mi apartamento en aras de la armonía familiar, y ni siquiera podía despedirme con un beso de mis hijas porque ellas estaban tan molestas conmigo que no querían verme. Le dejé a Ayala todas las llaves y a mi abogado le di instrucciones precisas para que formalizara en escrituras públicas el traspaso de la propiedad de ambos pisos a favor de Casandra, a pesar de que él me previno que ese trámite era caro y me costaría miles de dólares, y me subí a un taxi y le dije: «Al aeropuerto, pero antes paremos acá, en un apartamento en la calle Júpiter, que quiero despedirme de una amiga.» Ya eran las nueve o diez de la noche, el vuelo salía a medianoche. El taxi recorrió unas pocas cuadras de ese barrio apacible. Al llegar, bajé y leí que habían pintado en letras negras, grandes, en la pared del edificio donde Lucía vivía: «Lucía Puta.» Y luego vi una cantidad de huevos rotos, estrellados contra las ventanas del piso dos, donde ella vivía. Habían tirado una lluvia de huevos y pintado un insulto contra ella. El portero del edificio me dijo que acababa de ocurrir hacía media hora, no más, un grupo de chiquillos y chiquillas pitucas, en dos carros con chofer, habían parado, tirado los huevos gritando insultos, riéndose, y pintado «Lucía Puta» con un aerosol negro, y luego se habían alejado raudamente. Le pregunté si mi hija mayor estaba en ese grupo, me dijo que no estaba se-guro porque era de noche y no la conocía bien pero que sí, una de esas chicas parecía mi hija. Pero tenía miedo de afirmarlo, me dijo: «No sabría decirle, señor, estaba todo oscuro, fue todo muy rápido, eran chicas altas, pitucas, y chicos blancos, pitucos, y tenían dos camionetas con chofer, más no sé, señor.» Me dijo que no atinó a hacer nada porque eran muchos y no tenía un arma o un aerosol tóxico para defenderse y le pare-ció imprudente salir a confrontarlos. «Hiciste bien», le dije. Le di un par de billetes y le pedí que limpiara el insulto en la pared cuanto antes y luego las manchas de los huevos estrellados en las ventanas.

Subí. Lucía estaba llorando, se había llevado un susto, había pensado que eran piedras, no huevos, había oído los insultos de los chicos, las chicas, había sentido que la odiaban, había tenido miedo de que subieran a pegarle. La abracé, la besé, le pedí perdón.

—Por eso tienes que venir a Miami a tener al bebé allá, acá es una locura —le dije, y ella asintió.

—Lo que quieren es hacerme perder el bebé —dijo.

—¿Viste a mis hijas? —le pregunté.

—Me pareció ver a Carmen, creo que era ella, a Pilar no la vi —dijo Lucía.

—¿Qué se ha creído Carmen de venir con sus amiguitos pitucos haraganes a tirarte huevos y asustarte y pintar insultos en la pared del edificio donde vives? ¿Qué modales son esos? —dije, irritado.

Lucía estaba temblando, me contó que cuando caían los huevos ella creía que eran piedras y se tiró al piso y tuvo miedo de que rompieran la ventana. Luego me mostró una página del Facebook de Carmen con una foto en la que ella y sus amigas estaban quemando unos abanicos que Lucía me había regalado recientemente y Carmen había sacado de mi cuarto. La leyenda de la foto decía «Quémate, Mierda». Le pedí perdón, le aseguré que en dos semanas tendríamos casa en Miami y ella podría venir cuando quisiera, me dijo que vendría pero en enero o febrero, cuando terminase su novela, no antes, y nos despedimos rápidamente y salí. Le dejé una propina al portero, me disculpé por el mal rato y le dije al chofer del taxi: «Al aeropuerto, ahora sí, pero paremos un momento en mi apartamento de la calle Marte.» Paramos, bajé, estaba furioso, toqué la puerta del apartamento de Casandra, no me abrían, toqué y toqué hasta que Ayala me abrió y le dije que llamara a Casandra, pero en ese momento apareció Casandra en bata, sin zapatos, con cara de haber tomado vino todo el día, y me miró feo y yo la miré peor y le dije: «Han tirado huevos al apartamento de Lucía, la pobre creyó que eran piedras, le han dado un susto del carajo.» Casandra me miró con cara de «¿Y a mí qué carajo me importa Lucía, tu Lucía», y yo le dije: «He cambiado de opinión, te había dejado las llaves de todo, me iba pensando dejarte los dos pisos y todas las camionetas, pero ahora mismo me devuelves todas las llaves que le di a Ayala.» Casandra me miró sorprendida, yo le dije a Ayala «Tráeme las llaves que te di ahora mismo»; Ayala trajo una caja con todas las llaves que le había dado, las miré, comprobé que estaban las cincuenta mil llaves de todas las puertas de arriba, los controles, las alarmas, las llaves de mis tres camionetas, los duplicados, y agarré la caja y le dije a Casandra: «Ahora cambié de planes, no me iré del piso de arriba y no te regalaré este apartamento porque tu conducta y la conducta de las chicas es grosera e injustificable y si alguien tiene que irse, serán ustedes.» Luego salí con la caja de llaves escuchando cómo Casandra murmuraba insultos en francés a mis espaldas, subí al taxi y le dije «Al aeropuerto, a toda velocidad, que vamos tarde».

En Miami todo fue fácil, fue como volver a casa; había vivido en esa ciudad los últimos veinte años y Key Biscayne me parecía el paraíso. Me quedé en el Ritz, firmé el contrato con el canal, busqué casa, encontré una muy bonita, con seis cuartos, piscina, linda, diez mil dólares al mes, sin muebles, y la alquilé enseguida por un año. Pagué el año adelantado y pensé «Al carajo la candidatura, quiero pasar un año tranquilo y feliz en la isla, con Lucía, con el bebé, que nazca acá, haciendo el programa todas las noches». Acordamos que no sería político, sería de entrevistas a personalidades de la farándula, o sea, una paja pura. Pero estaba harto de la política, siempre terminaba mal, y quería hacer un *late night* más enfocado al entretenimiento y pasarla bien y no meterme en líos. Cuando alquilé la casa, y dejé todo organizado para montar la escenografía, me escapé unos días a Lima, era el cumpleaños de Lucía, cumplía veintiuno, y nos fuimos a un hotel en Paracas donde pasamos frío y tuvimos buen sexo. Inexplicablemente, a mi edad, cuarenta y cinco años, disfrutaba del sexo con una chica como nunca antes, quizá por el Viagra y el Cialis, quizá porque ella era una libertina como yo y me metía el dedo al poto y me decía que quería verme cogiendo con un hombre y yo le decía que quería verla comiéndole el coño a una chica. Eso nos unió mucho, compartir nuestras fantasías más turbias e improbables. El sexo era fantástico y el embarazo no la inhibía, al contrario, parecía azuzar su deseo, su apetito.

De regreso en su apartamento de Júpiter, ella se quedó escribiendo su novela y yo volví a Miami a comenzar el programa. Mis hijas seguían sin contestar mis llamadas. Una de ellas me escribió un email que decía: «Desaparece de mi vida.» No fue fácil leerlo, contenerme, no responder. Entretanto, Casandra conspiraba con mi madre a mis espaldas. Me constaba, porque lo había oído yo mismo, que mi madre le ofrecía comprarle una casa si yo no cumplía con mi promesa de traspasar la propiedad de ambos pisos a nombre de ella. Casandra me dio un ultimátum. No me gustó el tono prepotente en que me conminó a poner a su nombre lo que había comprado con mi plata. Por lo demás, no estaba tan claro que, si le regalaba los dos pisos, la relación con mis hijas iba a mejorar. Solo en Miami, rumiando mis rencores, me jodía profundamente que esos apartamentos de dos millones, comprados con mis ahorros de casi treinta años haciendo televisión, se los quedara tan graciosamente ella, y yo me quedara en nada, a comenzar de cero en Miami, con menos de medio millón en la cuenta y una casa alquilada.

Lo hablé con Lucía y me dijo «Que se joda, ella no respetó el pacto de honor de ser buenos vecinos, ¿por qué te va a botar a ti? Que se vaya ella a su casa en el vivero y se eche agua». Y me armé de valor y escribí para *El Siglo XXI* una columna titulada «Señora, por favor, múdese», y la mandé al periódico de Lima y me dijeron que saldría el lunes, como todos los lunes, en mi página titulada «Un hombre en la luna». Era una columna brutal, despiadada, en la que les decía a Casandra y Carmen que tenían que irse del apartamento del piso uno, mi casa legalmente, porque habían cometido unos desmanes inaceptables contra mi novia. A pocas horas de haberla mandado, Lucía la leyó y me dijo «Mejor no la publiques, es muy dura, te va a traer más problemas». Escribí al diario y les pedí que no la publicaran. El editor me dijo que lo sentía, pero ya era tarde para dar marcha atrás, pues el periódico había salido de la imprenta y estaba distribuyéndose. Esa columna escaló la tensión familiar, destruyó la poca confianza que Casandra y mis hijas tenían en mí y mandó todo al carajo. Después de esa columna, ya nada fue igual. Las cosas siempre podían estar peor y lo que era frío podía ser helado.

El 22 de marzo de 1993, un día de vientos helados, Casandra y yo nos casamos ante el juez José M. López, en la Corte Superior del Distrito de Columbia, en Washington.

Mentiría si dijera que fue un día feliz para mí. Me hallaba aturdido por el pavor. No fue el virus del amor el que me precipitó a casarme. Fue la necesidad de cambiar mi condición de turista por la de residente temporal, dado que Casandra se hallaba embarazada de nuestra bebé. Fue, pues, una boda a la que ambos acudimos con caras de estupor, como si fuésemos al paredón de fusilamiento o a la cámara de gas.

El 29 de octubre de 1997, Casandra y yo nos divorciamos en el Décimo Primer Circuito Judicial de la Corte del Condado de Dade, divorcio firmado por el juez Andy Karl. El juez ordenó que la custodia de nuestras hijas Carmen, nacida en Washington en agosto de 1993, y Pilar, nacida en Miami en junio de 1995, se otorgase a la madre. Asimismo, ordenó que yo debía pagar siete mil quinientos dólares mensuales a la madre para los gastos de nuestras hijas.

Curiosamente, antes de que el juez firmara el divorcio, ambos tuvimos que acudir a unos cursos de padres en proceso de divorciarse, clases a las que asistimos cuatro sábados consecutivos, a la impiadosa hora de las ocho de la mañana, en el campus de Kendall del Miami Dade College, lo que, una vez graduados, nos concedió el dudoso mérito de obtener, cada uno, su respectivo diploma de «Padre Divorciado con Hijos», diplomas expedidos el 20 de septiembre de 1997.

Desde entonces y hasta la fecha, no solo he cumplido las obligaciones que me ordenó el juez hace trece años, sino que, con perdón por la jactancia, me he ocupado de mantener económicamente a mis dos hijas y a Casandra muy por encima de lo que mandaba la ley. Creo que he sido un padre en extremo generoso y he tratado a Casandra como si fuera mi hija, pues, desde que nos divorciamos, ella, para todo efecto práctico, se ha permitido la sosegada comodidad de vivir de mi dinero.

Este último año, Casandra me dijo que, además de todos los gastos extraordinarios que yo le pagaba, y las propinas de mil dólares mensuales que les daba a mis hijas, y los viajes en enero y julio a Europa que les pagaba a Casandra y mis hijas, y los autos de lujo que le compraba a la señora, el estipendio mensual de ocho mil dólares que le otorgaba resultaba insuficiente, puesto que debía pagar tres empleadas domésticas, dos choferes, un profesor de matemáticas y otros gastos. No me sorprendió que me pidiera más dinero. Llevo años pagando sus cuentas y sé que la austeridad no se cuenta entre sus virtudes. De modo que le pregunté cuánto necesitaba mensualmente para sentirse, digamos, desahogada. No pareció someter a duda o reflexión la respuesta: «Doce mil dólares al mes», espetó. «Bien, bien —le dije—, será lo que tú digas.» De modo que fuimos al banco y le pagué anticipadamente el dinero hasta diciembre.

Como era previsible, Casandra me ha escrito algunos correos traspasados por la ansiedad en los que me hace saber que los doce mil dólares le quedan cortos y no dispone de recursos para mudarse, puesto que la he invitado cordialmente a retirarse de mi casa.

¿Por qué la he invitado a retirarse de mi casa?

Porque ha hecho méritos para ganarse dicha invitación (una invitación que fue expresada hace ya semanas, en privado y en público, y que de momento ha ignorado) y nuestra hija Carmen, instigada por su madre, ha hecho también méritos para acompañarla en la mudanza, una mudanza que espero ocurra pronto y del modo más pacífico y armonioso, dado que me he ofrecido a pagar todos los costos que pudiera ocasionar.

Dichos méritos son bochornosos y los mencionaré solo para tratar de que la señora Casandra comprenda que está viviendo en mi casa sin mi consentimiento y contra mi expresa voluntad y por lo tanto debe retirarse pronto, preservando su dignidad.

Casandra y Carmen deben irse de mi casa por las siguientes razones que me avergüenza enumerar: Casandra ha llamado «prostituta» y «perra chusca» a Lucía Santamaría, mi amiga íntima y la madre de mi bebé; Carmen viajó hace pocos meses al lago Titicaca, acompañada de sus amigos, viaje que fue pagado por mí, y no tuvo mejor idea que la de quemar un adorno que Lucía me había obsequiado, fotografiar el momento de la incineración y luego colgar esa foto en su página de Facebook, con una leyenda alusiva a Lucía, que decía «Quémate, Mierda»; por si fuera poco, Carmen, al parecer pirómana con la complicidad de sus amigos (cuyos gastos yo me ocupé de pagar, mientras los cuatro perpetraban semejante tropelía a orillas del lago), acudió un sábado, al filo de las diez de la noche, al edificio donde vive Lucía y, en compañía de sus amigos, arrojó unos veinte huevos a las ventanas del apartamento de mi novia (quien, aterrada, no sabía si esos huevos eran piedras, proyectiles o qué), y, no contentos con tamaña vileza, la de agredir en pandilla a una mujer embarazada, pintaron en las paredes del edificio, en letras bastante llamativas, «Lucía Puta», es decir, el mismo insulto que Carmen escuchó que su madre gritaba como perturbada, aludiendo a Lucía.

Carmen tal vez pensó que nadie, sin su autorización, podría ver en su página de Facebook la foto donde se la ve quemando el adorno que Lucía me regaló y el insulto que escribió contra Lucía, «Quémate, Mierda», y probablemente pensó que ella y su pandilla no quedarían registrados en la cámara de seguridad del edificio. ¿Cómo me enteré de que ella y sus amigos se habían rebajado a la necedad de quemar el adorno que me regaló Lucía en un viaje que les pagué? Porque Lucía, casualmente, al tener dos contactos en común con Carmen (Lucía tiene veinte años y Carmen, dieciséis), pudo entrar en la página de Facebook de Carmen y encontró la foto y el insulto. No me dijo nada entonces por delicadeza, pero la noche en que le arrojaron los huevos, me contó traumatizada (pudo haber perdido al bebé) que hacía meses tenía una prueba extraída de la página de Facebook de Carmen, en la que quedaba claro que mi hija la odiaba y, peor aún, se jactaba de odiarla.

Durante casi diecisiete años he sido un padre generoso, juguetón y en extremo permisivo con mis hijas. Siempre he procurado decirles cosas alentadoras y elogiosas y las he complacido en todo, porque sé lo que es tener un padre que te insulta, te humilla y te hace sentir un estorbo. Por eso nunca pensé que mi hija, por muy adolescente y rebelde que sea, haría esas maldades contra una amiga mía, que por lo demás no ha hecho nada contra ella. Pero Casandra, al gritar una y otra vez en mi propia casa que Lucía es «una prostituta, una inútil y una perra chusca» (lo que no deja de ser irónico, pues desconozco los méritos profesionales de la señora, que básicamente se ha pasado las dos últimas décadas viviendo a mis expensas), ha sembrado el odio en mis hijas contra Lucía, y en cierto modo le ha dado a Carmen la legitimidad moral para que luego ella cometa esos actos de vandalismo.

Pues bien: Casandra y Carmen están notificadas de que deben retirarse de mi casa, puesto que no permito que en ella viva gente que agrede de modos tan innobles a una mujer embarazada, y además embarazada de mí. Ruego que comprendan que esta no es una amenaza, sino una invitación cordial y afectuosa, y que pagaré todos los gastos de la mudanza. Pero Casandra debe hacer sus maletas ya mismo, si alguna dignidad le queda.

(Jaime Baylys, «Señora, por favor, múdese»,
*El Siglo XXI*)

Una noche en el Ritz, solo, deprimido, odiando el programa que acababa de hacer, extrañando a mis hijas, preguntándome cómo había dinamitado en tan pocas semanas el plan perfecto de vivir en Lima en armonía familiar, arrepentido por el curso brutal que las cosas habían tomado, por la última columna venenosa publicada en el periódico, llamé al apartamento de Casandra. Usualmente no me contestaban, pero era tarde, las tres o cuatro de la mañana, y Casandra contestó dormida, quizá pensando que era una emergencia. La desperté, le dije «Soy yo», se quedó en silencio, luego se puso a llorar, no podía articular palabra, le pedí disculpas, le dije que los dos apartamentos serían de ella, que los trámites legales ya estaban en marcha, me dijo:

—¿Cómo pudiste escribir esa columna horrible en *El Siglo XXI*, cómo pudiste hacernos eso, cómo pudiste atacar por periódico a tu propia hija?

Yo me quedé en silencio, abrumado, abochornado, dándome cuenta de que la había cagado en grande, y ella me dijo:

—Tus hijas están destruidas, no quieren verte más, nunca más, y no quieren quedarse acá, nos has botado públicamente, por periódico, nos has obligado a irnos.

Y yo, llorando:

—Por favor, no se vayan, Casandra, te ruego que me perdones, no se vayan, fue un exabrupto, una calentura, un momento de ofuscación, no debí escribir la columna, le pedí al editor que no la publicara, pero me dijo que ya era tarde para parar la imprenta.

178

Casandra lloraba y me decía:

—No te reconozco, eres otro, ¿cómo puedes habernos traicionado de esta manera por una chica que recién conoces, que ni siquiera le has presentado a tus hijas? Una chiquilla que no tiene dónde caerse muerta y te busca por la plata, para que la mantengas, y tú nos traicionas, nos humillas, nos insultas por periódico, solo para quedar bien con ella.

—No es así, Casandra, no es así, es que tú y yo habíamos hecho un pacto de honor y tú me juraste que yo podía usar libremente mi apartamento, y cuando quise usarlo libremente con Leopoldo y luego con Lucía, me lo prohibiste. Tú tienes la culpa de que las cosas hayan llegado a este extremo de tensión y hostilidad y denuncias en el periódico.

—Da igual, da igual, ya el daño está hecho, Jaime, ya no queremos verte más, por favor no nos llames, en unas semanas nos vamos a mudar de este apartamento, me dijiste que era mío, me lo regalaste, pero ahora me obligas por periódico a irme, atacas a tus hijas, no puedo creer lo bajo que has caído. Y encima la loca arribista de tu noviecita me acosa, me manda emails a mi oficina todos los días dándome detalles sexuales de cómo tiran ustedes, está loca esa mujer. ¿Cómo puede tener el mal gusto de torturarme así, decirme cómo tiran, cómo te la chupa, cómo ella sabe hacerte feliz y por eso tú me dejaste, porque yo no sabía chupártela? Sabes qué, Jaime, te vas a quedar con tus dos apartamentos de un millón de dólares cada uno, pero a nosotras tres nos has perdido para siempre, no nos verás más, nos mudaremos y no queremos verte nunca más, desaparece de nuestras vidas, por favor, no vuelvas a llamarme más, adiós.

En un periódico peruano publicaron la noticia de que mis hijas, avergonzadas de mí, habían dado de baja mi apellido en sus cuentas de Facebook y Twitter y ahora se llamaban Carmen Maldini y Pilar Maldini. Por supuesto, el periódico les daba la razón y decía que mi conducta de loco vicioso arrogante no les había dejado a las pobres chicas humilladas otra salida que desprenderse de mi apellido como quien se deshace de una mancha que huele a caca. Miré sus cuentas y efectivamente ya no eran más Carmen Baylys y Pilar Baylys. ¿Cómo podían haberse jodido las cosas en tan pocas semanas, después de tantos años de llevarnos bien, ser amigos, ir al cine, viajar juntos, morirnos de risa los tres? ¿Cómo pude ser tan estúpido para irme a la guerra con mis hijas y humillarlas al punto de que ahora no quieren verme más y no quieren asociarse con mi apellido? Fue una sensación de derrota, oprobio y desolación. Y a la noche tenía que ir a la televisión a un programa llamado *Baylys*.

Era el mes de noviembre. Ya me había mudado a la casa alquilada en la isla, que costaba diez mil al mes. Había comprado cuatro autos japoneses de la misma marca. Lucía seguía en Lima escribiendo su novela y decía que vendría en enero o febrero, no antes. Casandra seguía atrincherada en el apartamento que le regalé, no parecía dispuesta a mudarse, no respondía mis llamadas ni mis emails. Mis hijas no querían saber nada de mí. No respondían mis emails, no me atrevía a llamarlas. Lo último que me habían dicho era: «Desaparece de mi vida.» Con esas palabras quedé malherido y babeando rabia. Y tenía que ir todas las noches a hacer el programa sonriendo, de buen humor, como si estuviera contento, como si fuera un hombre de éxito. Tenía que estar risueño, ocurrente, chistoso, ganador, haciendo un monólogo de humor, cortejando al público con bromas predecibles, haciendo mis entrevistas bobaliconas con personajes de la farándula hispana. Nadie sabía lo que estaba pasando. Pensaban que seguía con mi novio argentino, continuaba en fase plenamente gay, me llevaba bien con Casandra y mis hijas, todo seguía en orden. Pero no era así y no podía notarse que todo se había ido al carajo; en televisión tenía que parecer que me iba bien y era un tipo listo, exitoso, chispeante y con la sonrisa siempre a flor de labios.

Qué gigantesca simulación era aquella impostura de todas las noches, qué tremenda duplicidad se me imponía como inevitable para ganar mi sueldo de estrellita de la farándula hispana y mantener la lealtad y el afecto de las viejas cubanas que venían a verme al estudio en grupos, en andador, con sus esposos ajados y sus hijos y nietos dispersos; todos admirándome como el gran luchador por la democracia y la libertad que creían que era, todas sin tener la más puta idea de que por dentro estaba hecho mierda, destruido, avergonzado de mí mismo, perplejo y asqueado por haber sido tan idiota para dinamitar la felicidad de mi familia de toda la vida, enemistarme con mis hijas, destruir mi amistad con mi novio pingón; todo por la ilusión vanidosa y machista de tener un hijo hombre con Lucía, a la que adoraba, de la que estaba sinceramente enamorado; pero incluso eso no lo podía contar porque quién carajo me iba a creer, con la fama de puto que tenía, que, de pronto, a la vejez viruela, me había enamorado hasta los huesos de una chiquilla que parecía mi hija y tenía un culito alucinante, el mejor de todos, el mejor que había visto nunca, un culito tan rico que en el colegio alemán donde estudió ganaba todos los años el torneo al mejor potito fino de la promoción. Y ahora ese culito era mío, o sería mío en enero o febrero si Lucía venía cuando terminase la novela, pero por ese culito había perdido todo lo que era más o menos seguro y feliz en mi vida: el amor de mis hijas, de mi novio, el amor enfermizo y posesivo de mi ex esposa, todo se había ido al carajo y, sin embargo, cada noche tenía que salir en televisión como si todo estuviera bien y luego volvía a casa y sentía que mi vida era un fraude, una mentira, un gran fiasco, un embuste monumental. Me sentía un farsante, un perdedor, y solo rogaba que Lucía terminase su jodida novela libidinosa y viniera a estar conmigo para fumar porritos juntos y tirar rico y comer helados a las tres de la mañana. Me sentía como un perro, pero sonreía mansito y en apariencia feliz con las fans en el estudio. Todo en la televisión es mentira, todas mis sonrisas en televisión han sido siempre mentira, todo es frío cuando no helado y yo tengo que sonreír mansito como si estuviera plácido y acalorado.

Llevo años haciendo un programa de televisión llamado *Baylys*. Es un programa renuente al éxito, con escaso público, en franca decadencia. Lo emite un canal pequeño que me rescató del olvido, dándome el horario pundonoroso de las diez de la noche, en vivo. En aquellos tiempos el canal no tenía estudios propios, los alquilaba en un barrio patibulario al norte de la ciudad, hasta esos arrabales manejaba para encontrarme con el público.

El público en televisión suele ser una quimera, una ficción (te dicen que el canal se ve en todo el país y en ciertos países vecinos que descuelgan sin permiso la señal, pero nunca sabes cuántas personas podrían estar viéndote, lo más probable es que sean muy pocas, gente triste, solitaria, enferma, sin remedio, que elije mi compañía para olvidar sus desgracias). Pero cuando cometes la imprudencia de recibir al público en el estudio (para lo cual hay que invitarlo desde el programa, decirles «Vengan, los esperamos, tomen nota de nuestra dirección, salimos todas las noches en vivo a las diez, no se corten, por favor vengan, sean parte de la conspiración»), entonces puedes contar cada noche a las personas que asisten: generalmente un número magro entre seis y catorce, pero a veces son tres, dos o ninguna, y ciertas noches, si el invitado es un artista popular, vienen cuarenta o cincuenta y nadie quiere hacerse la foto conmigo.

En apariencia, es una buena idea recibir público en el estudio: aplauden, se ríen, se ríen incluso cuando las bromas son malas, acompañan con entusiasmo la cháchara política que expulso o expectoro al comienzo, le dan al programa un cierto aire de espectáculo pueblerino, como la prédica inflamada de esos religiosos caribeños que se dicen hijos de Dios y congregan a su alrededor, en la iglesia que han fundado, a un número de acólitos y afiebrados, chiflados y posesos, viudas y tullidos a la espera de un milagro, coludidos en esa superchería con fines de lucro.

No soy entonces muy distinto de esos predicadores boricuas, dominicanos, hondureños, nicaragüenses, que, escapando de la pobreza, montan una iglesia familiar, suben a la tarima, encienden un micrófono impregnado de salivazos y lanzan al aire un discurso tremebundo, apocalíptico, que los pone a convulsionar en trance catatónico, y con suerte estremece de modo parejo a los creyentes renacidos que asisten a esa caudalosa, torrencial lluvia de palabras.

Soy un charlatán. Me gano la vida hablando en mi pequeña iglesia errante que es el programa de televisión. Con los años he reunido fieles, acólitos, donantes, discípulos, una feligresía, una grey, un rebaño de ovejas descarriadas, personas generalmente solitarias, sin futuro, desdichadas, que vienen al estudio, mi pequeño templo, mi redil, buscando ser confortadas por el látigo cizañero de mi palabra, esperando que diga las invectivas y diatribas que ellas quisieran decir, pero, como nadie les alcanza un micrófono, soy yo el arlequín empolvado que hablará por ellas.

Vienen a mi iglesia gentes de todas partes: de las islas del Caribe, las provincias colombianas o venezolanas, las haciendas centroamericanas, las ciudades más improbables de este vasto país que ha sido lentamente invadido por nosotros, los bárbaros del sur que hablamos el español. Vienen a conocerme, hacerse la foto, dejarme regalos, y no piden nada a cambio, salvo un intercambio de afectos genuinos y una sonrisa y otra más para la foto.

Ya nadie en estos tiempos pide autógrafos: cuando comencé mi carrera como predicador y charlatán de iglesias itinerantes en las islas del Caribe, lo usual era que los fieles me pidieran un papelito firmado que yo les alcanzaba, desbordando confianza y simpatía y haciendo mohines coquetos como un monito al que le arrojaban maní (cómo me gustaba firmar autógrafos, qué importante me sentía). Pero ahora que mi trayectoria de hablantín prosigue en lento pero seguro declive y los fieles se ven diezmados, y a veces hago el programa con cero personas de público en vivo y tres camarógrafos bostezando y mirando pornografía en sus teléfonos móviles, ya nadie me pide un autógrafo, lo que me piden, si acaso, es una foto, y otra más, y otra más.

Los fieles de mi iglesia no son jóvenes, qué va: son cuarentonas, cincuentonas, sesentonas, principalmente setentonas y hasta octogenarias, muchas de las cuales acuden a verme en andador, con bastón, casi ciegas, apoyándose en un nieto, un sobrino o un entenado. Esas mujeres llevan años viéndome en televisión, hemos envejecido juntos, hemos combatido con saña inútil a las tiranías que siguen en pie, hemos celebrado la muerte de algún dictador cantinflesco: me aman y yo las amo, aunque a duras penas podemos caminar cuando vamos saliendo del estudio porque estamos todos un poco mayores y ya no tenemos la agilidad de antes y a veces nos abrazamos, nos decimos cosas lindas, me elogian el pelo chúcaro, me ofrecen bendiciones, me inclino reverente ante ellas, dejo que me impartan bendiciones en la frente y el pecho y luego digo: «Bueno, la foto, vamos a hacernos la foto.» Pero son tan mayores que ninguna lleva celular ni cámara de fotos y posamos todos mirando a la nada misma, buscando a alguien que tome la foto pero nadie la toma y da igual, lo que importa es el momento de afecto compartido entre mis fieles y yo.

A veces vienen hombres también, pero son clara minoría, por lo general los esposos o novios de las ancianas que militan en mi iglesia y se redimen con mi verbo virulento, estrepitoso. Los hombres usualmente son más comedidos, menos afectuosos, se agazapan detrás de sus mujeres, se cortan, se inhiben, pero de a poco se van soltando, y cuando los toco, los palmoteo, les digo sus nombres, los miro a los ojos con mi mirada curandera, se van entregando y terminan metidos en la foto, abrazándome, algunos (los más osados) sobándome la espalda o pellizcándola, como si quisieran dejarme un mensaje en clave.

Con suerte, luego se van y yo me quedo recogiendo mis utensilios para oficiar la misa laica en esa pequeña iglesia que es mi programa: las copas de agua, el cuaderno de apuntes, el cronómetro, los lapiceros azules, la alfombra morada que me costó lo que valía un carro nuevo. Con suerte, los fieles se van y me quedo solo, y espero a que apaguen las luces para retirarme sin prisa y esconderme en el baño y sacarme el maquillaje. Pero algunos se quedan, se resisten a irse, quieren un momento a solas conmigo, el sumo sacerdote, el pontífice de esa iglesia peripatética. Son, a no dudarlo, los más locos, los más peligrosos, y uno, que se debe a su público, se debe también a ellos.

Se queda el pintor que quiere venderme un cuadro; el artista que quiere venderme una silla de madera; el viejito que ha escrito la historia de su vida y quiere que yo se la publique y le escriba el prólogo; el enano libidinoso que quiere sodomizarme; la beata que me dice que perdió a un hijo de sida y yo soy su hijo reencarnado y me quiere llevar a mi casa y le digo: «Gracias, pero yo sé llegar solo», y ella sin embargo me persigue, va por la autopista siguiéndome, me sigue hasta mi casa y cuando llegamos me pregunta si puede darse una ducha conmigo; el ex preso político cubano que está enamorado de mi madre y quiere ir a visitarla y me pide que le arregle una cita con ella; la colombiana que me regala ungüentos conseguidos en una clínica militar (porque su hijo es veterano de guerra) para que me los aplique en la baja espalda cuando sean inenarrables los ardores; el dominicano que me presenta a su hija quinceañera y me pide una donación para la fiesta que ella se merece y tal vez reclama; la balsera cubana que de pronto se echa a cantar coplas andaluzas, zapateando en el estudio y lanzando unos alaridos dementes que ahuyentan a los gatos del parqueo: locas y locos que, sumados, son parte no desdeñable de mi feligresía y vienen a mi iglesia errante todas las noches a la espera de que yo, veterano charlatán, predicador itinerante, hablantín acalorado, chamán y curandero autodidacta, los cure de sus males y obre en ellos un discreto milagro y los salve de los accesos de locura espumosa que les han venido repentinamente y los instale, alabado seas, en una zona de cordura o confort que ellos, tan cándidos, creen que es posible recuperar.

Yo no me niego, soy un profesional: ofrezco una palabra de aliento, una mirada curandera, prometo un milagro, una sanación, un golpe de fortuna, me confundo en un abrazo sentido y les transmito ramalazos de energía y los revivo con mis dotes de antiguo chamán. Y cuando veo que se quieren desmayar y quieren morirse allí, en mis brazos, les digo, con la mirada hipnótica, la palabra que me va dictando un ser superior, en estado de trance, casi levitando: «Todo va a estar bien, resiste, ten fe, la felicidad es una elección que depende de ti, te espero mañana, no me falles.»

(Jaime Baylys, «El charlatán y sus fieles»,
*El Siglo XXI*)

Lucía me llamó por teléfono llorando (las cosas en Lima casi siempre se dicen llorando). Había ido a la peluquería de Rita, la esposa de mi hermano Jorge, se había hecho las uñas y el pelo, había pagado y dejado propina y, cuando se iba en la camioneta con chofer que le había puesto a su disposición, se encontró de bruces, cara a cara, con Casandra, quien, al parecer alertada por alguna de las peluqueras o masajistas o dependientas amigas del salón de belleza, se presentó en actitud hostil, el tono airado, los ojos desorbitados, y tomó a Lucía de los brazos, la zarandeó y le dijo: «Mira, perrita chusca trepadora, esta es mi peluquería, la peluquería de mis hijas, acá vinimos desde que se inauguró; mi cuñada Rita es una de mis mejores amigas, así que te prohíbo que vengas acá y te hagas la igualada y te sientas parte de mi familia. Tú no eres parte de la familia, tú eres una chola blanca, arribista, trepadora, que le ha hecho creer al huevón de Jaime que ese bebito que tienes ahí adentro es de él, pero yo sé perfectamente que el papá no es Jaime, porque a Jaime no se le para con una chica y a ti no te toca ni con un palo con clavos. El papá debe de ser uno de los muchos chicos que tiran contigo, putita chusca. Y ahora lárgate y no aparezcas más en esta peluquería, que si regresas vengo yo misma y te saco a patadas.» Un par de horas después, mi hermano Jorge me llamó para disculparse, me dijo que Rita y él no aprobaban la conducta barriobajera de Casandra y, por supuesto, Lucía podía ir a la peluquería cuantas veces quisiera. Pero Lucía quedó traumada y no volvió más.

A principios de diciembre viajé a Lima porque Lucía no quería pasar el embarazo tan sola, lejos de mí. No quería ir más a Lima, me habían despedido de la televisión por las malas razones, no porque no tuviera *rating* o auspiciadores, sino porque el dueño del canal era un mafioso apandillado con otros mafiosos mayores de la política peruana, y todos se habían coludido para guillotinarme y dejarme sin tribuna y castigarme por apoyar a la candidata de izquierdas que enhorabuena ganó. En el Perú las cosas siempre terminaban mal, los tramposos prevalecían, los pícaros y embusteros ganaban por lo bajo y en la sombra, la conspiración de los mediocres solía por desgracia triunfar. Me habían cortado la cabeza, o la lengua, una vez más, y no había canal que se dignara responder mis llamadas, me hacían sentir un apestado, un perdedor, un loco peligroso al que era mejor ignorar, dar de baja, silenciar. Aun así me armé de valor y fui a Lima un fin de semana largo. El programa en Miami ya había salido y yo creía que era un éxito, pero los primeros *ratings* revelaban que a la gente no le había gustado que yo pretendiera hacerme el Letterman, el Leno, el escocés Ferguson, y echaba de menos mi mala leche política y no me veía como comediante.

Sintiéndome un triunfador internacional en toda línea, volé a Lima de jueves a lunes, le regalé a Lucía una camioneta a su nombre y nos fuimos de nuevo a Paracas en otro auto que le había regalado y ella había cedido a sus padres porque no tenía una conexión que le permitiera oír música de su ultramoderno celular. El viaje a Paracas, de dos a seis de la mañana, fue terrorífico, y si no perdimos la vida en un accidente fue porque alguien estaba protegiéndonos gracias a las plegarias de mi madre, y el bebé, mi bien amado cachorro, tenía que nacer. En Paracas nos quedamos en el viejo hotel remozado, no hicimos nada salvo tirar y comer y jugar al ajedrez, fumamos porritos todo el día, nos bañamos en una piscina helada, nos resfriamos, y cuando volvimos a Lima estábamos hartos de tirar, jugar al ajedrez, comer helado de lúcuma y nos había atacado un resfrío vicioso, tenaz.

Lucía se quedó en Lima escribiendo su novela y yo regresé a Miami pensando que no quería volver más a esa jodida ciudad del polvo y la niebla. Pero ¿cuántas veces me había ido de Lima crispado por el rencor y seguro de no volver, y luego había regresado porque la vida de exiliado era más dura de lo que podía tolerar? No, esta vez sería diferente, esta vez triunfaría en Miami, me contratarían en Univisión, llegaría a ser el Letterman hispano y mi hijo James nacería en el mismo hospital donde nació mi hija Pilar, el Mercy de Coconut Grove, un vejestorio de hospital, pero con buenos médicos y a tiro de piedra de la isla de Key Biscayne, el lugar más aburrido del mundo, el lugar perfecto para esconderme unos años y recuperarme de la violenta pelea con Casandra y mis hijas, de quienes no sabía nada. A Lucía le contaban sus amigas ricachonas que Casandra estaba conspirando con mi madre, pero yo no sabía por dónde venían los tiros y pensaba: «Que conspiren, qué carajos, no hay nada que yo pueda hacer, salvo insistir en que Casandra retire su voluminoso trasero del apartamento que le regalé y ahora como un patán he decidido quitárselo

para que se convierta en un lugar desolado, embruja-
do, cargado de mala energía, un discreto museo de la
infelicidad familiar.»

A finales de año me dieron dos semanas libres en
Miami y viajé a Lima y Buenos Aires con Lucía. Ella
estaba embarazada de seis meses, la gente que me re-
conocía pensaba que era mi hija y me iba a dar un nieto, yo me hacía el tonto y no desmentía nada. En Buenos Aires hacía calor, estaba rico, nos quedamos en el
Alvear. Las cosas con Leopoldo se habían ido al carajo. Le había escrito insultos anónimos a Lucía, diciéndole que esperaba que su panza se pudriera y abortara una cucaracha, y Lucía, tan lista, había seguido la
pista del IP de los emails y confirmado que eran de
Leopoldo. Confrontado por mí, Leopoldo reconoció
que había escrito esos emails horribles a Lucía, la in-
sultó abiertamente, me mandó al carajo, me dijo gordo, pasiva, loco pastillero, dijo que lo mejor que podía
pasarle era separarse de mí; intercambiamos toda clase de insultos arrabaleros, yo lo llamé cobarde, lombriz, parásito, y le exigí que desocupara el apartamento que compartíamos frente al club de rugby. Era mío,
yo lo había comprado, él lo había decorado y había
asumido que se quedaría con ese apartamento, que,
por lo demás, era viejo, pequeño y no valía gran cosa.
Ya en Buenos Aires, y todavía ofuscado por los insultos espantosos que Leopoldo había escrito contra

Lucía y contra mí, fui al apartamento pero no lo encontré. Se había ido a Mar del Plata, me dijo el portero uruguayo, así que me enardecí al ver que sus cosas seguían allí y las saqué todas: su ropa, sus libros, sus zapatillas de colores chillones, sus pequeños objetos decorativos alusivos a su condición gay. No tiré nada a la basura, lo metí en cajas y le pedí al portero uruguayo que las guardase y, cuando Leopoldo volviera de Mar del Plata, le diese sus cosas. Luego contraté a un cerrajero, cambió las llaves y le pedí al portero que no dejara entrar más a Leopoldo, le expliqué que habíamos terminado y ahora yo estaba con esa chica, el portero no entendía nada pero fue amable y leal, como buen uruguayo. Así terminó mi historia con Leopoldo, no lo vi más, saqué sus cosas de mi apartamento y él se quedó con el piso a cuatro cuadras del mío que compró con la plata que yo le regalé, sesenta mil dólares, donde vivían su madre y su hermano menor, el jugador de rugby. Nos fuimos de Buenos Aires con la sensación de haber cumplido la misión de expectorar a Leopoldo de mi apartamento, pero sin saber que él tomaría unas represalias vengativas, enloquecidas, de la peor entraña, y la mierda fresca del escándalo que montaría en Lima despechado nos salpicaría a todos. Aun así, y en los peores momentos del escándalo, no me arrepentí de sacar sus cosas, debió haberse ido cuando se lo pedí, pero se quedó, pensó que me ablandaría, cedería y él se quedaría con el apartamento. No fue así, me puse firme y todo se fue al carajo. Luego llegamos a Lima, eran los días entre navidad y año nuevo, fui con regalos al apartamento de Casandra, pero ya nadie vivía allí, habían cambiado la cerradura, no pude entrar, se habían mudado, me dijeron los porteros. Gracias a un cerrajero, pude entrar. El panorama era desolador, se habían llevado todo: los muebles, los cuadros, las lámparas y los focos de luz, los inodoros y lavatorios del baño y bidés, las cortinas, todo, no se habían llevado el piso de madera porque supongo que no era posible, pero parecía un campo de guerra. Fue muy triste ver cómo ese apartamento, donde antes vivían Casandra y mis hijas en ambientes decorados con el mejor gusto, se había convertido en un lugar arrasado, saqueado, reducido a unos cuartos pintados con insultos y unos baños sin inodoro ni bidé y un jardín cuyas plantas habían sido arrancadas de raíz y dejadas allí tiradas, resecas.

Todo se había ido a la mierda con Leopoldo, con Casandra, con mis hijas. Yo había ganado la pelea patrimonial, mezquina, del dinero, me había quedado con los tres apartamentos a mi nombre, pero había perdido el afecto de esas cuatro personas que no querían verme más y que, el tiempo iría demostrándolo, en efecto no me verían más. No fue un buen negocio. Debí ceder, regalarles los apartamentos, llevarme mis cosas, encajar los insultos con aplomo y salvar la relación de amor con mis hijas. Quedarme con ese apartamento destruido y lleno de mala energía y cargado de los peores recuerdos no compensaba la sensación de derrota y vergüenza que me embargaba por haber echado a perder la relación con mis hijas. Nada podía arreglarse ya, era demasiado tarde. Antes de irme de Lima, dejé plata para que pusieran el apartamento del piso uno en condiciones decorosas y me fui a Miami solo, dejando a Lucía en Lima, escribiendo su novela, embarazada, prometiéndome que vendría en febrero. Un amor repentino, una pasión tardía, un embarazo en cierto modo deseado, habían hecho volar por los aires todo lo que era tranquilo y feliz en mi vida afectuosa con mi novio, mi ex esposa y mis hijas, y ahora solo me quedaba aferrarme a Lucía y nuestro bebé. La sensación de derrota, de haber jugado mal el juego, era, sin embargo, abrumadora y persistente, y envilecía mis días solitarios en Miami, haciendo un programa que era la falsedad absoluta, la imagen de un hombre risueño que escondía la profunda tristeza que lo asaltaba por haber provocado un accidente tan sangriento y devastador en su círculo íntimo.

Hace años conocí a un joven periodista argentino, Leopoldo Camacho, que vino a hacerme una entrevista en un hotel de Buenos Aires. Nos hicimos amigos, no tardamos en hacernos amigos íntimos. Durante el tiempo en que lo fuimos, ese joven no vivió conmigo, porque yo necesitaba vivir solo, pero sí vivió de mí, y sin privarse de nada. Lo mantuve, pagué todos sus gastos, lo llevé de viaje a medio mundo, le regalé un apartamento y un auto, le permití una vida cómoda y, cuando tuvo que trabajar, lo hizo desde mi apartamento en Buenos Aires, con la computadora que le había comprado en Miami, mandando videos para mis programas de televisión.

Hace unos años sentí que mi amistad con Leopoldo tendía a declinar. Sin embargo, no lo abandoné porque su hermana enfermó de cáncer, agonizó dos años y murió. Lo acompañé durante aquel tiempo doloroso, como lo acompañé en los funerales de su hermana. Luego fui alejándome de él. Por lo pronto decidí no hacer más las entrevistas para un canal de Buenos Aires que me obligaban a ir a esa ciudad cada tres semanas. Eso me liberó de la servidumbre del viaje mensual a Argentina. Estando a caballo entre Miami y Lima, procuré que las visitas que me hacía Leopoldo fueran más esporádicas, lo que, como era previsible, desató sus quejas.

Yo siempre le había dicho que la nuestra era una relación de amistad, pero él se aferraba a la cursilería de que algún día se casaría conmigo en el hotel Alvear. Por supuesto, él sabía que yo era bisexual y en teoría aprobaba que estuviera con otras mujeres si me resultaba apetecible, pero los primeros años que pasé con él no me resultó apetecible estar con una mujer.

Seis años después de enredarme con él, conocí a Lucía. Durante casi un año, ella y yo fuimos solo amigos, pero Leopoldo percibía esa amistad con recelo, aunque procuraba disimularlo. Luego Lucía y yo pasamos a ser amigos íntimos. No se lo conté a Leopoldo para evitarme reproches. Él lo descubrió espiando mis correos en un viaje a Sitges. Como era previsible, hizo una escena.

En otra ocasión, y por seguir espiando mis correos, se enteró de que Lucía podía estar embarazada de mí (lo que fue solo una falsa alarma). Era abril. Leopoldo se desbordó en una escena de culebrón. Fue realmente embarazoso. La teoría de que yo, siendo bisexual, y siendo su amigo, podía estar con otra mujer, no resultaba aprobada en la práctica. En la práctica, Leopoldo actuaba como una pareja posesiva, celosa, despechada.

Por eso, el año en que viví en Bogotá, pasé muy pocos días con él. Sobra decir que lo invité y le di dinero para que se dedicase a su más ardiente pasión: comprar ropa, en particular zapatillas. Sin embargo, se las ingenió para hacer su numerito: como lo alojé en mi apartamento y me fui a dormir a un hotel porque en el apartamento dormía fatal por culpa de los perros que permitían vivir en el edificio y ladraban a todas horas, Leopoldo hizo un escándalo, dijo que lo había abandonado y me obligó a traer desde Buenos Aires a una amiga suya, Natalia, para que lo acompañase. Cuando por fin se fueron, tuve el presentimiento de que no lo vería en mucho tiempo. Su conducta había sido bochornosa. Cuando quería tener sexo conmigo y yo rehusaba educadamente, tiraba la puerta y gritaba vulgaridades, y la verdad es que ya me daba vergüenza tener un amigo así.

Cuando Leopoldo se enteró de que Lucía estaba embarazada, de que ella y yo estábamos felices e ilusionados con el bebé en camino y de que no sabíamos si nacería en Lima o dónde, su primera reacción fue amable, pues me escribió felicitándome y diciendo que compartía nuestra alegría. Pero, como el tiempo habría de demostrar, era una reacción falsa, impostada.

Pues desde entonces, y una vez que me despidieron de la televisión peruana y me mudé a Miami, se dedicó a intrigar telefónicamente contra Lucía, llamándome con insistencia para decirme que yo debía vivir solo en Miami y ella debía quedarse en Lima y tener al bebé en esa ciudad. Esto, por supuesto, no lo decía pensando en el bienestar del bebé, sino en su torturado deseo de venir a Miami a estar conmigo y alejar a Lucía de mí.

Hace poco, Lucía pasó dos semanas muy felices en Miami conmigo (felices, al menos, para mí). Decoramos la casa, compramos la cuna, el coche y otras cosas para el bebé, y decidimos que, como ahora vivía en Miami, tenía más sentido que nos atreviésemos a la aventura de que el bebé naciera en Miami. Además, la presencia de Lucía en mi casa me da paz, me hace feliz, no me siento invadido ni atropellado, ella es lo bastante delicada y sutil como para respetar mis espacios y dejarme respirar con libertad. De modo que hicimos un plan: si todo sale bien, el bebé nacerá en Miami.

Una vez que Lucía partió de regreso a Lima, llamé a Leopoldo. Me dijo que quería venir a visitarme, pues no me veía hacía más de medio año, lo que le parecía un crimen abominable. Prometí averiguar costos de pasajes. En efecto, los averigüé y le dije que un pasaje en business desde Buenos Aires costaba siete mil dólares, y uno haciendo escala en Lima, cuatro mil, y que me parecía una locura gastar ese dinero. Además, le dije que me venía bien pasar unas semanas solo en mi flamante casa, la más linda de todas en las que había vivido en esta isla, la casa en la que quiero vivir lo que me quede por vivir.

Pero Leopoldo se obstinó con venir a verme a Miami. Al día siguiente, me dijo que había conseguido una tarifa en American por mil doscientos dólares y él se la pagaría. Le pedí por favor que me dejara pensarlo. Pero él estaba seguro de que ya estaba en Miami y de que se quedaría un tiempo largo y ya se las ingeniaría para sembrar cizaña contra Lucía y apartarla de mí.

Pues el arrogante mozalbete se equivocó. Con no tan delicados modales, le dije que no quería que viniese, aun con esa tarifa tan conveniente, pues quería estar solo en Miami y no me hacía ilusión verlo, no sentía ya ganas de verlo. Como se puso agresivo, le dije que la sola idea de tenerlo cerca me provocaba «repugnancia».

Jamás hubiera imaginado la venganza de Leopoldo. Fui yo quien decidió que no quería verlo. Por consiguiente, si estaba ofuscado o humillado, debió insultarme a mí. Pero no: cobardemente, escribió un comentario anónimo en el blog de Lucía. Textualmente, escribió esto que Lucía leyó el día que nuestro bebé cumplía cinco meses de embarazo: «El embrujo que me hiciste ya venció y ahora la maldición caerá sobre ti y tu podrida barriga, puta de mierda.» Delicado, el muchacho. Aludió a un inocente bebé como «podrido» y llamó (como la llamaba Casandra) «puta de mierda» a Lucía.

Lucía me contó que había leído ese comentario y le había hecho daño sentir tanto odio y presentir que provenía de alguna persona cercana a mí. Hice mi lista de sospechosos habituales: Casandra, Leopoldo. A los dos les mandé un correo diciéndoles que tenía el IP del comentario malvado y que rastrearía la dirección y daría con el autor de la vileza.

El cobarde de Leopoldo se meó los pantalones apenas supo que tenía su IP. Confesó de inmediato. Pero confesó insultándome e insultando a Lucía de un modo arrogante, pendenciero. Luego me dijo que se iría de mi apartamento (donde vivió los últimos cinco años, un apartamento con vistas al campo de rugby que ahora he recuperado) y me injurió con procacidades y canalladas que mi memoria ha purgado con buen tino. Solo recuerdo que ponía un énfasis insidioso en burlarse de mi gordura. Pues sí, soy gordo, y a mucha honra, pero no soy un cobarde que le escribe anónimamente a una mujer embarazada diciéndole que su barriga está «podrida».

Como sabe que lo que hizo fue miserable, Leopoldo se retiró ese mismo día de mi apartamento, entregó las llaves al portero y huyó a Madrid.

(Jaime Baylys, «La fuga de la lombriz»,<br>
El Siglo XXI)

Se me ha terminado el Dormonid. Calculé mal, traje pocos de Lima. En Miami no lo consigo, no me lo venden. Sin Dormonid soy un fantasma, un zombi. No duermo. Tomo Ambien, Remerón, gotas de Rivotril pero es un sueño finito, insuficiente, que me deja cansado todo el día. Me quedo aturdido, atontado, sin energías. No puedo escribir, salir de casa, no tengo hambre, no quiero hablar con nadie. Lucía me ha prometido que me traerá los Dormonid en febrero. Pero de acá a febrero, ¿cómo carajo llego vivo? Tengo que encontrar algo potente que me ponga a dormir. Vivir así, cansado todo el día, es un bajón, una depresión, me recuerda los peores años en Buenos Aires y Washington. Necesito un Dormonid que me haga dormir profundamente para despertar esplendoroso. Si no lo consigo, me voy a matar de lo aburrido y penoso que resulta vivir así.

Sí, lo admito, soy un drogadicto. Soy adicto a las drogas. No a una droga, a cuatro. Tomo tres pastillas para dormir y una para levantarme. Para dormir trago un hipnótico, un ansiolítico y un antidepresivo. Duermo profundamente cuatro horas, luego bebo la misma dosis y duermo cuatro horas más. Nunca he dormido mejor, no sé si podría dormir si no las tomara. Para levantarme, o no dejarme atenazar por pensamientos indeseables cuando estoy despierto, lúcido, tomo una droga a mediodía, un antidepresivo común.

¿Qué sería de mí si dejara de tomar el antidepresivo nocturno y el diurno? No lo sé, no quiero averiguarlo, me falta valor. Desde joven he sido un suicida, estoy vivo a pesar de ser un suicida, soy un suicida fallido, es decir un tonto, uno de esos tipos que deciden matarse pero lo hacen tan mal que terminan haciendo el ridículo. ¿Por qué quise matarme cuando no había cumplido todavía veinte años? Ya lo he contado: porque me gustaban los hombres. Como no era humanamente posible que dejaran de gustarme, y como no podía vivir con esa vergüenza, quise irme. Siendo un cobarde, descarté la pistola y elegí las pastillas. Pero prevaleció mi torpeza: tomé veinte pastillas pensando que eran mortales, sin saber que no lo eran. Cuando desperté, estaba en casa de un amigo que me había rescatado dormido, inconsciente, del hotel. Ese amigo y yo tendríamos que haber sido amantes, pero él no estaba circuncidado y eso me frenó. Esos detalles (una incisión en los genitales, unas manos con las uñas carcomidas, un aliento espeso, avinagrado) son definitivos para el amor, para sabotear el amor, aunque años después haya sido capaz de enamorarme de un hombre que tampoco había sido circuncidado, no sé cómo logré sobreponerme a esa desazón.

Siguiendo a ese hombre, me mudé a la ciudad helada del sur y allí enfermé y me hice drogadicto. Ya lo había sido en mi juventud, desde luego. Fui adicto a la cocaína y la marihuana unos buenos años y luego me curé solo, sin ayuda de nadie, o con la ayuda de una mujer que me dio dos hijas. De manera que cuando me mudé a la ciudad helada del sur estaba sano, curado, rehabilitado. Era un drogadicto, aunque no me drogaba. No tomaba nada que tuviera cafeína, ni siquiera té. Estaba todo el tiempo lúcido, atento a los detalles, concentrado en no salirme de la realidad. Es un decir: cuando más me concentraba era precisamente cuando salía de la realidad escribiendo ficciones. Pero escribir mentiras no es, por supuesto, vivir una vida de mentira. Al contrario, es vivir en pleno estado de lucidez, estimulando las fiebres de la imaginación.

¿Por qué quería estar todo el tiempo sobrio, lúcido? Porque soy hijo de mi madre: ella me habló de santificar la vida cotidiana desde niño, me enseñó a rezar en latín, me educó en la noción de que el cuerpo era un templo sagrado, inviolable. Yo quería ser el hombre que mi madre esperaba de mí, no quería ser un coquero, un marihuanero, un perdedor, quería que mi madre sintiera un vago orgullo de mí. Digno hijo de ella, tenía aversión a las pastillas, a cualquier pastilla que me sacase del sufrimiento real, un sufrimiento que, así me habían educado, podía ser bueno, útil, necesario para forjar el carácter y entrenar al espíritu en el viaje a la eternidad. No tomaba siquiera aspirinas o analgésicos menores, no tomaba ni media pastilla que me privara del dolor que había sido sembrado providencialmente en mi destino. Quedaba desvelado todas las noches, era una pesadilla, no había manera de conciliar el sueño: cambiaba de cama, prendía más estufas, cubría las paredes y ventanas de un material de goma espuma para que no penetrase el ruido, rezaba sin fe, me ponía a cuatro patas y le pedía a mi novio que me hiciera el amor: nada funcionaba, nada me hacía dormir. Hasta que, obligado por él y su madre, fui al sanatorio y un neurocirujano me recetó una pastilla. Era un ansiolítico menor, funcionó, me abrió las puertas del paraíso. En aquel momento, comprando esa droga con prescripción en una farmacia de la ciudad helada del sur, me hice drogadicto de nuevo, recuperé mi condición de drogadicto vigente, al día.

Desde entonces han pasado más de diez años. Por desidia o pereza, dejé de amar a ese hombre. Me enamoré, suerte la mía, de una lolita que podría ser mi hija. Todo ese tiempo, dormí drogado y amé a esa mujer con plena consciencia de mis limitaciones y los riesgos consiguientes, y creo que ella eligió amarme, o se resignó a eso, a sabiendas de que no soy un hombre cabal, completo. Soy, lo admito, un drogadicto, y ella lo sabe y así me quiere, lo que revela cuán sentido y verdadero es nuestro amor. He sido un drogadicto antes de cumplir veinte años y no estoy lejos de cumplir cincuenta, es decir que he sido un drogadicto razonablemente feliz la mayor parte de mi vida, no se diga ya de mi vida adulta. Soy un drogadicto, entonces, desde que me hice adulto: con el uso de la razón, adquirí también el de las drogas.

Podría decir en mi defensa, pero no convencería a nadie, que me drogo solo para dormir. Y es verdad. No me drogo para escribir, no me drogo para salir en televisión, no me drogo para hacer el amor con ella, en todos esos momentos de plena y absoluta consciencia soy un hombre anclado en las aguas marrones de la realidad. Nunca tomo drogas para estar lúcido, no las necesito. Tomo un antidepresivo común cuando me levanto, pero no creo que tenga una influencia decisiva en mi ánimo ni mi salud, solo hace que me crezcan, libidinosas, las tetillas. Fuera de esa cápsula que no altera mi estado de ánimo, no al menos de una manera llamativa, no como me estimula el café, uso drogas solo para dormir. El razonamiento es simple: si no las tomo, no dormiré; si no duermo, enloqueceré, moriré; solo podré sobrevivir en mínima calma si he reposado; solo logro reposar si estoy correctamente drogado.

A estas alturas mi madre me diría: «Por eso tenemos que internarte en una clínica de desintoxicación, Jaime, para que te liberen de esa dependencia a las drogas y puedas dormir profundamente, bien, a plenitud, de un modo natural.» Y es en ese punto, en ese incierto punto, cuando nuestros razonamientos se bifurcan y desencuentran: yo no la acompaño más en ese acto de fe y pienso, con la frialdad del agnóstico, del que duda, que no será posible dormir bien sin la ayuda de unas drogas recetadas por un médico serio. Como no comparto esa ilusión, esa quimera, como no puedo hacer mía la admirable fe de mi madre, tomo tres pastillas antes de dormir y no rezo porque presiento que no hay nadie allá arriba. Las cosas son como son, ya estamos grandes para mentirnos: no rezo, duermo drogado, despierto contento y funciono mejor en todo sentido (como escritor mediocre, como periodista en minoría, como amante afeminado) cuando he dormido gracias a las drogas de las que no he podido emanciparme. Pero quizá la verdadera emancipación no consista en dejarlas sino en dejar de pensar, lastrado por la culpa, que ir al doctor, pedir ayuda y conseguirla en forma de pastillas en una farmacia, es algo que está mal, que debería curar. Quizás esa sea una intoxicación aún peor, la del tipo que cree que rezando va a curarse del insomnio y se atormenta pensando que tomar una pastilla es una rendición moral, una sedición de ateos.

Sí, lo admito, soy un drogadicto. Y esta noche voy a tomar tres drogas prescritas por un médico y voy a dormir bien. Y solo amarrado, botando espuma biliosa y gritando improperios, conseguirán llevarme a una clínica de desintoxicación.

(Jaime Baylys, «Las drogas», *El Siglo XXI*)

Una revista peruana ha publicado un chisme malvado contra mí, diciendo que, después de los agravios que vertí por periódico contra mi ex esposa y mis hijas, conminándolas a retirarse de un apartamento que les había regalado y ellas habían decorado con ilusión, mi ex esposa, a quien aluden como La Dignísima, ha comprado una estupenda mansión en Miraflores, un antiguo castillo que ha remodelado y quedado de revista. Presentan fotos de la casona, los ambientes espléndidos, relucientes, y dan a entender que La Dignísima se ha vengado de mi afrenta y comprado una casa mil veces mejor que el apartamento del que la eché como una perra con rabia. Lo que no dice esa revista es con qué dinero La Dignísima ha comprado tan digna y prontamente semejante casona con aires de castillo medieval, en una calle elegante de Miraflores, muy cerca de la casa de mi madre, que, comparada con la casa de La Dignísima, parece un chalé de empleada doméstica en los conos de la Lima superpoblada. «Los cojones —digo yo, cuando leo el chisme cabrón de la revista peruana—, ¿de dónde ha sacado Casandra el millón y medio de dólares que habrá costado esa casa?» Porque ella no los tiene y me juego un huevo a que su padrastro, tan tacaño, no le ha dado un céntimo, y ningún banco local le ha prestado esa plata por muy digna que sea. Tiene que ser mi madre, tiene que ser ella, ella conspira con Casandra, con la mamá de Casandra, con mis hijas, ella deplora mi conducta satánica, ella se solidariza con su Casandra vejada por ese hijo ateo y pinga loca que le ha tocado en desgracia, ella seguramente le ha regalado la plata. Total, la vieja está llena de plata desde que heredó muchos millones de su hermano, una herencia perfectamente improbable porque él era gay, y mi madre es beata homofóbica. Mi madre es tan rica ahora que ya no sabe qué hacer con su dinero. Mis hermanos se desesperan porque ella les regala casas a sus empleados y empleadas domésticas, casas estupendas en el noble barrio de Miraflores, a una distancia caminable de su casa, para que sus sirvientes no tengan que fastidiarse tomando el transporte público y lleguen tan orondos a complacerla. Tres casas ha regalado ya a sus empleados, y mis hermanos se vuelven locos y quieren sacar a patadas a los empleados pícaros que se han aprovechado de la bondad un tanto distraída de mi madre.

No aguanto más la ansiedad y la intriga y la curiosidad, y llamo a mi madre para saber si ella le ha dado la plata a La Dignísima para que se compre semejante casona que ahora exhibe en una revista, alardeando, mandándome un mensaje insidioso, envenenado. Mi madre se pone al teléfono. Nuestras voces son secas, distantes. Ella reprueba casi todo lo que hago, yo no me identifico con su fanatismo religioso y su curiosa habilidad para conspirar con mis enemigos. Le pregunto sin más vueltas si le ha dado la plata a Casandra. Me dice que ella no sabe mentir, no quiere mentir, y que sí, por mis hijas, sus nietas, a quienes yo eché a la calle, ella, para subsanar un error grotesco y además público que yo cometí, le dio a Casandra la plata que necesitaba para comprarse una casa de bien.

—¿Cuánta plata, mamá? —pregunto.

—No recuerdo bien —dice ella.

—Pero más de un millón —insisto.

—Arriba sí, un millón y tantos porque luego necesitó más para decorar la casa, que no sabes lo linda que le ha quedado, es una casita de revista, un castillito, una joya. Casandra dice que cuando la visites te vas a enamorar de la casa, Jaime.

«Cuando la visite, los cojones, no la visitaré nunca», pienso, cabreado, pero me callo y no puedo alegar nada, la plata de mi madre es de mi madre y ella le regala casas a quien le dé la gana.

—Me hubiera gustado que me lo consultaras —digo, rencoroso.

—Ay, hijito, soy tu madre, estoy vieja, hay ciertas decisiones que tomo sin consultar a nadie, y en este caso lo hice por tu bien, por el bien de tus hijas, por darles una bonita casa a mis nietas y Casandra, a la que quiero como una hija.

—Entiendo, mamá, entiendo, hiciste bien, eres una santa, Dios te bendiga, irás al cielo —le digo, y luego me despido atropelladamente y cuelgo porque tengo ganas de romper algo.

Pero no rompo nada. Voy al baño, me echo ocho gotas de Rivotril en la lengua y me tiro en la cama y pienso que mi vida es un absoluto fracaso y mi madre se lleva mucho mejor con Casandra que conmigo y, como van las cosas, ya no tengo ganas de ver a mi madre un tiempo largo. Me voy quedando solo y no sé si Lucía vendrá en febrero, y la idea del suicidio me tienta cada vez más. Le pido al jardinero guatemalteco que me consiga una pistola. Me mira con cara de alarma.

—Es que tengo enemigos políticos —le digo.

—En una semana se la traigo, pero le va a salir a mil dólares —me dice.

—No hay problema —le digo.

Presionada por varios de mis hermanos, que están endeudados, y atormentada por mis hermanas, que están en bancarrota y sin trabajo y con los apartamentos en hipoteca, mi madre se ha visto obligada, pobre, una santa, a vender un paquete menor de sus acciones de la minera, acciones serie B, por valor de treinta millones, que es relativamente poco si se compara con las acciones serie A que le dejó su hermano. Es decir que no ha tocado el lomo fino, solo se ha desprendido de los chorizos y chinchulines. Con gran sabiduría, y sin hacer distinciones ni discriminaciones, y sin ensañarse conmigo, que fui desheredado por el tío ricachón solo porque me atreví a publicar unas novelas que pusieron en evidencia mi sensibilidad homosexual (lo que a él le pareció vulgar y de muy mal gusto), mi madre ha repartido, entre sus diez hijos, tres millones por cabeza, incluyéndome, lo que es un milagro, porque sé que algunos hermanos alegaban que la voluntad del tío finado fue no darme su plata, y entonces mi madre debía acatar obedientemente esa voluntad de mala saña. Pero una de mis hermanas me defendió y mi madre se compadeció de mí, de mi vida caótica, impresentable, escandalosa, con hijas que boté de la casa y no me quieren ver, con una novia embarazada que parece mi hija y no se sabe si vendrá a vivir conmigo porque tiene fama de lesbiana. Y a mi madre le han ido con el cuento (Casandra, ¿quién más?) de que Lucía, además de lesbiana, es promiscua y se acuesta con medio Lima, y decidió, Dios la bendiga, incluirme en la repartición del maná que llovió del cielo a los diez hermanos, tres millones a cada uno. Para mí fue una felicidad grandísima. Duplicó mis ahorros. Lo primero que hice fue dar la orden de vender las acciones fraccionadamente, luego le pagué una buena comisión al agente de bolsa y cuando la plata fue transferida a mis cuentas, me sentí un hombre libre. Pensé que con seis millones en mis cuentas y dos apartamentos en Lima que podía vender en dos millones, podía retirarme del circo putañero de la televisión, mudarme a algún lugar tranquilo y dedicar el resto de mi vida, que tampoco sería tan largo, dada la condición putrefacta de mi hígado, a escribir y no joder y a que no me jodan, lo que parecía fácil pero, bien mirado, era todo un arte. Fue una gran alegría y le escribí un correo a mi madre agradeciéndole profundamente su generosidad, porque bien pudo no darme nada y decirme: «Lo siento, hijo, era la voluntad de mi hermano, no puedo traicionarla.»

Con los millones reposando en el banco, la mujer que me alquiló esta casa por diez mil mensuales, y a quien le pagué el año adelantado, se enteró, siendo peruana y encantadora y con intensa vida social, de que mi madre había repartido chorizos y chinchulines entre sus hijos hambrientos, y de pronto empezó a meterme presión con que quería venderme la casa ya mismo. Le dije: «Bueno, puede ser, pero al final del contrato.» Pero nada, se puso insistente, me rogó que la comprase ahora, me hacía descuento, y la casa me encantaba, estaba realmente cómodo en ella, era una casa que había estado en tres millones pero después de la crisis bajó a dos millones, y estábamos a finales del año en que me pasó todo lo malo y yo le dije: «Dos millones y ni un dólar más.» Aceptó tan rápido que pensé que debí ofrecerle millón ochocientos. Pagué con cheque de gerencia, me regaló una canasta de frutas y me hice propietario de una gran casa en la isla. Bien pronto me enteré de dos cosas de las que la vendedora, nada tonta, no me informó: los impuestos prediales de la casa eran de tres mil dólares mensuales y en el subsuelo vivía una colonia de ratas. Lo segundo tenía solución, había que matarlas a todas, lo primero no tenía arreglo, estaba jodido y había que pagar los impuestos.

Originalmente, yo no quería ser padre.

Cuando digo originalmente, quiero decir cuando tenía veinticinco años y Casandra quedó embarazada de mí.

Alegué con vehemencia ante ella que si quería ser un escritor, no podía tener hijos.

Casandra me obligó a ser padre y demostró lo estúpido y cobarde que yo era entonces, pues por supuesto era posible ser escritor y tener hijos.

No fueron hijos, fueron hijas. Casandra me dio dos hijas y me acostumbré a amarlas tan pronto como nacieron. No fue un esfuerzo. Las amé por puro instinto, porque era lo natural, como creo que ellas me amaron a mí.

No me impuse límites en el amor que les di porque recordaba con tristeza los límites que mis padres me impusieron de niño y porque creía que nunca se puede amar demasiado; a tus hijos tienes que amarlos sin medidas ni reservas y nunca es bueno dejarlos llorar hasta que se cansen de llorar, como escuchaba decir a mis padres cuando era niño y seguían llegando bebés a la casa; pensaba y sigo pensando que siempre es mejor prestarle atención y darle amor al bebé o al niño que llora y darle aquello que pide, aun si no lo merece o necesita, pero si dárselo le dará una sonrisa, pues hay que dárselo.

Esa fue mi filosofía como padre durante dieciséis años: no las hagas llorar, siempre que puedas hazlas reír, dales lo que te pidan aunque no lo merezcan; dales todo el amor que sientas por ellas y no les impongas reglas o recortes a su libertad en nombre de la disciplina; ya la vida se encargará de imponerles las reglas y recortes a su libertad, no seas tú quien juegue ese papel de comisario o censor, tú sé el papá payaso que las hace reír y complace en todo.

Ahora me dicen que por eso tengo la culpa de que mis hijas sean como son: seguras de sí mismas, fuertes, con amor propio. Ahora me dicen que les di tanto amor y las consentí tanto que por eso saben bien lo que quieren.

El problema es que ahora están seguras de que lo que quieren es no verme más.

Entonces me dicen que yo tengo la culpa porque las engreí demasiado. No comparto esa idea. No se puede amar demasiado. Se ama todo lo que se ama porque el instinto te dicta amar. Y así fue siempre con mis hijas. Hasta que ellas se molestaron porque entró otra mujer en mi vida, Lucía, y por consiguiente a sus vidas, y porque dejé embarazada a Lucía, y supongo que ellas se sintieron invadidas, agredidas, atropelladas por esa mujer que venía a competir con ellas o desplazarlas como las mujeres que gobernaban mi vida. Su instinto adolescente (era comprensible) fue odiar a Lucía y por extensión a mí, pues ellas seguramente sintieron que ya no eran las únicas mujeres que gobernaban mi vida y se molestaron con la mujer que dejé embarazada y, sobre todo, se molestaron conmigo y me lo hicieron saber porque yo las eduqué en que me dijeran siempre lo que sentían y no me tuvieran miedo.

Pero cuando las eduqué en eso, en decirme la verdad sin tenerme miedo, no imaginé que, después de dieciséis años de amor sin interrupciones, de pronto un mal día me dirían: «No queremos verte más, desaparece de nuestras vidas.»

No me lo dijeron, me lo escribieron: «Desaparece de mi vida.»

Fue duro leer eso. No estaba preparado en modo alguno para que me dijeran eso. Porque sentí que no era una pose ni un exabrupto, sentí que de veras no querían verme por un buen tiempo. Y sentí que cuando me decían «desaparece de mi vida» estaban diciéndome simplemente «desaparece», es decir, «si quieres, muérete».

Y presiento que no me queda mucha vida y en efecto voy a desaparecer de sus vidas y la mía, pero no estaba preparado para que mis hijas me ordenaran que desapareciera así, tan de pronto.

Pero ahora debo desaparecer y no quiero desaparecer porque las extraño y pienso en ellas, les escribo y no contestan, y estar viviendo en esta isla en la que pasamos tanto tiempo juntos me trae demasiados recuerdos de ellas que a veces me hacen llorar. Pero lloro solo y en silencio, sin hacer dramas, y simplemente cambio la canción que evocó el recuerdo hiriente o evito la calle que trajo a mi memoria aquella noche cuando salimos disfrazados a pedir caramelos.

No es fácil dejar de amar a quienes has amado los últimos dieciséis y catorce años, y a quienes sigues amando a pesar de que ellas al parecer ya no te aman o están haciendo un esfuerzo por dejar de amarte. Yo no quiero hacer ese esfuerzo. Quiero esforzarme por seguir amándolas y por reanudar la complicidad que nos unía. Pero no es fácil. No es fácil porque no hay respuesta. No es fácil porque son orgullosas y rencorosas como yo. No es fácil porque su madre no sé si ayuda. No es fácil porque la mujer a la que amo y el bebé al que amo están en mi vida y no quiero que dejen de estarlo para, a cambio de esa ausencia que no podría tolerar, entonces recuperar, si acaso, el amor perdido o ausente o enmudecido de mis hijas.

Solo se me ocurrió decirles esto cuando me pidieron que desapareciera: «Me han dado dieciséis años de felicidad en estado puro, tal vez es justo que la vida me obligue a suspender un tiempo tanta felicidad, tal vez era egoísta de mi parte pedirle a la vida que la felicidad con ustedes fuese permanente, creciente y sin interrupciones, quizás esta abrupta e inesperada interrupción sea una manera de recordarme la suerte que tuve de ser su padre y compartir esos años felices con ustedes.»

Aun así, no estaba preparado para que me dijeran: «desaparece». No quiero desaparecer. Trato de reaparecer, pero no hay nadie, no hay respuesta. Duele. Algo he hecho mal.

Porque el origen del conflicto fue sin duda que me enamoré de Lucía y la dejé embarazada, y eso no puede haber sido un error. Y porque nada de eso lo hice deliberadamente contra ellas o imaginando que despertaría en ellas los celos contra Lucía y nuestro bebé y la manifiesta hostilidad contra mí, una hostilidad que siendo adolescentes supongo que daba cierto prestigio.

Yo también odié a mi padre cuando tenía la edad de mis hijas, pero odié a mi padre de niño, de adolescente, de grande, lo odié toda mi vida o toda su vida porque él me enseñó a odiarlo, me educó en que la nuestra no sería una relación de amor, sino una guerra sin cuartel.

De manera que no es lo mismo que lo que me pasó a mí con mi padre, porque no tuve dieciséis años de felicidad con él que se suspendieron bruscamente. Mis primeros dieciséis años, y todos los que vinieron después, sentí que no me quería, o estaba avergonzado de mí o yo le resultaba un estorbo irritante, y con mis hijas no ha sido en modo alguno algo parecido, sino todo lo contrario: sus primeros dieciséis y catorce años he tratado de hacerles sentir que ellas son lo más genial que me ha pasado, y aunque ahora no quieran verme, sigo sintiendo eso, y por eso lo último que les escribí fue que quizás es justo que la vida me castigue de esta manera solo para apreciar o valorar lo espléndido que fue ser su padre cuando ellas todavía no querían que desapareciera un tiempo.

Lo que ahora me atormenta es que no sé cuánto tiempo me harán desaparecer.

Pero mentiría si dijera que no me duele pensar en que mis hijas prolongarán esta ausencia de mi vida por un año, dos, tres. Que es lo más probable, por otra parte: cuando dejen de vivir con su madre y se vayan a estudiar a sabe Dios qué universidades, tal vez entonces se sientan solas y me extrañen, y quieran que reaparezca en sus vidas. Pero eso me deja triste porque dos o tres años sin ellas me parecen décadas y porque no sé si estaré vivo cuando, con suerte, ellas quieran que regrese a sus vidas.

(Jaime Baylys, «El desaparecido», *El Siglo XXI*)


Tomó mes y medio matar a las doce ratas grandes y pequeñas que vivían en la casa. Contraté a un gordo dominicano, de profesión electricista, pero dispuesto a todo, uno de esos tipos que necesitan trabajo y no le hacen ascos a nada, un gran tipo, Ismael Maza, alto y gordo, gordísimo, de espíritu risueño; me dijo que podía matar a las ratas y meterse en el subsuelo reptando y sacarlas muertas. Puso veneno por todas partes y fueron muriendo; la peste era espantosa, insoportable, el olor hediondo se metía en toda la casa y por mucho que Ismael buscaba los cadáveres, no siempre los encontraba y la pestilencia no cedía. Fue una lección: por mucho que vivas en una gran casa, siempre habrá ratas merodeando, siempre estarás expuesto a las asquerosidades e inmundicias de la vida misma, siempre habrá un jodido roedor a tu lado. Lo peor fue que un par de ratas murieron no en el subsuelo, sino en los conductos del aire acondicionado. El olor en la casa era tan fétido que no podía dormir en ella, tuve que irme al hotel de la isla. Ismael contrató a dos amigos y rompieron los techos hasta encontrar los dos cadáveres gordos, hinchados, apestosos, de las últimas ratas que matamos en la casa. Y pensé que habíamos terminado con ellas. Pero una noche me metí en la piscina solo, había fumado un porrito después del programa, y vi a cuatro ratas pequeñitas nadando; seguramente un gato había querido matarlas y se habían arrojado al agua. Salí, cogí la escoba y entré en el agua como un demente, como mi padre, y las maté a palazos, mientras las ratitas chillaban y escapaban de mí. Me sentí un digno hijo de mi padre. Luego las dejé flotando muertas y fui a darme una larga ducha. Estoy

220

rodeado de ratas. Yo mismo soy una rata. Quizá vienen a vivir conmigo porque me huelen, me reconocen y saben que somos de una cierta condición o catadura moral parecida. Hijas de puta, no quedará una rata viva en esta casa, a no ser por mí. Ya mañana el muchacho guatemalteco que echa el cloro en la piscina sacará las cuatro ratas muertas. He escapado del Perú huyendo de las ratas gordas de la política para terminar confinado en una casona millonaria, rodeado de ratas de todo tamaño y pelaje y unas colas largas, larguísimas, tanto que parecen una mezcla de rata con mapache.

El hombre sale de su casa y se dirige a la televisión. Oscurece. No ha sido un día bueno, se ha sentido cansado, contrariado, la lluvia no le ha dejado dormir. Necesita un estimulante. Se resigna a tomar uno que es legal. Se detiene, baja del auto, compra un café helado y conduce lentamente, con aprendida parsimonia, por unas autopistas que lo llevan al estudio de televisión.

El hombre sabe hacer dos cosas: hablar en público y escribir en privado. Lo primero le resulta natural, es algo que ha trabajado y en cierto modo dominado desde que era niño, azuzado por los adultos de su familia, en particular su abuelo Jimmy. Lo segundo es más arduo y trabajoso y bastante peor recompensado, por eso sigue haciendo televisión. Ya no es joven, ya no siente el cosquilleo de la vanidad, le parece que la exhibición pública es vulgar, majadera, a menudo denigrante, carente de una mínima elegancia. Y, sin embargo, sigue exhibiéndose cada noche solo porque le pagan. Ya no le interesa salir en televisión, necesita estimularse con cafeína, de ese modo consigue empinarse sobre la modorra y la apatía y hablar unas cosas que con suerte interesan a unos pocos.

El hombre habla de política, de las personas que ejercen el poder o lo disputan, del circo ególatra que es la persecución afanosa, obsesiva del poder. Le apasiona el poder, le interesan las personas que ambicionan el poder, las sigue con atención, las encuentra raras, fascinantes, autodestructivas, criaturas heridas que buscan de un modo intuitivo la redención mediante el afecto o la aprobación de los demás. Cuando era joven, quiso tener poder, lo soñó y en algún momento de la madurez pensó que debía arrojarse al abismo del poder, aun a riesgo de perder la vida y estropear el precario bienestar que conocía. Ahora solo le interesa mirar el poder y comentarlo, no ocuparlo, solo quiere hablar del poder, que tal vez termina siendo una manera de aspirar a un poder marginal, minúsculo, inofensivo, el poder del charlatán, del predicador. «Esto es lo que soy —piensa—: un charlatán. Me gustaría ser divertido, ingenioso, ocurrente, pero no lo soy, soy solo un sujeto aburrido que mira el poder, habla del poder y termina hablando de un puñado de personajes envanecidos y ensimismados, anclados en el océano turbio, marrón, del poder.»

Hay veinte o treinta personas, no más, sentadas en unas sillas plegables, metálicas, que escuchan el discurso del charlatán. Entregándose al vértigo de su cháchara enjundiosa, el hombre cree oír el eco de la lluvia. Es viernes. Se pregunta por qué esas personas han salido de sus casas y manejado por la autopista para perder su tiempo de esa curiosa manera. «Podrían estar viéndome en el televisor, y sin embargo eligen esto, esta forma pusilánime de entretenimiento, esta abulia, esta modorra. No es que yo sea entretenido —piensa—, es que sus vidas son tan predecibles y exentas de diversión que les parece excitante venir a verme en la televisión», se dice a sí mismo, espiando esas caras, esas miradas cansadas, despobladas de entusiasmo. Y luego intenta de un modo fallido, desesperado, hacerlos reír, arrancar una risotada sincera del público, al menos una, que es algo, la ambición del humor, que lleva al hombre a decir las cosas más deslenguadas, desmesuradas, reñidas con la moderación y el buen gusto, pero las risas y la elegancia son empeños que le resultan aparentemente incompatibles.

Terminado el programa, atiende a las personas, las escucha, les dice algo amable, se retrata con ellas. Ya casi nadie pide una firma, ahora todos o casi todos quieren una foto. Cuando comenzó a salir en televisión, no existían los teléfonos móviles, era muy infrecuente que el público (así llama a las personas que lo miran y escuchan, no así a las que lo leen, esas personas son los lectores) fuese al estudio con una cámara fotográfica. Ahora son muy pocas las personas que salen a la calle sin la posibilidad de hacerse una foto con alguien, con un famoso, por ejemplo con ese hombre que es un escritor fracasado y un charlatán a sueldo, solo eso, una vida perdida en muchas carreras de corto aliento y escaso vuelo.

El hombre ha intentado meticulosamente ser un escritor de ficciones, un mentiroso profesional, pero ha fracasado. Sus libros no interesan, no se venden, se consideran literatura menor, subterránea, una cosa fallida, contaminada por la excesiva vanidad. No ha fracasado por haragán, ha sido persistente y tenaz en el ejercicio de su vocación, la de contar mentiras, ha fallado porque no ha leído lo suficiente, no se ha entrenado para ser luego un escritor, ha perdido de vista ese dato crucial: para ser un buen escritor es preciso ser ante todo un buen lector, no basta con poseer una cierta pericia narrativa ni estar mirando todo el tiempo lo que ocurre en tu vida, no basta con eso, hay que aprender a contar historias leyéndolas, hay que aprehender palabras leyéndolas, hay que aprender de la vida leyendo, no necesariamente viviendo de una manera exagerada, inmoderada.

Todo lo que el hombre ha contado en sus novelas proviene de su propia vida, su memoria, que acaso reinventa de un modo caprichoso lo que cree que ha vivido. Todo se origina en el río caudaloso que es la vida, nada es impostado, libresco, aprendido en una biblioteca. El hombre ha escrito numerosas veces su biografía turbulenta y pecaminosa y quizás ahora predecible. «Ya basta —piensa—. Ya he contado mi vida suficientemente, tanto que ya no sé lo que he vivido. Pero debo seguir contando una historia. ¿Y qué historia voy a contar, si prescindo por completo de lo que conozco, de lo que he vivido, de la galería de personajes tremendos y afiebrados que habitan mi familia? ¿Debo imitar a otros escritores tantas veces premiados, que ya no escriben sobre sus vidas, sino sobre las vidas de unas personas notables que ahora están muertas y sobre las que entonces es prudente y acaso conveniente fabular? ¿O debo perseverar en el tono personal, confesional, impúdico, en el relato despiadado, a secas, de lo vivido?»

El hombre se pregunta esas cosas en el auto, de regreso a su casa. «A nadie le importa todo eso —piensa—. Mis primeras novelas despertaron algún interés, una cierta curiosidad morbosa, chismosa; ya luego me he repetido, he fatigado al lector, se han alejado juiciosamente de mí, y por eso me gano la vida hablando zarandajas en televisión y no consigo llegar al paraíso que siempre soñé, el de ganar suficiente dinero con las cosas que escribo como para dejar de exhibirme en la televisión. No llegaré al paraíso, ya lo veo con claridad, no se me tiene como un escritor; se me recuerda, si acaso, como el charlatán de la televisión, el que dice naderías irreverentes, el que lo sacrifica todo en la búsqueda obsesiva del humor, la risa, que es siempre más reconfortante que el aplauso, porque el aplauso se hace de un modo consciente, esforzado, cortés, y en cambio la risa, cuando es franca, proviene de una zona auténtica de la personalidad, o eso parece.» El hombre piensa con serenidad, sin perder el aplomo: «Soy entonces un escritor fracasado que ha tratado de tener éxito como hablantín o comentarista o comediante ocasional y que, no nos engañemos, también ha fallado en esa ambición menor, mediocre. Soy un fracaso en toda la línea —continúa—: como hombre, como padre de familia, como escritor y ahora, esta noche, este viernes que languidece, como charlatán. Lo que se origina en mí carece de interés, aburre, espanta a los jóvenes», concluye.

Todo esto lo ve con absoluta claridad, mientras limpia su rostro del maquillaje, pasando unos paños húmedos que quedan impregnados de un polvo rosado. Esto es lo que soy, un fracaso, se dice, mirándose en el espejo. Y, sin embargo, insisto, no me callo, sigo coleccionando palabras escritas y habladas, dejo constancia de mi existencia de esa manera meticulosa. El silencio es la muerte, el día que ya no hable ni escriba estaré muerto o muy cerca de morir, debo celebrar la vida buscando palabras a tientas, capturándolas, encapsulándolas, metiéndolas en la burbuja de mi vanidad.

Aunque tiene plena consciencia de su fracaso, se siente tranquilo, no se hace demasiados reproches, acepta su destino con la melancolía del perdedor, del que sabe que no se ha esforzado lo suficiente para obtener la recompensa deseada. «Tengo lo que merezco», piensa. «No tengo más lectores porque no los merezco y no los merezco porque no he sido un buen lector», concluye. Luego se sienta en la terraza, enciende las luces de la piscina y bebe un vino dulce de origen canadiense. A lo lejos siente el olor de las ratas muertas, envenenadas.

(Jaime Baylys, «La soledad del perdedor»,
*El Siglo XXI)*

Los gerentes del canal, que tienen pinta de bribones, cacos, facinerosos, un venezolano gay insoportable y un boricua con cara de boxeador retirado, me tienen las bolas llenas. Dicen que el programa no funciona, que mis monólogos de humor no son graciosos, que la audiencia no me percibe como humorista, que debo volver a la política. Me han pedido cambiar de horario a las ocho de la noche y hacer un programa político, de política pura y dura. Les he dicho a gritos, por teléfono, que de ninguna manera cambiaré de horario ni de formato, si quieren me cancelan el programa y me pagan el año entero como manda el acuerdo firmado, pero moriré en mi ley, con las botas puestas, y hasta noviembre haré el programa tal como fue diseñado, como un *late night* humorístico, con invitados famositos, patibularios, grotescos de la farándula hispana de Miami. No quiero volver a la política, no me interesa, me parece un mundo aún más repugnante y vil que el del entretenimiento. Ya tuve suficiente con la política peruana, no quiero enfangarme en ese pantano mientras dure el contrato, que seguramente será el último de mi carrera. En un momento de ofuscación, arrogancia, abierta patanería, le he dicho al gerente gay venezolano que me rompe las bolas con sus chillidos histéricos: «Mira, mi madre ha heredado una fortuna, es una de las mujeres más ricas del Perú, y ha compartido su fortuna con nosotros, sus hijos, o sea que yo no necesito este programa ni este canal, lo hago porque me gusta y el programa se llama *Baylys*, no *Misael Ferrero*, no *Julio Páez*, y por tanto yo haré lo que me dé la gana, aunque a ti y a Julio Páez no les guste.»

El puto venezolano desleal, intrigante, ha corrido con el chisme a casa del dueño del canal y le ha dicho que yo me jacto de haber heredado una fortuna y me paso por los cojones el programa y el canal. El dueño, con quien ya he tenido mis diferencias y entredichos, me ha llamado a su casa y me ha explicado, fumando un habano tras otro, que está masivamente endeudado y ya sabe lo de mi herencia, me felicita, y me ha pedido como gesto de solidaridad con el canal, «que es como tu familia», me ha dicho, que me rebaje el sueldo. Le he dicho que lo pensaré, pero no creo que me rebaje nada, y si quiere que me eche y me pague el contrato o espere a que expire y no me renueve, pero tan rápido no me voy a bajar los pantalones. Luego me ha dicho que es amigo del gobernador de Puerto Rico y si hacemos el programa allá nos darían el cuarenta por ciento del presupuesto anual del programa en subsidios federales por hacer propaganda turística a la Isla del Encanto. Le he dicho que lo voy a pensar, pero lo veo muy improbable porque en un mes debería venir a Miami mi novia embarazada a dar a luz y no creo que le haga gracia que le diga mejor nos vemos en Guaynabo, en Caguas, en El Condado o Carolina. «No creo, no lo veo, mil disculpas», le he dicho, y nos hemos despedido fríamente, yo con la certeza de que a fin de año no me renovarán un carajo, y eso si me dejan en el aire hasta fin de año. Pero ¿qué me quedaba? En Lima me habían echado mis enemigos políticos, tenía que subirme a este tren aunque luego me bajaran a patadas en la estación de noviembre, al menos mi hijo nacerá en Miami si Lucía finalmente viene y me he sacado el clavo de hacer en Miami el programa que me dio la gana. Cómo fui tan idiota de contarle al gerente venezolano que he heredado dinero, eso nunca se cuenta, soy un bocón, ahora estoy jodido, en el canal me miran con mala cara y ya me han rayado el auto.

Todas las noches llego al canal a las ocho, preparo el monólogo encerrado en un cuarto a solas, monitoreo con mis asistentes que el público que va llegando vaya pasando al estudio (pero hay noches lluviosas en que casi no viene nadie y hay noches que no llueve y tampoco viene nadie) y a las nueve en punto voy a maquillarme. Me maquilla una nicaragüense llamada Matilde. Tiene mi edad, quizás unos años más, es madre de dos hijos, una mujer muy sufrida, vive con sus padres ancianos. El rasgo más peculiar de Matilde es su fanatismo religioso. Las paredes y los espejos de la sala de maquillaje las ha decorado con estampitas religiosas y toda clase de plegarias, dibujos de Jesucristo y la Virgen, a tal punto que parece una capilla ardiente. Mientras me maquilla, habla de sus cosas. Nunca está contenta. Se queja de todo amargamente. Odia a la maquilladora cubana que trabaja al lado. La acusa de ser vaga, tramposa y chismosa. Yo escucho tranquilo, le doy la razón en todo, absorbo su mala energía. Se queja de que el canal la trata mal, le paga mal, abusa de ella. Nunca está contenta. Al final, cuando termina de maquillarme, me pide que recemos. Soy agnóstico, pero me divierte que me haga rezar y cierro los ojos, y ella impone sus manos en mi cabeza de pelos lánguidos, enfermos, a punto de caerse por mis dolencias hepáticas, y empieza con sus rezos inflamados, dicharacheros. Son realmente insólitos. Suele repetir unas cuantas frases. Para ella resultan naturales, pero a mí me hacen gracia. Pide, por ejemplo, que Dios nos dé una fe «tan sólida como un grano de mostaza». Pide también que «nunca estemos confinados en una cama».

Yo pienso: «Pero si es tan rico estar confinado en una cama, ¿por qué habrías de pedir algo tan insensato?» Pero ella no piensa las cosas que dice, las recita, las dice de memoria, de paporreta, son plegarias que ha aprendido seguramente de niña, en su Managua natal, antes de que los sandinistas obligaran a su familia a escapar a Miami. Pide que cuando nos toque morir nuestra muerte sea «tan rápida e indolora como la de un pajarito». No sé por qué piensa que los pajaritos se mueren enseguida y sin dolor, está muy segura de eso. Pide también (y cuando reza cierra los ojos y habla con una voz engolada de loca psicópata y a mí no se me ocurre abrir la boca ni añadir algo o matizar algo o pedir un carajo) que, cuando sea el momento de morir, «no estemos postrados largo tiempo en un lecho de dolor, y eso te lo pedimos, Señor, desde nuestra actual generación hasta nuestra quinta generación futura». ¿Por qué quinta?, no lo sé. Quinta serían no mis hijas, no mis nietas, no mis bisnietas sino mis muy tataranietas. Ya la sexta generación, que se joda, por ella no rezamos, que no les den el grano de mostaza, que estén confinados en una cama, que no se mueran rapidito como el pajarito, que se hallen postrados en un lecho de dolor. A veces pide por sus hijos, para que encuentren trabajo, o por la salud de sus padres, que, siendo ancianos, es naturalmente achacosa. Y luego me llena de pánico porque pide por mí, por mi programa, y dice: «Te pedimos, Señor, que no le cancelen su programa al señor Jaime Baylys, que no le toquen su horario, no lo dejen en la calle porque él es jefe de familia y tiene un hogar que mantener. Y te pedimos por sus hijas grandes y su bebito en camino, pero sobre todo por las grandes, para que lo perdonen, para que lo llamen, para que abran sus corazones y vengan a visitarlo y conozcan a su hermanito que va a nacer.»

En ese punto yo estoy odiándola y deseando que se calle porque por un lado me hace temer que me despedirán y por otro me recuerda que Carmen y Pilar no quieren verme. Luego termina diciendo «Sagrado corazón de Jesús» y yo tengo que repetir como un autómata «En vos confío», y cierra diciendo «María auxiliadora» y yo digo «Ruega por nosotros». Ella dice «Amén», me hace la señal de la cruz en la frente, me mira con sus ojos de loca desorbitada y dice «Dios lo bendiga, señor Jaime Baylys». Y yo veo en su mirada llena de certezas la mirada flamígera de mi madre y pienso que extrañamente en mi vida siempre aparecen estos personajes religiosos que me hacen rezar, y soy tan pusilánime que me dejo y rezo con ellos porque me da curiosidad saber cómo rezan. Lo más gracioso es cuando se sale del guion e improvisa y dice por ejemplo: «Te pedimos, Señor, que el programa del señor Jaime Baylys tenga el más alto *rating* de la televisión nacional y mundial.» «Alabada seas, Matilde bendita. El canal está quebrado, en cosa de meses nos echarán a los dos, pero tu locura religiosa te hace pensar que estamos haciendo unos *ratings* altísimos.»

La felicidad es un instinto, se aloja en la memoria, tienes que conocerla para buscarla. Si no te han educado en ella, no sabrás lo que es, ni sentirás el instinto de ir por ella. Solo son felices los que creen que merecen serlo. No hay nada parecido a la felicidad cuando han sembrado en ti la angustia por ser como eres. Si solo conoces la angustia, el caos, el estrés, lo más probable es que, sin darte cuenta, acabes reproduciendo unas conductas que generen esos sentimientos en ti. No vales nada, no mereces que te quieran, eres algo mal hecho, deberías sentir vergüenza por ser así: te han dicho todo eso tantas veces que acabas por creértelo. Los que te instalaron en el pantano de la infelicidad estaban hundiéndose ellos mismos y te jalaron hacia abajo porque no veían una salida. No la vieron, no la sintieron, no creyeron merecerla. Todo era penumbra y confusión, todos estaban furiosos y lloraban y deploraban su historia, nadie estaba contento de ser tal como era. Eran personas terriblemente desdichadas que se habían reunido para reproducir la infelicidad. No era el amor lo que las unía, tal cosa no era posible, no conocían el amor. Eran víctimas. Eran vidas machucadas, pisoteadas, humilladas. Eran almas en pena. No buscaban la felicidad, buscaban escapar de sus angustias familiares. No perseguían la luz, descendían a las tinieblas. Nadie era feliz, nadie merecía ser feliz, esas pretensiones eran mariconadas, engreimientos, cosas de gente frívola. No se había nacido para ser feliz, se había nacido para conocer el sufrimiento, el sacrificio, el dolor, la angustia. No era justo reírse, lo correcto era sufrir, llorar. En medio del caos y el bullicio, nadie sabía quién era quién. Era la locura, la guerra. Todos eran prisioneros, enemigos, nadie podía escapar. La guerra terminaba cuando te rendías o morías. Nadie parecía dispuesto a rendirse. Todos tenían la intención de ser héroes, todos resistían, combatían, minaban las fuerzas del otro. Nadie capitulaba, se rendía, cada día era una batalla despiadada más.

Cuando estás en la guerra no te planteas ser feliz, lo único que importa es sobrevivir, llegar vivo a la trinchera, que no te alcancen las balas. La misión era esa, solo esa: sobrevivir. Todos disparaban contra todos, no había aliados, el fuego más peligroso era el fuego amigo que provenía de tus espaldas, de esa trinchera de la que habías salido corriendo y gritando. Tenías que correr y gritar y disparar y matar y rezar para que no te mataran. Todos rezaban. Rezaban en varias lenguas, a gritos, fragorosamente, como si ese día fuese el último. Era la guerra, el estrés absoluto. Nadie sabía siquiera vagamente qué era la felicidad, esa era solo una palabra, algo irreal. En me-

234

dio del estrépito y el fango, era idiota pronunciar esa palabra. Así fueron educados y maltratados: como soldados, como salvajes, como héroes. Todo lo que conocían era salvar el pellejo. No había pactos, lealtades, armisticios, todas las balas eran traidoras, enemigas. El instinto que conocían era ese, el del guerrero que debe sobrevivir. Si tienes que comer la suela de tus zapatos, comerás la suela de tus zapatos. Si tienes que comer ratas, comerás ratas. Si tienes que odiarlo todo, te odiarás. Pero no se te ocurra rendirte, desertar. No lo pienses siquiera. No puedes arrojar las armas y levantar los brazos y agitar un pañuelo blanco: eso sería el deshonor, peor que morir. Los combatientes mueren peleando, así fuimos educados, nadie se rinde, carajo, firmes, atención, marchando, ¡he dicho firmes! ¿Por qué tantas vidas se confunden en el caos y se hacen daño? ¿Por qué nadie aspira a desertar, escapar, vivir en paz? Porque nadie sabe lo que es eso, vivir en paz. Todos han nacido en la guerra, crecido en la guerra, no conocen otra cosa que la angustia, el estrés, el sentimiento de que todo destino humano está signado por una incierta fatalidad. Todos se sienten culpables de estar vivos entre tantos muertos y malheridos. El instinto es sufrir, sufrir más, seguir sufriendo. El instinto es hacer sufrir al otro para que tu sufrimiento sea tolerable. El instinto es disparar a todas partes, a lo que se mueva, no hay culpables o inocentes, es la guerra, ¡dispara! Nadie sabe lo que es dormir bien, comer bien, tomarse unas vacaciones, echarse al sol. Nadie sabe lo que es dormir la siesta, sentir el amor, convocar el amor, dejar que se instale en ti. No existe el amor, no puedes permitirte esos lujos, perderás la vida por creer que lo mereces. Reza y mata, reza y mata, ¡reza y mata! Y no mires atrás, no te detengas, todo es campo arrasado, atrás solo yacen los caídos. Debes resignarte a esa idea desoladora: la guerra solo acabará cuando mueras, entretanto es el caos, ¡viva el caos!

En este batallón no hay nadie que se rinda, ningún desertor, todos somos héroes, estamos locos, corremos buscando afanosamente la bala perdida, el último impacto, la agonía, el estertor en el lodo, el pitido zumbándote eternamente los oídos. Lo que no te mata te hace más fuerte, lo que no te mata te hace héroe, inmortal. No vales nada, no mereces sobrevivir, sin embargo sobrevives, da gracias a Dios, debe de ser que no está en sus planes recogerte todavía. Reza y mata, reza y mata, no pienses, no mires atrás, no sientas tu respiración, no pretendas descansar. Come ratas, come ratas vivas. No te detengas a consolar a los que agonizan, morirán de todos modos, salta sobre sus cuerpos exangües, písalos, camina sobre ellos, recuerda que tu misión es llegar vivo a la trinchera más allá, salvar la vida, llegar vivo cuando caiga la noche. Ya dormirás cuando estés muerto, ahora avanza, corre, ¡dispara! Nadie llora, nadie bosteza, nadie sonríe, en el estrés de la guerra solo existen el miedo y la angustia y el odio a tu miserable destino de soldado aturdido. No pierdas la fe, soldado. Hay vida después de la guerra. Dicen que la felicidad existe más allá, a lo lejos, en territorio enemigo. Llega el rumor de que en esas tierras que aún no has hollado hay gente sin armas, gente que se tiende sobre la hierba a mirar las nubes y el sol, gente rara, quieta, en silencio, ensimismada. Dicen que la felicidad podría ser posible en alguna patria extranjera. Solo llegan a ella los intrépidos, los arrojados, los valientes. Solo la conocen de veras los que han sobrevivido a la guerra. No se puede disfrutar de la paz sin haber vivido en carne propia los espantosos padecimientos de la guerra. Y no cabe disfrutar de la paz si no has vivido la guerra con el mínimo coraje que esperan de ti. Compréndelo: no habrá paz para los cobardes, los desertores, solo habrá paz para los valientes. Deja que mueran los que tienen que morir, no gastes un segundo lamentando esas muertes inevitables; olvídalas, avanza, no pierdas tiempo en esas cosas sentimentales, recuerda que tienes una misión. ¿Cuál es tu misión? Salvar la vida, sobrevivir, no permitir que los otros te destruyan. Esa es tu misión, soldado, ¡entiéndelo! Mata sin pena, mata sin miramientos, esa es la voluntad de Dios. Reza, reza en tu lengua, invoca el nombre de Dios y dispara. Y agradece al Cielo que todavía respiras. Quizás algún día, cuando cese la guerra, un puñado de valientes vivirán en paz. Ese momento no ha llegado todavía. Y no serás tú quien sobreviva y vuelva a casa y sienta el honor de una medalla en tu pecho. El primer metal entrando en tu pecho será el de esa bala que viene silbando.

(Jaime Baylys, «Reza y mata», *El Siglo XXI*)

En el canal tengo dos asistentes. Uno es un gordo cubano, muy listo, gracioso, cínico, que fue actor cómico en La Habana y vino como pudo a Miami. Se llama Freddy y me hace reír con sus insolencias y desplantes. Me consigue las drogas que le pido, se burla de los invitados, obliga a que el público se ría y lo conmina a que me aplaudan, aun si no les nace o diverte. Es un animador del público, el hombre que me asegura las risas. Tiene además unas risas de oso que contagian y sirven mejor que las risas grabadas que alguien lanza en el control para acompañar mis chistes malos. Freddy es tan listo que no me sorprendería que fuese espía de la dictadura de su país. Tiene todo el perfil del espía: simpático, ocurrente, drogadicto, borracho, inteligentísimo. Cuando me trae drogas, me pide las llaves del carro para esconderlas allí y fácilmente podría plantarme un micrófono. Pero ¿para escuchar qué carajos, si no hablo por teléfono con nadie, ni siquiera con Lucía, que está en Lima, mucho menos con mis hijas, que ya me dieron de baja?

También tengo como asistenta a Mimí, una cubana que se pone pantalones de los colores más psicodélicos y creo que es lesbiana en el clóset y sueña con abrir una peluquería. Mimí no hace un carajo, salvo servirme el té, el café, el agua y acompañar al invitado y poner un poco de onda cuando el programa comienza en vivo. Es simpática, buena gente, aunque su contribución es bastante pajera. Pero es clave tener a dos personas que me cuiden los detalles, las espaldas y, cuando estoy en el aire, traten de azuzar al público, acicatearlo para que se ría, arengarlo a la mala para que entienda que tiene que aplaudir y simular que está pasando una hora jodidamente entretenida.

Entre el público tengo un puñado de acosadores seriales que no fallan una sola noche. Están Manuel y Belén, el pintor y la ballena, el gnomo Alfredito y tres enfermeras gordas cubanas que yo creo que son lesbianas y son las que menos joden y más se ríen. Manuel es flaco, alto, muy delgado, y es muy animoso y entusiasta; me aprieta fuertemente la mano, y lo que quiere no es tanto ver el programa, sino que yo lo entreviste alguna noche que no llegue a tiempo el invitado, porque fue preso político en Cuba veinte años por escuchar canciones en inglés de Julio Iglesias, y yo siempre le digo «la otra semana te entrevisto seguro», y él no falla una noche. Belén es su pareja, aunque a veces están juntos y a veces se sientan separados, alejados, peleados, y ella lo que quiere es que la entreviste para que cuente cómo fue su vida cuando vivió en España y echarse a cantar unas coplas andaluzas, y yo le digo «cualquier noche te entrevisto seguro». El pintor es venezolano y lo que quiere es venderme sus cuadros. Ya le he comprado cinco, a razón de dos mil dólares por cuadro, y la verdad es que sus cuadros me gustan y él me cae bien, no tanto su esposa, la ballena, venezolana también, que es criticona y a veces se ensaña con tal o cual invitado que no le gustó y me critica por no haber sido más cruel, más incisivo. Cómo puede el pintor, que es guapo, follarse a la ballena, que es inconmensurable, es algo que pertenece a los misterios del amor. Son buena gente y se ríen de mis bromas contra la mafia crapulosa que gobierna Venezuela, y me acompañan hasta el auto y a veces la mamá de la ballena me trae dulces y masitas.

Alfredito, el gnomo, es peruano, joven, bajo, bajito, enfermero en el hospital Baptist, y sabe mi vida mejor que yo. Es realmente un fan, un acosador, un *stalker*. Se sabe todos mis libros, mis amores, mis escándalos, las drogas que he consumido y ya no consumo, los psicofármacos a los que me he hecho adicto. Como es enfermero, cada tanto me trae de regalo un lote de Zolpidem o Klonopin o Viagra o Fluoxetine y no me cobra y le agradezco de corazón. Creo que es puto, pero no está tan claro, no me consta. Cuando me saluda, me frota la espalda bien abajito, casi como si quisiera meterme la mano, y yo encantado. Pero es muy bajito y con cara de niño como para gustarme. Es un gnomo, un pigmeo, parece un enano de Blanca Nieves; no podría ponerme a cuatro patas y pedirle al gnomo que me encule fino, y no sé si él sería capaz de hacerlo, lo veo muy delicado, con muchos remilgos. Una noche me pidió plata para visitar a su abuela, que estaba muriéndose en Lima, pero yo lo mandé al carajo y él dejó de venir. Es el primer fan que me abandona, una pena. Al menos me hubiera gustado verle la poronga para ver si es cierto que los enanos la tienen grande. Pero me jode la gente que, además de acosarme, me pide plata y quiere que le resuelva sus problemas personales. Yo soy Jaime Baylys, no la doctora Pipiolo, la doctora del Pozo o la doctora Corazón. Yo no estoy para prestarle plata a nadie, más bien estoy para pedirla prestada a mi madre porque como van las cosas me van a botar de la televisión antes de que llegue Lucía en febrero.

¿De qué sirve llorar? De nada. Consigues vivir cuarenta y cinco años sin desbarrancarte por el precipicio pedregoso del rencor. Te acostumbras a la felicidad, al cariño de tus hijas, a su risa, a los viajes con ellas. Piensas que siempre será así, te has ganado para siempre su amor; aun cuando crezcan te asociarán al placer y la diversión y querrán viajar contigo y te presentarán a sus novios y sus novias, y todo seguirá siendo feliz, risueño, cómplice, un pacto de amor que no podrá romperse. Hasta que se rompe. Hasta que lo rompes tú. ¿Por qué lo rompes? Porque te vuelves imbécil, te vuelves un niño narciso y malcriado, te vuelves egoísta, reaccionas con tus hijas como si fueras el hermano menor y las echas de la casa que les regalaste solo porque una de ellas y sus amigos fueron a tirarle huevos a Lucía. Pudieron ahorrarse ese pequeño acto de vandalismo, pero eran adolescentes, tu hija estaba ofendida por el embarazo de Lucía; bien mirado, lo que hizo fue un acto desesperado de amor por ti, de rechazo a una mujer que se había metido en su vida, apartándola de ti. Y tú, que también tiraste huevos cuando fuiste joven y marihuanero, que ibas todas las noches al Carmelitas a tirar huevos para interrumpir los partidos nocturnos de fútbol, que tiraste huevos a la casa de un chico de la universidad que te humilló en un debate estudiantil, que tiraste huevos a la casa del profesor de Lógica que te suspendió por tercera vez y echó de la universidad, no tuviste la mínima inteligencia ni la compasión para entender que lo que había hecho tu hija al tirarle huevos a Lucía era solo una travesura adolescente que debías pasar por alto.

Pero no, te ofuscaste, te enfurruñaste, te convertiste en un pequeño dictador malvado y le comunicaste a tu hija, por periódico, en tu columna de los lunes en *El Siglo XXI*, humillándola, que su castigo sería irse de su casa, del apartamento que le habías regalado y ella había decorado con su madre y su hermana menor. ¿Cómo pudiste ser tan idiota, tan miserable, tan cruel? ¿Cómo no te diste cuenta a tiempo de que esa represalia desmesurada y abusiva la iba a alejar para siempre de ti? Entonces caíste por el barranco, rodaste por el abismo, tu cuerpo dio tumbos por el desbarrancadero. Ese fue el momento crucial, definitorio de tu vida, el origen del frío que ahora te cala los huesos. Cuando la soberbia te cegó y echaste a la calle a tus hijas y les hiciste sentir que por amor a Lucía no te importaba dejarlas en ridículo, humilladas. Pasarán las semanas, los meses, los años, y esas mujeres que fueron tus amigas y se sentían orgullosas de ser tus hijas no te verán más, te evitarán como a la peste, y cuando les hablen de ti tratarán de cambiar de tema y ni siquiera perderán su tiempo hablando mal de ti porque te verán como un enfermo, un loquito, un pobre diablo, un miserable que eligió la infelicidad. Sé que no las volveré a ver y sé por eso que el resto de mi vida será recordarlas y echarlas de menos y ver con absoluta nitidez la abyección de la que estoy hecho, la ruindad que corroe mis huesos, la vileza cifrada en mis genes, una maldad aún peor que la de mi padre, que hizo cosas horribles, pero ninguna tan despreciable como la que hice yo con Carmen y Pilar.

Lucía llegó con siete meses de embarazo y con ella llegó también la alegría. No fue fácil que la dejaran entrar en los Estados Unidos. Notaron su barriga, su edad precoz, su aire de niña mala, y le preguntaron si venía a dar a luz. Dijo que no, venía a comprar cosas para la bebita, ropita, muñecas, cosas así. Le creyeron, menos mal, estos gringos se han puesto tan necios con los inmigrantes que tuve miedo de que la deportasen.

Lucía entró como turista y mintió porque su propósito era dar a luz en este país y antes casarse conmigo para que pudiera pasar de turista a residente y, unos años después, de residente a ciudadana.

Ya es oficial: su ginecólogo de Lima le ha confirmado que el bebé no es hombre, es mujer. No será James, será Sol. Se ve que no hay hombres en mí, cuanto más buscas, más mujeres encuentras; si sigo teniendo bebés serán diez mujeres al hilo, todo el inagotable pozo femenino que hay en mí. Me ha dolido un poco que mi hijo no sea hombre, me hacía ilusión, pero por otro lado es mejor para él no ser hombre y tener como padre a un putón insigne como yo. Siendo mujer, no será tan traumático, supongo, aunque mis hijas se avergonzaban de mi homosexualidad y cuando estaba con mi novio argentino lo ocultaban, mentían sobre él, decían que era mi primo, qué chiste, les daba vergüenza que sus amigas supieran que me gustaba comerme una poronga cada tanto.

Con Lucía en casa todo es más divertido porque es una auténtica niña terrible. Es medio lesbiana, si no totalmente, y siempre está contándome que quiere comerse a su amiga La Flaca, a Federica, que está en Nueva York, a Natalia, que está en Buenos Aires, y se ha inscrito en clases de yoga y Pilates y dice que quiere comerse a la profesora alemana, que está buenísima. Me alienta y entusiasma que sea tan lesbiana. Me siento muy en confianza. Y me conviene porque en la cama a veces me la chupa y me pide que me la coja como un machito, lo que me sale sin esfuerzo porque ella despierta esas cosas raras en mí, pero a veces, y es mejor para mí, me ordena que me dé la vuelta, me mete el dedo, me pide que me ponga a cuatro patas, se pone un cinturón poronguero y me coge deliciosamente, mucho mejor de lo que me cogía el pusilánime de Leopoldo, mucho mejor de lo que me han cogido mis pocos amantes ya extraviados o confinados en una celda o correccional. O sea que estar con Lucía es perfecto porque puede ser una hembrita rica que se pone a cuatro patas y se deja culear o te monta a horcajadas y te cabalga a pelo; pero, si te descuidas, le sale su lado macho y te da la vuelta, te pone en cuatro y te culea fino, finísimo, y te da un orgasmo delicioso, inenarrable.

Por eso me enamoré de ella y dejé a la pesada de Casandra y al tarado de Leopoldo. Porque Lucía los supera en todo: en belleza, inteligencia, poder erótico, imaginación y recursos e inventiva maliciosa en la cama. Es mi compañera perfecta. Le he dicho para casarnos uno de estos días y me ha dicho sin ningún entusiasmo que le parece bien, siempre que estemos solos ella y yo, y sea una ceremonia austera, discreta, en el juzgado, sin testigos ni anillos ni un carajo. Por eso la amo, porque es una chica mala de verdad y cuando escribe le sale su lado lésbico y veo que tiene madera de escritora. Casandra, a su lado, era mi madre, una tía cucufata, una señorona limeña respingada que jamás me metería el dedo ni me pondría a cuatro patas.

Lucía, quédate un tiempo más, contigo todo es más lindo, contigo y tu panza de siete meses consigo olvidar el dolor de mis hijas que me han dejado y, me temo, he perdido para siempre. Pero no se puede tener todo, y yo quería a Lucía, quería hacerle un James que fue Sol, y el precio que he tenido que pagar es que mis hijas me manden al carajo por ser, más que un buen padre, un hombre lujurioso, calentón, todavía no resignado a jubilarse sexualmente.

A la una y media de la tarde Lucía me ha despertado y me ha dicho que nuestra cita para casarnos es a las dos, «¿vamos o nos quedamos?». He saltado de la cama en pijama y con el pijama puesto le he dicho: «Vamos corriendo, que el juzgado lo cierran a las dos en punto.» En ropa desastrosa, cómoda, de estar por casa (ella en *jeans* y zapatillas, yo en pantalones holgados y tres chompas de cachemira y un chaquetón de cuero, que es la ropa con la que duermo, y unos zapatos muy anchos y arqueados como de payaso retirado), he manejado como un energúmeno hasta el centro de la ciudad, he parqueado mal («qué carajo si me multan»), y hemos subido los ocho pisos corriendo porque el ascensor se demoraba en llegar. Hemos llegado a las dos menos cinco a la cita para casarnos. Por suerte la secretaria o recepcionista me ha reconocido, hablaba español, y nos ha facilitado grandemente las cosas. Hemos llenado un formulario y en cinco minutos estábamos ya en un ambiente hilarante, decorado con pocas flores mustias, en el que la jueza, de pie, detrás de un atrio, como si fuera a decir un sermón, nos ha recitado unas declaraciones o compromisos o mentiras piadosas en inglés, que Lucía y yo hemos repetido; Lucía con mucho mejor inglés que el mío, pues ya casi no hablo inglés después de vivir veinte años en Miami, no lo hablo nunca y tantas pastillas para dormir y coger deben de haber hecho mella en mi memoria.

Nos prometemos amor, firmamos, la jueza nos pide los anillos, no hay anillos, la jueza se ríe, es buena gente, nos perdona el descuido, la negligencia, que seamos tan pajeros, y creo que se da cuenta de que, aunque Lucía parece mi hija, mi hija adoptiva, mi hija al estilo Woody Allen, en realidad nos queremos mucho, nos amamos, nos adoramos, y sobre todo nos follamos como conejos en celo, que es algo que nunca me había pasado con nadie. Lucía gordita con su barriga de siete meses y pico y yo chino, legañoso, adormilado, nos hacemos una foto, la jueza dispara la foto y ya, listo, estamos casados. Luego salimos, nos ataca el hambre y nos metemos en un restaurante cubano bien grasoso y celebramos con yucas fritas y croquetas y arroz con frejoles y maduros, y llegando a la casa bajamos la comida con un porrito rendidor. Estamos casados y no hay fiesta, no hay luna de miel, no hay testigos, no hay siquiera una foto en Facebook porque la foto se la quedó la jueza y sabe Dios si nos la mandará. Es la boda perfecta. No podría haber sido más cómoda, liviana y feliz, auténticamente feliz, ya no digamos económica. Despacito porque hay bebito, hacemos el amor y es un momento de suprema felicidad y no lamento ni deploro un segundo que Casandra y Leopoldo, alias La Lombriz, hayan sido fumigados sin compasión para estar con esta ricura que ha venido a alegrarme la vida y hacerme sentir un pendejo de treinta cuando soy un viejo verde de cuarenta y cinco. «En cinco años serás ciudadana americana, cojonudo», le digo a Lucía, pero ella se ha quedado dormida, el embarazo le da sueño a cada rato y colapsa sin previo aviso, como si muriera un poco.

Las encuestas que llegan de Lima dicen que el coronel nacionalista dado de baja, con cara de oligofrénico y mirada aviesa y rencorosa, sigue subiendo en las preferencias de los incautos y resentidos gracias a un discurso de izquierdas, demagógico, populista, nacionalista, y a los billetes escondidos que le han llegado desde Caracas y Río. No me sorprendería que ese fantasmón, acusado de torturar y asesinar sospechosos de terrorismo cuando era capitán del ejército, terminara siendo presidente. Menos mal que me fui, menos mal que me botaron. Pero tiré la toalla, no tuve los cojones, el estómago de plantarme y decir: «Me han despedido de la televisión mis enemigos políticos (el presidente cetáceo, el alcalde cleptómano, la machona boca chueca pies de camote, el cardenal con ojos de cuervo, mi madre conspirando con todos ellos), pero no me voy, me quedo, me inscribo como candidato liberal, libertario, bisexual, marihuanero, promiscuo, anticlerical, agnóstico; me quedo y doy la batalla para que el Perú sea un país moderno, emancipado de los dogmas de la derecha conservadora religiosa y las taras mentales de la izquierda populista que, como van las cosas, va a colocar a un alfil más en su tablero de ajedrez, porque está claro que ese coronel oligofrénico dado de baja es un invento del truchimán venezolano, y si estuvieron a punto de ganar las elecciones pasadas, esta vez puede que lleguen al poder, qué miedo.»

Pero no tuve los huevos ni la plata para plantarme y decir: «Soy candidato, vamos a recorrer el Perú con un discurso moderno, libertario.» No le veía futuro a esa operación extenuante y por otra parte quijotesca. Las encuestas me daban cuatro, cinco por ciento de intención de voto. Con mucho empeño, podía subir a diez, doce. Quizás, en el mejor de los casos, a quince por ciento, con el voto de los jóvenes de Lima y la costa. Pero un tercio sólido de los peruanos, los hombres y mujeres de los Andes, del sur, son consistentemente reacios a la modernidad y se inclinan sin pensarlo por los chamanes y curanderos de la izquierda más trasnochada, como el coronel dado de baja por conspirador, que ha vivido los últimos años mantenido por los maletines de dinero que le enviaba su padrino y protector, el espadón golpista, desde Caracas, vía La Paz, para hacerlo menos obvio.

Yo no tengo padrino ni protector. Mi madre, que es muy rica, podría ser mi madrina, pero su agenda es conservadora, religiosa en grado sumo, antiliberal hasta el tuétano, y no me daría un céntimo sin consultarle a su amigo, mentor y consejero, el cardenal Romero con ojos de cuervo, que me detesta. Por un lado, ahora que veo que el coronel oligofrénico puede ganar, siento alivio de haberme ido de ese país suicida, autodestructivo, capaz de elegir presidente a un sujeto que debería estar en la cárcel porque él y su hermano quisieron dar un golpe de Estado que terminó costando la vida de cuatro policías. Por otro lado, siento culpa, remordimientos, una especie de derrota moral cuando recuerdo que tuve la oportunidad de ser candidato y por pajero y marihuanero y pinga loca la dilapidé, la desdeñé, la dejé pasar pensando: «No, nene, yo soy un escritor, un putito, un marihuanero, en este país de locos resentidos no te van a elegir presidente en cien años, no te engañes.» Y ahora estoy feliz en Miami, pero tengo toda la corazonada de que la izquierda ganará las elecciones y no podré ir al Perú en cinco años como mínimo y me perderé las graduaciones de mis hijas del colegio, aunque tampoco es que me esperen.

Yo les había dicho: «Ese sujeto de mala entraña puede ganar, y si gana me iré», pero ellas se reían de mí y no me hacían caso. Y ahora sube como la espuma en las encuestas y me invade la tristeza de ver cómo voy perdiendo a mi país, cómo cada día se hace más improbable que vuelva a vivir en ese país. Puede que sea lo mejor para mi salud, pero qué lindo hubiera sido ser candidato y echar unos discursos ateos, marihuaneros, lujuriosos, contra los curas y los militares, prometiendo la disolución de las fuerzas armadas y el corte abrupto de los subsidios que la Iglesia Católica recibe del Estado. Hubiera sido una película divertidísima, pero el actor estaba fatigado, dormía hasta tarde, no quería viajar en avión y su plan de gobierno era: «No me jodan, no quiero ver a nadie, quiero pasar el día encerrado, escribiendo.» Con ese plan se puede ser feliz, me consta, pero no se gana unas elecciones, menos en un país tan bárbaro como el Perú, donde suelen perder los mejores y ganar los peores; si no pregúntele a Vargas Llosa, que era un candidato de lujo y sin embargo perdió ante un japonés desconocido montado en un tractor.

Si tu madre te ha dicho desde niño que has nacido para ser presidente, quizá termines postulando a la presidencia. Eso es lo que me pasó. No he llegado a ser candidato pero juego coquetamente con la idea, no me disgusta para nada. Por supuesto, no quiero gobernar, solo complacer a mi madre, ser el hijo que ella soñó.

Desde niño me ha gustado mucho la política, he heredado eso de mi madre y mis abuelos. Mis abuelos eran políticamente muy enfáticos, muy fogosos, cada uno a su manera, claro. No sé si llegaron a conocerse, supongo que se saludaron en la boda de mis padres, no los recuerdo juntos, no he visto o no recuerdo una foto de los dos departiendo amenamente. Con ambos, don Jimmy y don Roberto, hablé de política desde niño, ambos parecían ver con simpatía mi curiosidad por los asuntos políticos. Ambos eran unos señores cabales con tendencia a las salidas conservadoras, ambos descreían de los lunáticos y charlatanes que prometían la revolución, eran hombres de trabajo, sabían lo difícil que era ganar limpiamente el dinero, no se dejaban engatusar por los bribonzuelos de la política. Mis abuelos vieron lo que antes había visto mi madre: que nada me interesaba más que la política, los hombres ceñudos y vocingleros que ocupaban el espacio de la política, las páginas de política de los periódicos, los elegidos, los conspicuos, los poderosos. Yo no sabía gran cosa del mundo de las ideas políticas, lo que conocía eran los nombres, quién era quién, quién era ministro de qué, quién había sido presidente de qué año a qué año, cuáles eran los partidos políticos, todo ese orden chato, rasante, sin vuelo, de los humanos próximos, circundantes.

Mi madre me transmitió afectuosamente el celo del predicador, las ínfulas del mandamás, la visión esclarecida del tribuno. Ella no pudo hacer una carrera política profesional porque no se esperaba tal cosa de las mujeres de su tiempo, pero encontró una manera fantástica de hacer política en la religión. Se hizo militante de un partido religioso y abrazó un credo, un plan de gobierno moral, hizo suya la prédica de un caudillo enjundioso, y dedicó su vida entera a creer en unas ideas y persuadirnos de la nobleza y eficacia de tales ideas. No he conocido una persona más activamente política que mi madre: enemiga natural de la neutralidad, lo suyo es tomar partido, pronunciarse, elegir una causa y luchar por ella y hasta jugarse la vida si hiciera falta en esa cruzada moral. Desde que era niño hasta ahora, que soy un hombre mayor, fatigado, con visible sobrepeso, mi madre es la persona que siempre ha sabido de un modo enfático, extranjero a toda duda, por quién hay que votar y por quién no hay que votar, y sin duda es ella y no mi padre quien me ha transmitido genéticamente esa proclividad al conflicto, a la prédica inflamada, a ir a la guerra en nombre de unas convicciones cerradas, no negociables. Dondequiera que se organicen unas elecciones, mi madre y yo tomamos partido y nos ponemos en campaña, aunque no siempre conspiremos en la misma trinchera y en ocasiones nos encontremos en campos adversarios y ninguno, por supuesto, esté dispuesto a ceder en aras de la armonía familiar: cada elección nacional o municipal es el fin del mundo para ella y para mí, y a esa extraña suerte, la del predicador, la del conspirador, la del partidario acérrimo, nos entregamos, exaltados.

Uno de mis abuelos, don Jimmy, probablemente vio en mí esa temprana inclinación por el mundo de la política o las palabras que tenían una intención política, un modo engolado y adusto de hablar, una postura que parecía desusada en un niño. No se esperaba que un niño fuese tan resabido y locuaz, no se esperaba que hablase como un ministro, que dijese: «Hay que mitigar el sufrimiento de la clase mesocrática.» Hay que ver cómo se reía la tía Pelusa, esposa del tío Waldo, cuando yo decía la palabra «mesocrática». Pero yo era ese niño hablantín, envarado, tieso, con un orden político de las cosas, el primero de la clase, el que no se despeinaba, el que llevaba gomina y no decía lisuras y rezaba en latín con su madre. Yo era ese niño político, politicastro, politizado, y mi padre me deploraba con razón y mi madre me masajeaba el ego diciéndome que yo era un líder nato, preclaro, uno en un millón, el elegido, el bendito, el que salvaría al pueblo raso de sus penurias y oprobios. Mi abuelo comprendió con sagacidad que mi destino era el del orador, del charlatán de plazuela; él lo supo antes que yo, y por eso en las cenas familiares me transmitía de un modo amable pero firme que debía estar preparado para dar un discurso después de los postres, cuando él me hiciera una seña y tocara la campanita. Sentado a la mesa de los niños, yo elegía en silencio las palabras que un momento más tarde debía pronunciar de pie, ignorando el escarnio comprensible de los primos. Fue un gran entrenamiento, una violenta iniciación en algo que después se me hizo estilo de vida: siempre debes tener listo un discurso, no tengas miedo de improvisar, que parezca que estás disfrutando de ese momento retórico en el que te empinas levemente sobre los demás, que los otros se rían y aplaudan y pidan que sigas hablando así, tan bonito. «Qué piquito de oro nos ha salido Jaime junior, seguro que cuando sea grande terminará de diputado o alcalde o, quién sabe, hasta presidente.»

Discursos en las cenas familiares, discursos en los actos escolares, discursos en la graduación y la fiesta de promoción, discursos en las campañas políticas universitarias (que gané). Cuántos discursos supe pronunciar a destiempo, en cuántos discursos fatuos me jugué la vida. Cada uno de esos discursos afirmó mi autoridad entre mis pares y me convenció de que no había nadie que hablase más bonito que yo, ni siquiera el presidente de turno ni el candidato a presidente. De ese convencimiento, y de las constantes exhortaciones de mi madre a que me abocase a la tarea superior del bien común, nació la idea mínima, el borrador, de que podía llegar a ser presidente.

Pero esa idea, que era preciosa, se desintegró en mi mente cuando, después de tantos discursos regados en el aire, descubrí que la misma boca que sabía hablar tan bonito era la que quería besar a un hombre y la que quería fumar un porrito, y la boca capaz de todos los tráficos impuros a los que no debía rebajarse esa boca presumiblemente virtuosa del predicador en celo: la que fuma, la que chupa, la que jala, la que lame, la que mama. Por eso no me he postulado a ningún cargo público, a pesar de que algunos amigos han sido muy generosos en sugerírmelo y hasta ofrecérmelo: porque uno no es meramente las palabras que ha dicho en público, envanecido, sino más exactamente los labios que ha besado, los cuerpos que ha lamido, las delicadas texturas que ha saboreado. Mi boca ha hecho cosas que no son nada presidenciales y por eso no la he presentado en contienda electoral de ninguna índole, el pueblo merece mejor suerte. Pero lo que recuerdo de mi boca no es lo que mi madre recuerda de la boca de su hijo mayor: tal vez ella recuerda, ante todo, las plegarias, las oraciones, el fervor expresado en latín, y por eso siempre ha querido que yo use mi boca para servir noble y juiciosamente a los más necesitados, sin sucumbir a las necesidades mundanas de mi boca loca.

(Jaime Baylys, «La boca loca», *El Siglo XXI*)

Lucía ha tomado incontables cervezas y un par de botellas de vino. Hemos fumado dos porros gruesos, rendidores. Estamos echados, hundidos, apelmazados, en la cama enorme que llamamos El Titanic. Las tres ventanas del cuarto están abiertas, lo que permite que el viento de la isla refresque la habitación y nos recuerde la cercanía del mar. Nos besamos. Lucía me pregunta cuál es el hombre que más me calienta. Le digo Ricardito Trola. Le cuento que hace años se la chupaba, tenía una pinga linda, circuncidada, nos duchábamos juntos después de jugar al tenis, pero nunca nos besamos, nunca me la metió, yo se la chupaba, me corría mientras se la chupaba, él terminaba fuera de mi boca y yo terminaba derramándome sobre su pecho. «Sin duda es Ricardito Trola el hombre que quisiera que me cogiera, mi amor —le digo a Lucía—. Hace años que no lo veo.» «Cuando vayamos a Lima, lo llamaremos y nos cogerá a los dos —me dice ella—. Nos pondremos en cuatro, nos la meterá, primero a mí, luego a ti, y será riquísimo. Y quiero verte chupándosela, me arrecharía mucho», me dice ella, mientras nos tocamos con un gel que calienta levemente los genitales y multiplica el placer. Luego ella me ordena «Ponte en cuatro», y yo me pongo a cuatro patas y ella también, y los dos sacamos el poto y nos tocamos y le pedimos a Ricardito Trola que nos la meta, nos coja fuerte, nos dé duro, y nos venimos juntos, apoyados en la cabecera de la cama, manchando las sábanas de El Titanic. Eso es amor, tiene que ser amor.


Leopoldo, ahora llamado en esta casa La Lombriz, me ha escrito un correo diciendo que si no le traspaso mi apartamento en Buenos Aires, irá a Lima a dar entrevistas venenosas, llenas de odio contra Lucía y contra mí, y nos destruirá, acabará con nuestras reputaciones y mi carrera. No le he contestado, no pienso dignificar sus chantajes, en ningún caso le regalaré mi apartamento a ese necio acanallado que ha insultado a Lucía anónimamente y le ha dicho como un cobarde que el hijo que ella lleva en su vientre no es mío, es una cucaracha y espera que lo pierda, se le pudra la barriga.

Pocas semanas después, La Lombriz se descuelga en Lima, invitado por un programa renombrado de chismes, insidias y mezquindades, el de Magalys. Le hacen una larga entrevista de una hora. La Lombriz aparece con el rostro adusto, contrariado, y dice cosas tremendas: que Lucía es una puta, que el hijo que ella espera no es mi hijo sino fruto de una relación incestuosa con su medio hermano (lo que por supuesto es mentira, pero la prensa de Lima, la seria y la canallesca, hará eco de esa injuria y no dudará de su veracidad), que es lesbiana en el clóset y me atribuye un hijo que no es mío para quedarse con mi dinero, que estoy muriéndome, víctima de una cirrosis y una fibrosis pulmonar (eso fue lo que me dijeron en un chequeo médico que me hice en un sanatorio de San Isidro, en Buenos Aires, pero quizás exageraron), que soy una gorda pasiva (eso es indudablemente cierto, irrefutable), que él me cogía siempre porque la tiene muy grande y yo pequeña (cierto, aunque él la tiene no circuncidada y entonces no es tan linda, pero cuando la tienes adentro no te detienes en esos remilgos estéticos), que estoy loca, que soy adicta a las pastillas, que vivo todo el día drogado, que no llegaré vivo a fin de año, que quería ser presidente del Perú para robarme toda la plata de las donaciones de la campaña (falso, no quería ser presidente, quería ser candidato y perder, y nadie donó nada a mi campaña, ni siquiera mi madre), que lo he amenazado de muerte (falso), que quiero matar a su madre y su sobrina (falso), que él es miembro de la alta aristocracia argentina (falso de toda falsedad, su padre es un gordo horrible de Salta que no ha trabajado en su vida y no tiene un mango) y que está feliz porque estaba harto de estar conmigo y ahora Lucía tendrá la espantosa responsabilidad de verme morir, enterrarme y quedarse con mi dinero (no creo que me muera tan pronto, los últimos chequeos que me he hecho en Miami muestran progresos en el hígado y los pulmones como consecuencia de la vida sedentaria que me he impuesto, pues los aviones me estaban matando).

Luego anuncia que va a escribir una novela contándolo todo sobre mí y dice que si algo le pasa a su sobrina o a su madre, a quienes, según él, quiero atropellar en una emboscada, simulando un accidente de tránsito, vendrá a Miami y ahorcará con sus propias manos a Lucía, esa puta arribista incestuosa, y al bebé que ella tenga, que no es hijo mío, sino de su medio hermano. La prensa de Lima, la seria, la no tan seria, la acanallada y sensacionalista, toda menos el diario que da cabida a mis columnas los lunes, *El Siglo XXI*, se da un banquete de semanas con las declaraciones de La Lombriz, y sus diatribas, injurias y maldades encuentran una resonancia que a Lucía y a mí nos dejan secos, descorazonados. Pero no hay nada que podamos hacer, no respondemos, nos replegamos, nos quedamos callados y dejamos que el tiempo se encargue de llevarse las toneladas de mierda que La Lombriz va dejando a su paso. Mi único temor es que tanta maldad vertida contra ella pueda provocar que Lucía pierda al bebé, pero por suerte en las noches nos metemos en la piscina temperada y nos reímos, y toda esa conspiración de los malvados, envidiosos, mezquinos, escritores frustrados, plumíferos de mala entraña, acaba por unirnos y hacernos más fuertes. Por cierto, La Lombriz ha dado una última entrevista antes de volver a Buenos Aires diciendo que ahora es amigo de La Dignísima y hablan por teléfono a menudo. Puede que sea verdad, me encantaría que lo fuera. Solo falta que La Lombriz vaya a pedirle plata a mi madre.


Si de verdad eres un escritor, escribe. No te metas en política, escribe. La política es un vicio, una enfermedad. Te aleja de la belleza, te aleja del arte. La política es un oficio conspirativo, de intrigas, pactos desalmados y traiciones. Te obliga a trabajar en equipo, hacer concesiones. Te obliga a mentir. Si no estás dispuesto a mentir, no te metas en política, no llegarás a ninguna parte. El político necesita llegar al poder y al poder solo se llega diciéndole a la gente las cosas bonitas que quiere escuchar. No se tiene éxito político siendo honesto, se fracasa siempre, de todos modos. Es la naturaleza misma del oficio, tienes que ser taimado, astuto, malicioso, desconfiado. Tienes que ser lo que los otros quieren que seas. Tienes que ser un camaleón. No puedes empecinarte en ser esto y lo otro, si eso le disgusta a la gente. El producto eres tú, estás en venta, tienes que venderte, tienes que conseguir que la mayoría te compre. Para eso tienen que confiar en ti. Pero ¿cómo vas a pedirles que confíen en ti, si tú mismo no confías en ti? ¿Cómo vas a pretender mandar, si no sabes tomar las decisiones mínimas que atañen a tu vida, a tu cuerpo, a tu salud? No lo pienses de nuevo, olvídate de la política.

Hay un camino, que es el arte, y hay otro camino, que es la política, esos caminos parten de un punto en común, la vanidad, pero se bifurcan y alejan y no confluyen. Hay artistas con opiniones políticas, claro, pero lo que valen, si acaso, es por sus obras artísticas o por el fracaso de esas obras, no por sus opiniones políticas. Cualquiera puede opinar de política, no cualquiera puede hacer arte. Lo que es imposible es que salga arte cuando quieres hacer política. Si quieres hacer política, destruyes la posibilidad artística, la corrompes, la niegas de plano. Si quieres hacer arte, lo más probable es que fracases, pero al menos inténtalo, muere en tu ley. Prefiero tu fracaso como artista a tu éxito como político. Porque tu éxito como político es tu más clamoroso fracaso como artista. Solo piensas en meterte en política cuando te olvidas de que eres un escritor. Te aburres siendo escritor, sabes que eres un escritor mediocre, a nadie le interesan las ficciones que escribes, a duras penas se resignan a publicarlas. Si tuvieras éxito como escritor, no pensarías en la política. Pero de tu fracaso como escritor surge esa cuestión lateral, odiosa: ¿y si dejo de escribir mentiras y paso a decirlas con desparpajo y aspiro al poder, a la máxima representación? ¿Y si paso de escritor a candidato presidencial? ¿No suena eso más bonito, más exitoso: candidato presidencial, presidente electo, presidente de la república? ¿Habrías llegado entonces a la cumbre? No, absolutamente no. Todo eso es mentira.

Lo que es verdadero, lo que prevalece, lo que perdura, es el arte. Los nombres de los que ejercen el poder se ensucian, se olvidan. Nunca nadie tiene absoluta razón en política, a la larga todos están parcialmente equivocados y se corrigen y acomodan según cambian los vientos y el humor de la gente. Esa es la cuestión esencial, de fondo: cualquier artista que se mete en política está capitulando, firmando su rendición moral, estética, intelectual. Si eres artista, si aspiras a serlo, trabaja en eso, trabaja duramente en eso, somete tu aspiración artística al trabajo serio, al rigor, a la disciplina. Lo primero que tienes que hacer es educarte artísticamente. Si quieres ser escritor, lee, aprende de los maestros. Si quieres ser pintor, contempla la belleza, mira los grandes cuadros, aprende a mirar, rebaja tu vanidad, refínala, cárgala de toda la belleza que nos han dejado. Si quieres ser músico, vive en esa burbuja, educa tu oído, trabaja tu arte. Nada llega sin esfuerzo. Ninguna obra de arte se consigue sin la pretensión de que eso sea algún día una obra de arte. Tienes que creerte un artista para llegar a ser con mucha suerte un artista. Puede que no lo seas, puede que fracases, pero al menos inténtalo, cree tú mismo tu propio cuento, no podrás convencer a nadie si tú no crees que eso que has hecho visceralmente y dejando media vida es algo que aspira a ser arte. Si nadie cree que eres un artista, si nadie ve el arte que hay en ti, ¿debes por eso rendirte y entregarte al oficio vil de la política?

Como no te aplauden como artista, ¿vas a rogar que te aplaudan en ese papel impresentable de escritor fracasado metido a político conspirador? ¿Te gusta conspirar? Muy bien, conspira. Pero conspira artísticamente: en silencio, en soledad, reducido a tu condición más humana y verdadera. No me vengas con el cuento de que quieres ser presidente. ¿Presidente de qué, de quién? Y sobre todo: ¿para qué? ¿No sabes ya, después de tanto tiempo, que un día sin escribir es un día perdido, malogrado? ¿Entonces? ¿Estás dispuesto tan alegremente a perder el resto de tu vida? ¿Quieres que te den un trabajo por cinco años sabiendo que ese trabajo te impedirá hacer el único trabajo que debes realmente hacer, que es escribir? ¿Por qué sueñas con postularte a ese trabajo equivocado? Si quieres pensar en grande, si quieres soñar, entonces siéntate y escribe y basta ya de excusas: o eres capaz de aprender de tus intentos fallidos y escribes una buena novela, o vuelves a fracasar, y fracasas una y otra vez, y al menos esos fracasos literarios tienen una dignidad ante ti mismo y te salvan de la tentación malsana, ridícula, de meterte en política. No importan las opiniones políticas de los grandes escritores, lo que ellos nos dejan es arte puro, lo otro pasa, se lo lleva el viento, ya no importa quién tenía razón en este punto o el otro. No importan las opiniones políticas de los artistas, la verdad es que importan poco y nada, o solo les importan a los políticos, lo que a la larga cuenta es la obra, la novela, la película, el cuadro, la canción, el poema. Es eso lo que traspasa el corazón de las personas de todos los tiempos, lo que mejora la existencia humana, lo que nos hace creer que nuestra especie evoluciona.

Si estás buscando alguna forma de belleza, no pretendas encontrarla en la política, en los partidos políticos, en el poder, en un ministerio. No, no, no: búscala en los libros, en los museos, en el cine, en el aire que es la música. Tienes que elegir: o el camino vicioso de la política y sus espantosas ramificaciones, o el camino solitario e incomprendido del arte y sus consiguientes humillaciones. El arte está en el aire, en la mirada del otro, en lo que el otro lee, mira, escucha. El arte, ¿qué es el arte sino la belleza tranquila que resiste la prueba del tiempo? Si eres capaz de traspasar la barrera de la política y conmover a una persona que piensa unas cosas políticas muy distintas de las que tú piensas, si puedes llegar al corazón de las personas sin agitar ni manipular sus convicciones políticas, entonces quizá seas un artista, aunque eso aún está por verse y solo se verá claramente cuando tú no puedas verlo y estés muerto y tu trabajo sea mirado y evaluado por otros que no te conocieron.

Mientras tanto, no se te ocurra la vulgaridad de manipular a la gente desde la tribuna política. No hagas eso, no de nuevo, aprende de tus errores, deja que cada uno vote como le da la gana, tú callado y metido en lo tuyo, en tu arte, en ese pequeño envanecimiento de artista frustrado. El artista fracasa no cuando es incapaz de despertar la curiosidad del otro (siempre queda el consuelo de pensar que las próximas generaciones, o una de tus hijas, o una de tus nietas, apreciarán lo que ahora deploran aquellos que te conocen), el artista fracasa cuando deja de escribir, pintar, cantar, actuar, fracasa cuando cambia de oficio y se entrega al sistema y se acomoda a un trabajo seguro, discreto, sin riesgos. No llegarás nunca a ser Bukowski si estás contento trabajando como cartero. Reparte las cartas y luego escribe esa novela como si fuera el fin del mundo, como si te jugaras en ella la vida entera. Lo más probable es que envejezcas siendo cartero, pero, por amor a ti mismo y a los que vendrán cuando no estemos, haz algo que parezca bonito, atrévete a rozar el arte, deja una huella elevada.

Cien años más tarde eso que tú llamas arte será polvo y olvido. Pero ahora mismo estás moralmente obligado a dejar un testimonio que vuele por encima de las riñas políticas, y si no lo haces estarás traicionando la oportunidad única y sagrada que te ha sido dada por los poderes superiores. Todo será nefasto si los artistas se rinden, será el caos puro y el fin del mundo si los artistas capitulan y se meten en política. Alguien tiene que salvarnos de los políticos. ¿Qué sería de nosotros sin una película, una canción, una novela? ¿Qué sería de la civilización humana si todos aspirasen a las glorias efímeras del poder? Preside el arte, preside siempre el arte, no pierdas eso de vista. Picasso es Picasso, Neruda es Neruda, Vargas Llosa es Vargas Llosa, la política es irrelevante cuando el arte llega a ser arte. Qué idiotez enemistarse con los artistas por razones políticas, qué cosa tan nefasta, pido perdón a los aludidos. No me busquen en la política, búsquenme en mi próximo libro, todo lo demás no existe, es irrelevante.

(Jaime Baylys, «El arte y la política»,
*El Siglo XXI*)

Una noche, al terminar el programa, Freddy me dice que tiene un problema serio y necesita mi ayuda o por lo menos mi consejo. Camina conmigo hasta el auto, entramos, se sienta a mi lado y me dice que su esposa está embarazada y tiene sida y él le ha pasado esa enfermedad. Ya tienen una niña de tres años, él no sabía que tenía sida, pero es promiscuo, se tira a un montón de cubanas en los clubes de humor y baile los fines de semana, y por eso no se cuidaba y no se protegió con su esposa. Ahora los tres tienen sida y su esposa quiere divorciarse de él y abortar, pero ya tiene cuatro meses de embarazo. Me pide un consejo. Le digo que lo tome con calma, «ahora si tienes plata el sida no te mata», que cuente conmigo, y si su esposa quiere abortar y divorciarse, que la deje en libertad para que haga lo que quiera. Freddy está llorando, es un gordo valiente, recio, noble, que hizo el servicio militar en Cuba y perdió dos dedos de la mano, pero es coquero, borracho, marihuanero y le gusta el sexo con cualquier mulata cubana que se le ofrezca cuando está sobrio o drogado, cómo podría sorprenderme que tenga sida. Saco la chequera, le doy un cheque por diez mil dólares, le digo que es lo mejor que puedo hacer por él. Me da un abrazo, se baja deprisa, dice que me mantendrá informado. Me quedo pensando que tiene todo el perfil de ser un espía y quizá todo el cuento del sida y el aborto lo hizo con tal poder histriónico de persuasión para demostrarles a sus jefes del G2 que me tiene dominado, hipnotizado, y me saca plata cuando le da la gana. Al llegar a casa, le cuento todo a Lucía y ella se enfada conmigo, me dice que soy un huevón y me asegura que Freddy no tiene sida y fue un embuste para sacarme dinero. Pero yo le creí, yo le creo, estaba hecho mierda y son las típicas cosas que le pasan al bueno de Freddy.

Me pregunto por qué se terminó el amor que sentía por Leopoldo. Los primeros años fui feliz con él, tanto que me mudé a Buenos Aires y vivimos juntos. Pero no fue fácil porque los inviernos eran crudos y me vino una crisis de insomnio y peleábamos a menudo como consecuencia de mis malas noches. Pero nos queríamos. Viajamos a muchos lugares, a Londres, París, Ámsterdam, Copenhague, Estocolmo, San Francisco, Los Ángeles, Nueva York tantas veces. Nos quedábamos en buenos hoteles, dormíamos en cuartos separados. Los primeros años él era más pasivo y yo más activo, pero no se la metía porque le dolía mucho, se quejaba, lloraba, y no me la chupaba porque no le gustaba y cuando lo hacía me mordía; entonces lo que más le gustaba era que yo le metiera el dedo, él abierto de piernas, y se tocaba hasta que se venía. Pero yo hacía el papel de machito, ni tan machito, porque me limitaba a meterle el dedo y decirle obscenidades que le excitaban.

Con el tiempo empezó a ir al gimnasio, desarrolló una musculatura de la que estaba tan orgulloso, se hizo adicto a la pornografía, empezó a fumar marihuana a menudo y decidió que ya no le gustaba que le metiera el dedo, ahora le gustaba cogerme, y cogerme mirándose en un espejo, mirando los músculos de su pecho, sus brazos, poniendo cara de malo, pendenciero, gigoló. Pero no me cogía realmente bien porque creo que le daba impresión metérmela. Se ponía siempre un condón para no mancharse y, como la tenía grande, me dolía y yo me tocaba pero la situación era incómoda, no era fácil ponerme a cuatro patas, tocarme, terminar, rara vez lo conseguía, tenía que estar muy volado de marihuana y aun así las posturas me resultaban incómodas. Pero los últimos años él era sin duda el activo, el macho, el que me metía al menos la cabecita o el dedito, y yo me venía rendido, a veces con su gran poronga en mi boca, enmudeciéndome, dándome un placer delicioso, insano.

Hasta que pasó un accidente en Bogotá que destruyó nuestro amor. Veníamos de comer en una cafetería de postres deliciosos, Leopoldo insistió en tirar, insistió en que me pusiera a cuatro patas, me la metió sin condón, empezó a darme duro, yo no la tenía dura, y de pronto, no pude evitarlo, me cagué en él, dejé un mojón en su poronga y la cama. Fue el asco total. Leopoldo salió corriendo, espantado, dando grititos de quinceañera, y se metió en la ducha. Yo me quedé mirando la cama, el pedazo de mierda que había evacuado y chorreado sobre las sábanas de hilo, y pensé: «Esto es el fin, nunca más vamos a poder tirar, no sere-

mos capaces de recuperarnos de esta gran cagada.» Y
así fue. Nunca más tiramos. A los pocos días Leopoldo se fue de Bogotá y nunca más nos vimos, y aquella
fue la última vez que hicimos el amor.

El papá de Lucía, a quien no conozco, pero a quien
tengo como un buen tipo porque lee mis novelas y
dice que le gustan (e incluso lee mis columnas semanales en El Siglo XXI y dice que las disfruta aun cuando aludo a su hija), le ha contado a Lucía que su mejor
amigo de toda la vida, Pablo Rey de Castro, le ha venido con un chisme de alto poder explosivo. Según Pablo, que es cercano al cardenal Romero y a personas
allegadas al cardenal, cuando yo tenía el programa de
televisión en Lima, mi madre, espantada de que apo-
yase públicamente las bodas homosexuales, el aborto,
la legalización de la marihuana y el Estado Laico, no
confesional, llamó al cardenal y le pidió ayuda para
detener o neutralizar la contaminación venenosa que,
a sus ojos, yo estaba perpetrando, desde las ondas de
un canal peruano, en perjuicio de sus connacionales.
El cardenal le propuso lo siguiente: «Tú llama a Jacobo
Friedman, que es tu amigo, y pídele que bote a tu hijo,
y luego yo lo llamaré y le pediré lo mismo, a ver si con
esas dos llamadas nos bajamos al Niño Terrible.»
Pablo Rey de Castro le jura al papá de Lucía que mi
madre llamó por teléfono al dueño del canal y le pidió
que me diera de baja porque yo estaba demasiado atur-

dido por las drogas y las cosas que decía eran inmorales, amorales, viciosas, contrarias al bienestar de los peruanos. Luego el cardenal católico llamó al judío millonario y le dijo que no quería inmiscuirse, pero le dolía mucho ver sufrir a su amiga de toda la vida, mi madre, y que ella estaba convencida de que tenían que internarme en un psiquiátrico y someterme a una desintoxicación y entretanto retirarme de la vida pública. Friedman prometió que pensaría una salida digna a ese embrollo. Pero si mi madre le pidió mi cabeza, Friedman tenía la excusa perfecta ante su esposa y sus hijas para guillotinarme. Porque además el presidente cetáceo, el alcalde cleptómano y la candidata boca chueca me odiaban y lo llamaban día sí, día también, pidiéndole mi cabeza y diciendo que lo que yo hacía no era periodismo, sino un caballo de Troya para lanzar mi candidatura presidencial. Sin contar a los periodistas envidiosos, resentidos, mala leche, rivales generacionales, colegas que me odiaban con razón porque yo ganaba mucho más que ellos, que le decían a Friedman que yo había traicionado la ética y los principios periodísticos y, al apoyar explícitamente a la candidata de izquierdas y burlarme sin piedad de la conservadora, había desnaturalizado el programa, pervirtiéndolo de un espacio periodístico en una trinchera de propaganda, linchamiento moral y difamación sistemática.

Cuando Lucía me contó todo esto, pensé que mi madre era perfectamente capaz de haber hecho esa llamada a Friedman, pidiendo mi cabeza. Si fue capaz de conspirar con Casandra, darle millón y medio de dólares, comprarle una mansión, si toda la vida ha tratado de sabotear mis novelas porque cree que las escribe el diablo mismo poseyéndome, no sería de extrañar que, coludida con su cardenal favorito, se haya cargado mi programa. ¿Qué más da? A la larga me hicieron un favor, a tiempo advertí que no debía ser candidato y me vine a Miami, y ahora estoy tranquilo y contento y entiendo que mi papel no es el de agitador y provocador de la política peruana, sino el de un escritor, meramente un escritor. Este es mi lugar y aquí me quedo y seguiré escribiendo, aunque mi madre y sus acólitos y monaguillos llamen a las editoriales para que no me publiquen.

Esto de ser un escritor se ha convertido en una cosa clandestina, fantasmagórica. Uno se pasa la vida escribiendo cosas que nadie quiere leer, ni siquiera los aludidos. Tanto empecinamiento acaba siendo inútil, vano, apenas una postura, una pose. Nadie lee lo que escribes, a nadie le importa, nada de lo que digas provocará escándalo, revuelo, comidilla. A esto hemos llegado, llámalo el fracaso, la decadencia, la muerte en vida: nadie quiera verte, incluso los que antes querían verte hacen ahora un esfuerzo para no verte, saben que es mejor así.

Por otra parte, si no eres un escritor, ¿qué demonios eres? Nada, o algo peor que nada: un aspirante a escritor, un intento fallido, un candidato menospreciado, el eterno corredor que no llega a la meta, desfallece, corta camino y se sienta derrotado a esperar a que lo recoja la ambulancia. Eres el que aspira a ser leído, el que se entrega envanecido a una cierta quimera, el que cuenta una historia que nadie quiere oír, ese loco que habla solo. Eso eres, acéptalo, está en tus genes: un loco, un orate, el hablantín chiflado, el que se pasea en un auto descapotable saludando al pueblo llano, imaginando que ha ganado unas elecciones no para presidente sino para príncipe, para algo nobiliario y vitalicio sobre lo que no se tenga que rendir cuentas.

Nadie te pide que sigas escribiendo, nadie espera tu próximo libro, nadie está dispuesto a pagar para leer esas ficciones rencorosas, y sin embargo insistes, obstinado, en coleccionar palabras en la antigua lengua española. Como no sabes hacer otra cosa y no quieres trabajar, fatigas el hábito de contar unos secretos aviesamente revelados. Más que un escritor, eres infidente, chismoso, felón. No cuentas los secretos a cambio de dinero, lo haces porque te parece que tal es tu misión artística. Te has creído el cuento, tan bobo tú, de que todo lo que has vivido califica como material apto para ser exhibido, encadenando las palabras, reuniéndolas con eterna cadencia frente a una audiencia imaginaria. Y estás de pie, hablando ante un teatro, sin advertir que el teatro está vacío, deshabitado. El público ya se fue, no está, deberías guardar silencio. Crees que hablando a gritos lo convocarás de nuevo, pero nadie regresa, es en vano. El charlatán ha perdido su poder hipnótico, el narrador ya no sabe qué contar, la única historia que realmente interesa es que hay un hombre hablando frente a un teatro vacío. Y ese hombre que eres tú se niega a callarse.

Cada cierto tiempo, digamos un año y medio, crees que has terminado un libro. Te has propuesto contar una historia disparatada y has perseverado en el delirio, has creído tus exageraciones, has hecho hablar a todas las voces que habitaban en ti y has urdido en tono conspirativo una mentira, unas mentiras. De pronto lo que no existe cobra vida. Esa larga y obsesiva reunión de palabras pretende ser una historia, un hecho cierto, una fábula, un minúsculo y ponzoñoso invento humano: a ese artefacto le llamas una novela, cuando es solamente, no nos engañemos, una mentira. ¿De verdad crees que esa cosa rara que has escrito merece ser publicada? Sí, claro, sin duda alguna. ¿No convendría invocar un cierto sentido del pudor o el decoro? No, alguien tiene que leer todo eso que has escrito tan celosa y frenéticamente. Por eso anuncias a tus agentes y editores (que están hartos de ti, aunque no te lo digan) que tenemos nueva novela: «Enhorabuena, aquí me tienen de regreso, machacando el idioma, postulándome a escritor.» Y entonces los conminas a publicar el documento, la novela, esa cosa rara, como si fuese un hecho de gran importancia cultural, un hito. Tanto fastidias con el asunto que, bueno, al final, ellos se rinden y deciden publicarte la novela. Eso sí, no pagan, no pagan nada, se resignan a publicar el libro siempre que no tengan que abonar un peso. Prometen un porcentaje, el diez por ciento, a veces el doce o el quince, pero todos sabemos que el diez por ciento de nada es nada, y ellos lo saben mejor que nadie, y por eso se niegan a pagar un anticipo. Pero la novela sale y entonces puedes jugar un momento a la impostura de que alguien está leyéndola, alguien la ha comprado y llevado a su casa y la ha acomodado entre sus asuntos urgentes, íntimos, cerca del lugar donde duerme o se inventa el amor. ¿Hay alguien que en efecto ha comprado eso que llamas «la novela» y está leyéndola con moderado placer? No, no hay nadie, pero te empeñas en creer que esa persona es posible, creíble, real. Si no ha existido hoy, puede que exista mañana; si no quiere comprar el libro y rehúsa leerlo, no por eso dejarás de escribirlo: quizás algún día incierto, cuando seas polvo y olvido, alguien habrá de abrirlo y leerlo, oirá el eco distante de tantas voces alunadas, y entonces todo eso cobrará vida, improbablemente. Te aferras a una idea mínima: es escritor el que escribe, aun si nadie lo lee luego. Que lean o no lean tus textos es algo que atribuyes al azar: si no te leen es porque no han descubierto (todavía) tu talento, qué injusto es el mundo, donde triunfan tantos mediocres y fracasamos los que merecemos la gloria.

Pero, y aquí estamos de nuevo, no te consideras un escritor fracasado, sino uno que está a punto de tener éxito. Es cierto, tus últimas novelas han sido un fiasco, un paso en falso, una lluvia de plomo, un vómito bilioso, y ni siquiera han sido criticadas porque la crítica ha tenido a bien ignorarlas con aire compasivo, y ya nadie las recuerda ni se sabe los títulos. Y sin embargo anuncias que te vas de gira. ¿De gira? ¿Adónde, a qué? A presentar la novela, informas. ¿A presentarla a quién, si nadie quiere leerla? Pues a presentarla precisamente ante los que no están presentes, a presentarla ante los groseros ausentes. ¿Dónde vas a presentarla? En una librería, claro, o mejor en un teatro, en un anfiteatro. ¿Te invitan, te esperan, se reúne la gente confundida para verte? No, claro que no: haces que te inviten, apareces muy bien vestido y presentas la novela ante tres dependientes de la librería, que bostezan, y dos señoras bizcas, que algo chismorrean, y un escritor frustrado que quiere darte su manuscrito para ver si lo ayudas a que alguien se lo publique, por fin. Fantástico, estupendo, qué gran momento cultural, todo un hito.

Y así vas, de país en país, de gira que no cesa, hablando de la novela con una pasión sulfurosa, como si leerla fuese una cosa obligatoria, ineludible, una cita a ciegas con el honor: ¿cómo podría alguien seguir viviendo tan llanamente sin arrojarse a leer lo que hemos publicado y venimos a anunciar en esta gira internacional?

Esto de ser escritor prometía tanto y ha terminado siendo un suplicio, una agonía. Se suponía que el de mentiroso profesional era un oficio divertido, y por eso lo elegiste a despecho de otros mejor recompensados y ahora vienes a descubrir, ya tarde, que el lector es una criatura afantasmada, una cifra vaga, incierta, un espejismo, el oasis que es arena en el desierto. Eso que lames sediento no es agua, es arena; eso que llamas literatura no es arte, es mentira; el lector no existe, es ficción; dices que eres novelista cuando en realidad eres cuentista; todo eso que has escrito solo vas a leerlo tú, no te engañes.

(Jaime Baylys, «No te engañes», *El Siglo XXI*)

Le he prometido a Lucía que cuando nazca nuestra hija dejaré de tomar Dormonid, un hipnótico potente que me pone a hablar como borracho y me hace caminar en zigzag, Lucía cargándome, y me da un hambre atea, pues me bajo todos los helados de la nevera. A ella le preocupa que el Dormonid, a largo plazo, me borre la memoria, trabe mis aptitudes para hablar en público, me haga hablar borrachoso en televisión y me deje por consiguiente sin trabajo. También le preocupa que una noche me escape sonámbulo manejando el auto, bajo los efectos del hipnótico, y choque y vaya preso. Yo no sé. Si no tomo Dormonid, no duermo. Todo lo demás (Ambien, Klonopin, Xanax, Rivotril,

Melatonina) son caramelitos que no me hacen el menor efecto, ni siquiera bostezar. Sin mis Dormonids no duermo y sin mis Cialis no tiro y sin mis Prozacs me pongo a llorar como una quinceañera a la que no le viene la regla. Lo sé porque cuando me operaron del hígado en un hospital espantoso de Miami me quitaron todas mis pastillas, me las confiscaron unas enfermeras haitianas que parecían torturadoras de Papa Doc, y pasé una semana horrible, espantosa, de profunda tristeza y desolación, llorando y temblando y pensando que me daría un infarto. Pero tengo que dejar el Dormonid y ver si es posible salir a correr con Lucía para que a la noche mi cuerpo esté fatigado y duerma naturalmente. Lo veo jodido, altamente jodido, pero, por amor a ella y a nuestra hija que está por nacer, lo intentaré. Subiré la dosis de los caramelitos, me echaré más Ambien y Klonopin y gotas de Rivotril, y bajaré de a poco, uñita por uñita, como me ha recomendado mi madre, el Dormonid, que es la felicidad pura, la droga que más feliz me ha hecho de cuantas he probado, y no son pocas.

Pero la jodienda es que no la venden en Miami, hay que traerla desde Lima, Lucía me trajo trescientas, yo traje trescientas cuando pasé por Lima a finales de año, pero no duran mucho porque tomo tres o cuatro cada vez que me despierto, y me despierto cada tres horas; y entonces, sin darme cuenta, me bajo trescientos Dormonids en un mes y no es agradable estar pidiéndole a mi madre o a la mamá de Lucía que me traiga trescientos Dormonids. Uno se siente un adicto miserable y piensa que está convirtiendo a su mamá en una *burrier*, una mula, una traficante cualquiera.

Por respeto a lo poco que me queda de honor, tengo que dejar el jodido Dormonid, aunque duerma mal y esté todo el día tosiendo, escupiendo, maldiciendo y renegando, como era mi vida antes de descubrir el Dormonid en la farmacia al lado del hotel Neptuno, una mañana que, a punto de desfallecer, sin poder dormir, salí reptando con mis pantuflas de conejo, escandalicé a la recepción y los conserjes, y le rogué a la boticaria oriental que me pusiera a dormir como si fuera un perro con rabia. Se compadeció de mí, vio la angustia tensada en mi rostro y me dio un frasco de Dormonid, y desde entonces soy feliz, duermo como un bebé y nada realmente me importa demasiado, salvo que no se me acaben las cápsulas azulinas. Tan resuelto estoy a desintoxicarme que le he prometido a Lucía que no esperaré a que nazca nuestra hija, dejaré de tomar Dormonid el día de mi cumpleaños.

**Cumplir años no tiene mérito, es solo cuestión de suerte, el mérito es de los que nos aguantan, de los que nos acompañan, de los que perdonan nuestras ínfimas miserias y perseveran en el arduo oficio de querernos.**

No parece justo que nos hagan regalos cuando cumplimos años, el mejor y más inmerecido regalo es que nos sigan queriendo, que comprendan nuestras debilidades, que se alegren de que sigamos vivos y nos den unos besos y unos abrazos que creemos merecer pero que, a decir verdad, no nos engañemos, nunca merecemos del todo. Ya es un regalo estar vivos, gozar de buena salud, disfrutar de una existencia sosegada, confortable, comer lo que nos da la gana; ya bastante afortunados somos aunque no siempre nos demos cuenta de ello, que luego vengan a darnos regalos solo porque existimos parecería un exceso, un engreimiento, una cosa inmoderada.

Somos nosotros quienes debiéramos dar regalos el día que cumplimos años, en primer lugar a nuestros padres si tenemos la suerte de que sigan vivos; gracias a ellos estamos aquí, respirando, fastidiando, pidiendo más y más, quejándonos casi siempre, celebrándonos como si fuéramos gran cosa; fueron ellos quienes, amándose, deseándose, permitieron ese hecho accidental, azaroso, insólito (insólito, al menos, para nuestros ojos) que llamamos la vida, una vida que supo existir sin nosotros y seguramente se las arreglará para seguir existiendo cuando ya no estemos, aunque tal cosa, la vida sin nosotros, nos parezca insensible, inhumana, atroz, del todo improbable; no puede ser que la humanidad tenga el mal gusto de olvidarnos así, tan rápido, tan insensiblemente, y no extinguirse de la pura tristeza porque ya no estamos. ¿Cómo podría alguien tener el mal gusto de soportar la vida sin nosotros?

Nos hemos acostumbrado a que sean otros quienes se acuerden con cariño del día en que nacimos, nos hemos hecho a la idea de que siempre nos deben más elogios, más efusiones de afecto, más y mejores regalos, nos parece lógico y natural que nos quieran mucho, sin reservas, desmesuradamente, sin que en verdad lo merezcamos; nos parece espantoso, una atrocidad, casi un delito, que alguien se atreva a no querernos, que tenga una mala opinión de nosotros, pero sobre todo nos parece imperdonable que alguien se olvide de nuestro cumpleaños. ¿Cómo puede ser tan bestia esa persona de no advertir lo únicos y especiales y enormemente divertidos y supremamente talentosos que somos? ¿Quién se ha creído para pretender que el tiempo pueda transcurrir sin interrumpirse para celebrar como corresponde nuestra singularísima existencia?

Y que no vengan luego con la majadería de pedirnos que nos acordemos de sus cumpleaños, que los llamemos para saludarlos, que les hagamos regalos, que festejemos sus vidas, esas cositas minúsculas, grisáceas, ordinarias: no, por favor, ¿cómo podríamos tener tiempo de pensar en ellos y recordar sus natalicios, sus aniversarios, sus fechas especiales, cuando estamos tan atareados y contentos pensando en nosotros mismos, que es una ocupación que nos parece noble, virtuosa, moralmente insuperable, el tiempo mejor empleado, el que gastamos en atendernos y complacer nuestros más desaforados caprichos y apetitos? Esto es algo que nos resulta incomprensible: que los demás no entiendan que su función primordial como seres vivos es hacernos compañía, darnos aliento, celebrarnos, sonreírnos, aplaudirnos, que tengan la absurda pretensión de que ellos son más importantes que nosotros, que no adviertan que han venido al mundo no para ser felices, qué ocurrencia, sino para propiciar nuestra felicidad. ¿Cuándo se van a dar cuenta de que lo que de veras importa no es que ellos estén vivos o tengan sus ridículos cumpleaños? ¿Cuándo por ventura se van a dar cuenta de que lo mejor que les ha pasado es vivir para conocernos, que ellos son el decorado, la corte, los extras en esa película apasionante que es nuestra vida?

No se diga que todos los cumpleaños son iguales y todas las vidas valen lo mismo, qué chiste, qué insolencia; es evidente que el mundo comienza el día en que uno nació, todo lo anterior es una abstracción, una quimera, datos enciclopédicos, pura fabulación de historiadores, y terminará el día en que uno por desgracia muera, y por lo tanto el cumpleaños de uno mismo es un día fundacional, un parte aguas, una fecha que nadie debería olvidar o pasar por alto como si fuera un día más. Y no es cuestión de egolatría o narcisismo, es cuestión de estar despiertos, atentos, despabilados, y saber distinguir la paja del trigo, lo que es bueno, lo mejor, la excelencia natural. No lo digo yo, lo diría cualquiera: qué día tan lindo es mi cumpleaños, es una pena que solo dure un día, debería extenderse un poco más, qué bonito es cuando la gente se da cuenta de lo importante que soy.

No deja de sorprenderme cumplir un año más, me he esmerado bastante para impedirlo, he saboteado mi quebradiza salud todo cuanto he podido, he aguardado perezosamente la muerte que de momento me ha burlado, esquiva, y sin embargo estoy aquí, sigo aquí, mi cuerpo se resiste a apagarse a pesar de las numerosas invitaciones que le he extendido. Por eso veo los cumpleaños con estupor y perplejidad, porque me parece disparatado seguir respirando cuando me he tratado con tanta saña y no deja de asombrarme que una mujer encantadora insista tercamente en quererme cuando ella se merece algo mejor. Lo insólito de este cumpleaños no es solamente seguir en pie y estar rodeado de cariño y recibir tantos regalos preciosos; lo más raro es sentir a ratos, como un viento persistente que viene del mar, que tal vez estoy aprendiendo a verme con paciencia y compasión.

(Jaime Baylys, «Lo importante que soy»,
*El Siglo XXI*)

Una de las mejores cosas que tiene Key Bisycayne, la isla en la que llevo viviendo casi veinte años en casas alquiladas y ahora en una comprada con la plata que me donó mi madre, es que ya me conocen y consienten, me cuidan y engríen. Uno de los que más me mima es Enrique, el farmacéutico. No es el dueño de la farmacia, el dueño es un judío insoportable que vive en Bal Harbour y ya casi no se deja ver, mucho mejor. Enrique es el gerente, trabaja en esa farmacia hace treinta años, es un cubano americano fino, distinguido, educado, encantador. Es un cubano que no grita, habla bajito, te entiende a la primera y siempre atina a darte lo que necesitas. Más que un boticario, es mi doctor de cabecera. Enrique me quiere porque es gay en el clóset y ha leído mis libros gays y ha visto mi película gay, y entonces tenemos una afinidad tácita, no hablada. No creo que ejerza su sexualidad de un modo activo, pero es un consumidor discreto de pornografía gay. Y es un experto, un erudito, un sabio en cómo encontrar los chicos más guapos, las porongas más lindas.

Por eso cada semana me trae uno o dos videos que compra por correo y me dice si puedo acompañarlo al coche, pues quiere dejarme un regalo, y me deja las películas envueltas en una bolsa nada transparente. Y cómo me ha hecho gozar con esos chicos tan lindos y pingones. Me hago las pajas más estupendas mirándolos. Porque a Enrique no le gusta, y a mí tampoco, ver a dos hombres cogiendo, montándose, chupándose; a él lo que lo pone mal, y yo he sido educado en su escuela, es ver a un muchacho guapo, bien vestido, con cara de inteligente (luego las apariencias engañan) mostrando sin inhibiciones su gran poronga enhiesta y haciéndose una paja sin apuro, morosa, despaciosamente, sabiendo que nosotros, sus adoradores fisgones, estamos deshaciéndonos por él. Enrique, el farmacéutico, me cura de todos mis males, y también, quién lo diría, de mis sobresaltos y ansiedades por extrañar una poronga en mi boca. Gracias a él, me consuelo mirando a esos chicos divinos, espléndidamente bien dotados, aventajados, todos circuncidados, y me toco pensando que ellos me dejan que se las chupe aunque se niegan a darme un beso o metérmela, como Ricardito Trola se negaba a besarme, tan machito. No veo las películas gays con Lucía, las veo cuando ella duerme porque me da vergüenza que sepa que Enrique y yo compartimos ese secreto, esa debilidad, esa soterrada afición por tocarnos mirando a un chico lindo. Luego le devuelvo las películas y le digo «Gracias, Enrique, eres mi ángel de la guarda».

Una de las cosas más complicadas de la paternidad es que asumes que tus hijas te van a querer siempre, que ese lazo entrañable de ternura y humor que se ha hilado tan fino desde pequeñas, en incontables momentos de felicidad, no se romperá, nadie tendrá el poder de romperlo, aun si perversamente lo intentara.

Yo fui un padre renuente con mi primera hija, quise que su madre abortara, pero desde que nació la amé sin reservas, con pasión, desmesuradamente, tal vez porque me abatía la culpa de recordar que quise interrumpir su vida, segarla, tal vez porque todo en ella me hacía recordar a mí, sus ojos achinados, su picardía, su disposición natural al payaseo, al histrionismo, la burla, el cuento humorístico que hiciera escarnio de los parientes más honorables. Luego, dos años después, fui padre accidentado, no planeado, pero ya no renuente, porque amaba tanto a mi hija mayor que no quise oponerme a que mi siguiente hija, que pensaba que sería hombre, naciera. Y nació y fue mujer, y mucho mejor así, y se pareció a su madre tanto como mi hija mayor se parecía a mí. Durante años, muchos años, fuimos realmente felices. Yo era un padre ausente, no vivía con ellas, pero cada tres semanas llegaba a Lima con maletas llenas de regalos y esa semana me dedicaba exclusivamente a ellas, a hacerlas felices, ir al cine, dormirlas con cuentos disparatados, desopilantes, que las hicieran reír. Nos queríamos mucho, nos reíamos todo el tiempo, jugábamos las cosas más bobas y graciosas en el vivero que les quedaba frente a su casa en el barrio de Andrómeda. Nunca las molesté con exigencias, disciplinas, reglas morales, revisiones de sus libretas de notas. No me metí en nada de eso, yo confiaba en ellas y las creía las mejores y mi relación con ellas se fundaba en el amor y el humor, sobre todo en el humor.

Viajábamos juntos dos o tres veces al año, primero con su madre y una empleada doméstica (a Costa Rica, Santo Domingo, Washington DC tantas veces, Santiago de Chile, Disney una y mil veces, Miami dos veces al año sin falta y a veces tres aprovechando los feriados escolares), pero esos viajes con su madre y la empleada no fueron los más felices porque era inevitable que Casandra y yo peleásemos, discutiésemos, estropeásemos el aire feliz, y entonces estábamos en Disney y Casandra se ponía tensa, exigente, mandona, y fijaba reglas absurdas que las niñas subvertían y todo se iba al carajo y las niñas terminaban llorando y Casandra, zarandeándolas. Hasta que, por fin, ya algo mayores, las niñas decidieron que los dos viajes al año conmigo, en julio y enero, los haríamos los tres solos, sin su madre, sin empleadas, sin nanas. Fue lo mejor. Fueron los viajes más felices. Fuimos a Disney muchas veces, a Washington DC muchas veces, fuimos a Buenos Aires y Santiago de Chile muchas veces, lo pasamos realmente bien, ellas comprando lo que les diese la gana, yo consintiéndolas, quedándonos en los mejores hoteles, haciéndolas reír todo el día.

Luego vino un momento de extrema tensión porque se hizo público que me había enamorado de Leopoldo y él publicó una novela que Casandra detestó por el escándalo que generó en Lima, y Casandra decidió que, mientras yo estuviera con Leopoldo, no me daría permiso para viajar con mis hijas, porque no quería que se reunieran con mi novio, lo conocieran, decía que era una mala influencia para ellas. Y se puso terca, cerrada, obstinada, y durante año y medio o dos años no pude viajar con mis hijas, y en represalia dejé de ir a Lima y me quedaba a pasar las navidades en Buenos Aires con Leopoldo y era tristísimo, absurdo, una de esas cosas idiotas, autoritarias, dignas de Casandra. Luego se descolgó con una idea ridícula que tuve que aceptar: si quería seguir viajando con mis hijas y mi novio, tenía que decirles a mis hijas, en presencia de ella, que era homosexual (no bisexual, homosexual), que Leopoldo era mi novio y entonces ella me daría permiso porque ya las cosas estarían claras para las niñas. Recuerdo lo tenso y cómico que resultó que, en presencia de Casandra, que parecía una policía de tránsito, tensa, adusta, el ceño fruncido, la nariz respingada, les tuviera que decir, obligado, a mis hijas, que era homosexual y Leopoldo era mi novio. Ellas se rieron a carcajadas, me dijeron que ya lo sabían, no les importaba, me querían igual y en realidad no querían saber cómo era mi vida sexual, que por favor en adelante les ahorrase esos detalles truculentos. Estuvieron geniales las niñas, le dieron una gran lección a Casandra. Y luego nos fuimos los tres a Santiago de Chile, donde nos reunimos con Leopoldo y cumplí cuarenta años.

Los cinco años siguientes viajamos los tres a Buenos Aires, Miami, Nueva York, Santiago, y nos encontrábamos con Leopoldo y éramos muy felices; Leopoldo tenía mucha paciencia para ir a comprar con ellas por todo el centro comercial, mientras yo me quedaba tomando un té o un café, hojeando los periódicos y las revistas. Quién me iba a decir que esa amistad de tantos años se rompería de pronto, y aparentemente para siempre, porque, unos años después, al mudarme a Lima para estar cerca de ellas, me enredé con Lucía, me encariñé de ella, su cuerpo me deslumbró, me atrajo mal, despertó a un hombre que yo pensé que no existía más; la dejé embarazada, fue a la televisión, lo anunció con gran desparpajo y desde entonces mis hijas, que habían tolerado con gran generosidad mis amores con Leopoldo y le tenían simpatía, se negaron a aceptar a Lucía, la odiaron, dijeron que era «una perra», «una perra chusca», palabras que repetían de su madre, que era una oportunista, una trepadora, una pendeja que se había dejado embarazar de mí para sacarme dinero, un apartamento, un auto, otro auto para sus padres, para salir de pobre y además salir en la televisión y las revistas como la lolita de Jaime Baylys, la niña terrible, la niña mala que además publicaría pronto la novela del escándalo. Mis hijas odiaron a Lucía y hasta hoy siguen odiándola, no quieren verla, no quieren verme mientras yo siga con ella. Nunca sabes entonces cuándo se corta abruptamente el camino de la felicidad y tampoco sabes si serás capaz de reanudarlo de alguna manera.

Cuando tenía nueve años, se ponía un par de medias muy abultadas en los pechos y un sostén ajustado y salía a caminar para que le mirasen las tetas de mentira. Cuando tenía doce, las señoras de su edificio no permitían que fuese amiga de sus hijas porque le tenían miedo. Cuando cumplió trece, exigió a sus padres que le comprasen una perra que terminó siendo llamada *Benita*, fox terrier, madre de cinco críos que le fueron arrebatados para ser regalados o vendidos siendo cachorros (trauma no menor al que tuvo que soportar cuando fue poseída por un perro de su raza, que la montó y dejó preñada mientras ella emitía unos gemidos quejumbrosos), perra que suele orinar y defecar en medio de la mera pista por la que pasan los autos y buses, sin que ello parezca darle miedo a la extraña y señorial *Benita*. Cuando tenía quince años, subió a una combi y se dio cuenta de que no tenía plata para pagar el pasaje y el chico que iba a su lado le dio la plata y la salvó del bochorno. Se enamoró a los catorce de un chico muy guapo del club Regatas de Lima, Lucas, que corría olas y montaba moto y se rompía los huesos una vez al mes (fue feliz con ese chico los primeros dos años, luego fue una creciente agonía soportarlo los últimos dos, cuando descubrió que le mentía, se iba de putas, la amenazaba con suicidarse y entonces ella le decía: «Todo bien si saltas del balcón, pero que no sea en mi edificio, por favor, mejor si te vas al tuyo y saltas allá y no me dejas la puerta de mi edificio toda manchada de sangre»; desde luego el chico nunca saltó de ningún balcón).

Cuando tenía quince años, sentía que su papá la odiaba y su mamá también porque ambos querían que fuera a estudiar el bachillerato en Alemania (estudiaba en un colegio alemán de Lima, el Humboldt, y hablaba la enrevesada lengua alemana con fluidez), y ella sentía que ese viaje, concebido y planeado meticulosamente por sus padres, era un grave error que no quería cometer y si lo cometía solo para complacerlos no podría recuperarse nunca de ese traspié, ese paso en falso. Sus padres se decepcionaron grandemente cuando no fue a estudiar a Alemania, y tal vez aquella fue la primera de las varias decepciones que fueron ayudando a que ellos, dos profesionales de éxito, personas buenas y tranquilas, conocieran mejor a su hija, quien, para rebelarse de la pretensión de sus padres de mandarla a estudiar en Alemania, asistía a sus clases del colegio en Lima sin cuadernos y no tomaba apuntes de nada y miraba a todos como si fuera de otro planeta (y en cierto modo lo es y precisamente por eso me gusta tanto). Porque sus padres también se decepcionaron cuando les dijo que no quería estudiar en la universidad de Lima, pues, en realidad, y basta de hipocresías, no quería estudiar nada (entonces estudiaba psicología y se quedaba dormida en las clases), porque quería escribir una novela (en realidad quería pasarse el resto de su vida escribiendo una novela y otra novela y otra más).

Yo la conocí entonces por uno de esos caprichos del azar y tuve la certeza de que esa mujer, Lucía, era, para bien o para mal, una escritora de raza, una escritora maldita, una escritora condenada a serlo y que, a pesar de ser muy joven (tenía apenas veinte años y parecía menor), ya lo presentía con aterradora lucidez y no podría escapar de esa servidumbre a menudo cruel, el destino turbulento del escritor. Diría entonces que las decepciones que sus padres se han llevado les han permitido paradójicamente entenderla mejor y quererla más. Porque otra decepción para ellos fue sin duda que empezara a ser mi amiga o se arriesgara a ser mi amiga, riesgo que terminó previsiblemente (dada su belleza y mi natural pasión por ella) con que se quedase embarazada de mí («Tú, la que decías que no serías mamá nunca», le dijo sarcásticamente su padre, al enterarse del embarazo de su hija, los primeros días de agosto, exactamente un martes 3 de agosto) y que permitió que floreciera en su madre, llamada como ella, un poderoso instinto maternal con el bebé de su hija, un bebé que siente casi como si fuera suyo (lo que es sin duda una buena señal, una señal de que el bebé sería muy querido y muy mimado y muy bienvenido en este mundo en el que nos peleamos por tonterías y nos olvidamos de darnos un poco de cariño).

Lucía estornuda a menudo, aunque sus estornudos son apenas perceptibles al oído humano. Come poco, realmente poco, casi como un canario o un pajarito. Nunca la he escuchado expulsar un gas, deshacerse sigilosamente de una flatulencia. Se sabe las letras de muchas canciones en inglés, sobre todo las de Avril y Pink. Tiene probado buen gusto para la música (si no le gustaba Calamaro, la cosa no habría podido fluir con ella). Cuando se pone zapatos de tacón, se los pega con cinta adhesiva para que no se le salgan, pero en realidad casi nunca se pone zapatos de tacón. Está embarazada y no se queja nunca, y ama a su bebé de un modo sorprendente (no la veo para nada asustada, lo que me sorprende y entusiasma, pues es muy joven y sin embargo no tiene miedo). Y cuando le pregunto si quiere tener al bebé en Lima, en Miami o en otra ciudad, me dice que no lo sabe, que le da igual, que mejor lo decida yo, lo que me hace pensar que sin duda lo tendremos en Miami, pues quiero pasar un año entero en esa ciudad sin subirme a un avión, y ese año ha comenzado oficialmente en noviembre, cuando empezó mi nueva temporada en la televisión, y que hay algo raro y hechicero en esa curiosa mujer, Lucía, que tiene tanto de niña mala como de loca buena. Por eso mucho me temo que no podré alejarme de ella, porque me sorprende su memoria elefantiásica para contarme en detalle la vida que hemos vivido o la que ella vivió cuando no la conocía, o la que vive ahora cuando no estoy con ella escuchándola o escuchando sus canciones o mirándola comer uvas o bailando a solas sin que advierta que la estoy espiando con una sonrisa. Nada de esto estaba en mis planes y es felicidad en estado puro, y agradezco a Lucía y a los dioses que me han bendecido con esta sutil criatura nefelibata y su bien amado bebé.

(Jaime Baylys, «Lucía», *El Siglo XXI*)

Lo que Casandra no le dijo a mi madre cuando fue a llorarle sus desgracias, acusándome de haberlas echado a la calle como perras chuscas, de haberles quitado un apartamento que les había regalado expresa y explícitamente y ellas habían decorado con la certeza de que allí se quedarían muchos años, fue que, cuando me volví loco y les dije por periódico que se fueran de ese apartamento que estaba a mi nombre, luego entré brevemente en razón, me arrepentí, llamé a Casandra desde Miami llorando como un tarado y le rogué que no se fuera, ignorase la columna de marras en el periódico, se quedase. Pero ella me dijo que el daño estaba hecho, su honor había quedado pisoteado, por los suelos, y tenía que irse por una mínima dignidad. Yo insistí, pero fue en vano. Entonces le transferí a su cuenta en Lima ciento cincuenta mil dólares para que pudiese alquilar un buen apartamento, si no quería volver a la casa del vivero de la que nunca debió irse; allí crecieron felices las niñas y de allí se fueron por un capricho majadero, absurdo, de Casandra, que ella trasladó a las niñas.

Casandra recibió la plata, no alquiló ningún apartamento, fue a llorarle a mi madre, le dijo que yo era un drogadicto, me había vuelto loco, había humillado a sus hijas, me había emperrado con una putita chusca que se tiraba a medio club Regatas, sus hijas no querían ir al colegio por la vergüenza que sentían por mí y estaban todo el día fumando marihuana y temía que pudieran suicidarse; todo esto llorando a moco tendido, y mi madre, una santa, asumió que el incendio que yo había provocado tenía que apagarlo ella y se comprometió con Casandra, La Dignísima, a comprarle casa, tremenda casa, «una casa mucho mejor que aquella que el loco de mi hijo te ha quitado». Casandra no perdió tiempo y por supuesto ya tenía la casa elegida, y en cosa de dos semanas mi madre sacó un millón quinientos mil dólares del banco en efectivo, ella sola con su chofer y su guardaespaldas, y le entregó el dinero a Casandra, quien compró la casona en la que ahora vive. Qué hizo con mis ciento cincuenta mil dólares, no lo sé, quizá se fue de viaje a Londres con las niñas, quizá se gastaron la plata decorando la casa con el buen gusto exquisito que siempre la ha distinguido. Mi madre, cuando no le quedó más remedio que confesarme la verdad, que le había dado millón y medio en efectivo a Casandra, La Dignísima, para que comprase casa, me dijo, tan cándida ella, tan inocente, tan bondadosa: «Es la casa de tus sueños, Jaime, cuando vayas a verla te vas a quedar enamorado de la casa y no vas a querer irte de allí.»

Leopoldo, alias La Lombriz, ha vuelto a Lima, invitado por otros programas de chismes, y a punto ha estado de trenzarse a golpes con una mujer exaltada que salió en defensa del honor de Lucía y su condición de mujer embarazada. La mujer, a gritos, muy valiente, le ha dicho a La Lombriz que es un cobarde, desprecia a las mujeres y merece que le dé una bofetada. El público esperó la cachetada, pero no ocurrió finalmente; sin embargo, La Lombriz quedó como un pusilánime y se le notó el miedo físico que le tenía a la animadora morena, vocinglera. En alguna de sus presentaciones infames, y apadrinado por periodistas que me detestan, La Lombriz ha dicho que, cuando estábamos juntos, fantaseábamos con tener sexo con uno de mis primos. Ha mencionado el nombre de mi primo, uno de los muchos primos que tengo, todos viviendo en Lima. Está casado, tiene hijas, es un buen chico. Y sí, es guapo, me parece guapísimo, y alguna vez en la cama con Leopoldo nos tocamos pensando en él. Pero ¿tenía que contar esa intimidad en ruedas de prensa en Lima? Todos mis primos están furiosos conmigo y me quieren dar una paliza, y yo pienso: «Menos mal que estoy en Miami, porque si estuviera en Lima alguno de ellos ya habría venido a mi casa a cantarme cuatro cosas y romperme la nariz.» La Lombriz también ha aprovechado la ocasión de su visita a Lima para confirmar que ahora es amigo de La Dignísima, la ha visitado en su casa, muy elegante, señorial, ha podido hablar con mis hijas, que se encuentran devastadas porque las eché a la calle sin compasión, y no ha podido reunirse con mi madre porque ella se ha negado. Bien por mi madre. Rencoroso, La Lombriz la ha llamado «vieja loca» porque es verdad que todos los años que estuvimos juntos mi madre se negó a conocerlo y me dijo: «Ese amigo argentino tuyo es una mala persona.» ¿Será verdad que Casandra y Leopoldo son ahora amigos y confidentes? La sola idea me da dolor de estómago. Yo he sido pérfido y desleal con mucha gente, pero cuando te traicionan así, sientes un dolor en el hígado, te encoges un poco y te das cuenta de que tu vida es un completo fracaso, porque las pocas personas que te querían ahora te odian y se han apandillado para cultivar el rencor contra ti.

Por fin ha nacido nuestra hija. La hemos llamado Sol. Ha sido un parto largo, difícil, por cesárea. Lucía ha sido muy valiente. En la víspera han llegado sus padres, que se han alojado en nuestra casa, y mi madre, que también se ha quedado en uno de los cuartos de huéspedes. Los padres de Lucía son tranquilos y agradables, su padre es un buen conversador, su madre es muy generosa, ambos adoran a su hija y están emocionados, aunque es probable que lamenten que Lucía haya abandonado sus estudios en la universidad para enredarse con un hombre con fama de gay que le dobla la edad. Contentos, eufóricos, no creo que estén, pero llevan la resignación con bastante elegancia. Mi madre sí está eufórica, dentro de lo que cabe, porque cree que Dios me ha enviado a Lucía para salvarme de los pecados nefandos, contra natura, para rescatar al varón que se había extraviado, y, al final, devolverme la fe que tanto cultivé con ella cuando era niño.

Tan eufórica tampoco está mi madre, porque le he dicho al salir de la sala de partos, luego de que se hiciera fotos con la bebé en la incubadora, que no la vamos a bautizar. Le ha cambiado la cara, se ha puesto circunspecta, ha tenido que morderse la lengua. Pobre mi madre, la hago sufrir con mis desplantes religiosos. Pero Lucía y yo somos agnósticos, ¿por qué carajo vamos a bautizar a nuestra hija si no creemos en nada de eso? Por su parte, la madre de Lucía también mete presión para que la bauticemos. No cederemos. Daremos batalla. Será nuestra hija una mujer libre y cuando sea adulta elegirá, si acaso, la religión que le plazca. No puedo imponerle el pesado lastre católico, que tanto dificulta la felicidad, el ejercicio libre de la sexualidad. Nadie me lo ha contado, lo sé, lo he vivido, no quiero pasarle a mi hija esos dogmas, esas represiones absurdas, esas supercherías de convento. No lo hice con mis hijas mayores, a cuyos bautizos no asistí, y cuyas confirmaciones me parecieron teatrales, frívolas, me opuse a ellas, y no lo haré con mi hija menor. Por suerte Lucía coincide conmigo y no conspira por lo bajo con mi madre como conspiraba Casandra, que, no siendo practicante ni creyente, sin embargo cedía al teatro religioso en aras del prestigio social. Entretanto, la prensa peruana se ha enterado del nacimiento de Sol porque La Lombriz, todavía dando entrevistas innobles en Lima, fue informado por un médico que trabaja en el hospital donde nació mi hija de que el parto había sido un éxito (ese médico conoce a La Lombriz porque su esposa hace años era fanática de mi programa en Miami e iba todas las noches al estudio). Y entonces La Lombriz ha salido en radios y televisiones, haciendo el improbable papel de portavoz de mi familia, anunciando el nacimiento de Sol y diciendo que la niña es «fea como su madre y tiene los ojos de una cucaracha». La prensa de Lima le ha celebrado la abyección, qué espanto. Lucía me ha dicho, recuperada de la anestesia, que cuando esté en pie mandará a su ex novio Lucas a que le rompa las rodillas al cretino de La Lombriz.

No me gusta pensar que Sol es mi hija porque nadie es de nadie, nadie es propiedad de nadie, Sol es Sol y yo soy Jaime, y si bien ella se originó en un acto de amor en el que participé libre y felizmente (deseando tener un hijo, olvidando que es mejor tener una hija), su vida es un hecho que ahora me parece necesario, obligatorio, algo que tenía que ocurrir. No la veo entonces como mi hija, sino como una persona única y maravillosa que no podía dejar de existir, que tenía que nacer y sonreír. Sol tenía que ser Sol y mi inmensa fortuna es que naciera cerca de mí, porque tal podría no haber sido el caso. Me parece que ella de todos modos tenía que ser ella, en mi familia o en otra, conociéndome como ya me conoce o sin conocerme nunca, lo que tal vez le hubiera resultado más conveniente, no lo sé. Es decir que podría ser una mujer completamente alejada de mí, pero no lo es, es una mujer que vive en mi casa o yo soy un hombre que vive en su casa, y ambos nos necesitamos de una manera que no consigo describir con palabras y acaso se explica mejor en silencios, sonrisas, miradas risueñas.

No creo que sea mérito mío que Sol exista, no creo que su existencia dependa de mí en modo alguno, creo que ese destino humano que ahora llamo Sol tenía que forjarse en el vientre de Lucía de todos modos, con mi contribución o sin ella, conmigo mirándola o sin verla nunca. El mérito de que Sol exista es de Lucía, por supuesto, que la alojó en su cuerpo durante largos meses, y es principalmente de Sol, que, pese a todo, contra viento y marea, comprendió que no tenía otro camino que el de nacer, respirar, abrir los ojos y escuchar que otros la llamasen así, Sol, o más frecuentemente como a Lucía y a mí nos gusta llamarla, Flor o Flower.

Cualquiera es padre de su hija o hija de su padre, esos son hechos que ocurren porque tenían que ocurrir, yo no elegí ser hijo de mi padre ni Sol eligió ser mi hija, esos son los hechos, solamente los hechos, unas formalidades escritas en los registros públicos, unas palabras antiguas, hija, padre, que nos designan, nos conceden un papel en el gran teatro que es la vida y nos asignan unas dependencias y unas obligaciones que van cambiando con el tiempo. Lo difícil, lo enormemente difícil, es que Sol y yo seamos amigos, de verdad amigos, y ella no me vea como su padre, sino como un hombre a secas, un hombre que ha tenido la extraña e inmerecida fortuna de conocerla, y que ella no me diga papá o papi, sino Jaime, simplemente Jaime, que tampoco es el nombre que elegí, es el nombre que me fue dado porque así se llamó un señor que fue mi padre y otro que fue mi abuelo, pero no se me ocurre una manera mejor o más exacta de llamarme que esa. No conozco muchos hijos que sean amigos de sus padres, mi padre no fue amigo de su padre, yo no fui amigo de mi padre, tal vez por eso aspiro a que Sol sea mi amiga, no solamente mi hija, y su felicidad sea una fuerza segura e ineludible que no dependa en absoluto de mí.

Los padres a menudo nos engañamos y pensamos que nuestros hijos dependen de nosotros más de lo que realmente nos necesitan, que existen gracias a nosotros, que comen y duermen y sobreviven debido a que gozan de nuestra protección, pero esa es una manera torpe y narcisista de ver las cosas; los hijos no son nuestros hijos, no son nuestros ni de nadie, son personas, individuos, vidas autónomas, pequeñas fuerzas de la naturaleza que en cualquier caso tenían que irrumpir y hacerse respetar. Yo podría decir que

Sol depende de mí para sobrevivir, que pago la comida que ella come y la ropa que viste y los cuidados amorosos de sus nanas peruanas, que le permiten seguir viviendo con bastante comodidad, pero decir eso sería mentir, mentirme, porque Sol seguirá siendo Sol si yo dejo de pagar lo que ahora pago y seguirá siendo Sol si dejo de existir; será Sol todo el tiempo que le corresponda ser Sol, ni un minuto más ni un minuto menos, y eso es algo que ocurrirá con prescindencia de mí, al margen de mí, independientemente de mí. Y eso mismo es lo que le conviene a ella, por cierto: ser independiente de mí, cifrar su felicidad en ella y no en mí. Lo que a Sol le conviene no es necesariamente ser mi amiga, lo que le conviene es ser necesariamente feliz y su felicidad no siempre será necesariamente la mía, y cuando ella tenga que elegir entre su felicidad y la mía, deberá elegir la suya, siempre la suya, aun si eso me hace infeliz.

Durante años intenté ser amigo de dos mujeres llamadas Carmen y Pilar Baylys, y creo que fuimos buenos amigos y nos reímos mucho y supimos querernos alegremente, sin temores ni formalidades. Eran mis amigas, mis mejores amigas, lo mejor que me había ocurrido, eran las niñas de mis ojos, todo lo bueno que había en mi vida, lo más lindo y divertido y ciertamente lo más estimable. Por mi culpa, solamente por mi culpa, esa amistad se interrumpió, se quebró, una sombra ominosa la eclipsó, y aunque sigo pensando que son mis amigas y algún día volveremos a abrazarnos y reírnos, lo cierto es que no supe estar a la altura de la amistad que habíamos forjado y las defraudé. Y ellas comprendieron que debían ser felices lejos de mí, olvidándome, entregándose con pasión al destino único e irrepetible de ser ellas mismas, no mis hijas, sino ellas, Carmen y Pilar, dos mujeres que me premiaron con su amistad y ahora saben que es peligroso, insensato, confiar en mí.

No por haber fracasado con ellas me digo que mi amistad con Sol fracasará también: cada día que paso lejos de Carmen y Pilar y sin saber nada de ellas es un día en el que consigo sobrevivir a duras penas gracias a que Sol me mira y me sonríe y, sin sospechar que es una imprudencia, se deja querer por mí. No exagero si digo que la vida de Sol no depende de la mía como la mía depende desesperadamente de la suya. No me perdono haberles fallado a Carmen y Pilar, y sin embargo a veces me consuela pensar que tal vez les fallé porque quería ser amigo de Sol, conocerla, estar a su lado cuando más me necesitaba, y por desgracia no tuve la inteligencia ni la generosidad para encontrar el camino de ser un buen amigo de las tres al mismo tiempo y sin lastimar a nadie. Pero eso no es lo que importa y es ya el pasado, lo que ahora importa es que Carmen, Pilar y Sol, lejos de ser mis hijas y muy por encima de ser mis hijas, y liberadas de los riesgos y las fatigas de ser mis amigas, sean plena y felizmente lo que ellas quieran ser y sus vidas sean el triunfo de la libertad personal, y no el de las penosas servidumbres que impone la familia.

(Jaime Baylys, «El triunfo de la libertad»,
*El Siglo XXI*)

Lucía no quería contratar empleadas domésticas. Su amiga Celeste, escritora argentina, madre de dos hijas, le había dicho que ella sola podría amamantar a Sol y dormir con ella y no le harían falta nanas. Yo le he dicho que las nanas serán indispensables. Tres días ha durado Lucía sin nanas y con la ayuda voluntariosa de su madre. Sol no quiere leche de teta, no para de llorar, Lucía no duerme, está estresada, su madre es un manojo de nervios. He tenido que tomar yo mismo la decisión de contratar tres nanas a las que ya tenía alineadas, listas, en la banca de suplentes, pagadas de antemano. Tres nanas peruanas, dos de ellas hermanas, la tercera más joven y de origen amazónico, que cuando habla estalla en gritos y se la escucha a dos cuadras. Las nanas se turnan a nuestra hija cada ocho horas, así ninguna se fatiga demasiado. Me sale carísimo, cada nana cuesta mil dólares por semana, son tres mil semanales, doce mil al mes. Pero Lucía está feliz, duerme, reposa, tiene vida propia, cuando quiere está con Sol y cuando no le apetece se toma un descanso. Los padres de Lucía y mi madre, al ver la invasión de las nanas peruanas, se han retirado de la casa y regresado a Lima, lo que ha sido un alivio para mí. Todo está aparentemente bajo control. Las nanas que son hermanas tienen sesenta y cuatro y sesenta años y son extraordinariamente laboriosas, eficaces, confiables, sobre todo Irma, la mayor, que todo lo resuelve con inteligencia práctica, e Inés, que fue monja veinte años y es más delicada y tiene una paciencia infinita. Sol está en buenas manos. Si no fuera por las nanas, Lucía y yo estaríamos locos. Esos pocos días que no tuvimos nanas, recién llegados de la maternidad, Lucía y yo estábamos a punto de reventar, enloquecer, subirnos al techo y saltar para suicidarnos de un modo casero, barato. Tomábamos cerveza todo el tiempo, fumábamos marihuana todo el tiempo, discutíamos todo el tiempo y nuestra hija no paraba de llorar y Lucía se sentía culpable porque Sol no quería leche de teta, sino de fórmula. Ya pasó el vendaval. Las nanas han traído paz a la casa. Hemos dejado la cerveza y los porros y hemos recuperado la calma.

Pero no es broma ser padres. Lo había olvidado. Con mis hijas mayores no lo viví tan intensamente porque Casandra y su madre se ocupaban de todo y yo no me hacía cargo de nada y me iba al cine, a pasear, a buscarme un chico. No deja de sorprenderme y dejarme perplejo que, siendo lo puto que soy, gustándome como me gusta la poronga ciega, tenga tres hijas con dos mujeres, dos matrimonios. Quién lo diría. Y soy puto, re puto, nada me gusta más que ponerme a cuatro patas y que me metan la cabecita mientras me toco como una nena. Las apariencias engañan, eso seguro, y que yo sea padre de tres hijas no significa que sea un varón heterosexual cargado de lujuria por las mujeres, no, significa que me gustan mucho los machos y también ocasionalmente las hembras, y no me gusta ponerme condón porque se me pone blanda y por eso tengo tres hijas, porque nunca supe cuidarme. Pero ya estuvo bueno, ya no me ilusiona tener un hijo, hasta aquí hemos llegado. He tenido una hija que pensé que sería James y he perdido a dos hijas por tener a Sol, mi hija menor, y ya no quiero más jaleos de esa índole, ya estuvo bueno.

Sol Baylys está a punto de cumplir seis meses. Una vida es siempre un enigma y Sol no es la excepción. Seis meses parecería tiempo insuficiente para que me recuerde. Yo, sin embargo, la recordaré hasta el final de mis días. Puedo decir sin exagerar que Sol no me ha causado un problema o un disgusto. Su proximidad a mí, o mi proximidad a ella, ha sido consistentemente el origen de una felicidad tranquila. No por haber sido padre en ocasiones anteriores (en un tiempo en el que la crispación me impedía contemplar con serenidad el florecimiento de una vida cercana a mí), deja de sorprenderme el modo en que Sol afirma cada día sus ganas de ser ella misma. Lo que habrá de ser es un misterio, un enigma. Nadie puede predecirlo, nadie lo sabe, ella desde luego lo ignora. Solo puedo dar fe o dejar constancia de lo que ella es ahora, o de lo que es ahora desde mi punto de vista. Tal como la veo, se parece más a su madre que a mí. No me refiero solo a los rasgos suaves de su rostro. Pienso sobre todo en su carácter, si uno puede adivinar el carácter en una mujer de apenas seis meses. Como su madre, da la impresión de ser reservada. Al mismo tiempo, creo ver en ella eso que los mayores llaman un genio fuerte. Sabe lo que quiere y lo expresa no todavía con palabras pero sí con unos leves gruñidos o protestas que parecen el preludio de un grito o la amenaza contenida de un grito. Aunque no llega a gritar, emite un sonido breve y visceral que nos comunica con exactitud lo que quiere o no quiere. Si bien no ha descubierto las palabras, creo que ya conoce el poder que ejerce sobre los que la queremos.

No somos pocos los que la queremos, los que interpretamos sus deseos. Quienes más se sacrifican para complacerla y evitar que llegue al extremo indeseable del llanto son tres mujeres que la quieren como si fuera su hija. Las tres son peruanas, las tres son amigas, las tres dejan de dormir para cuidarle el sueño inquieto, las tres me permiten dormir sin sobresaltos en las horas improbables en las que duermo. Sus nombres son Teresa, Inés e Irma. En sus rostros podría leerse una tristeza lejana, cierta contrariedad no del todo olvidada, pero esos sufrimientos antiguos (de los que ya no se habla) han sido eclipsados por la admirable obstinación de vivir unas vidas dignas, exentas de rencor y maldad, en las que prevalecen el amor, la bondad y la ternura. Sol sabe todo esto mejor que yo, solo que todavía no puede escribirlo, pero lo sabe bien y por eso cuando está con Teresa, con Irma y con Inés, se siente (o es lo que creo ver en sus ojos) segura, querida, protegida, y por eso cuando se encuentra con alguna de ellas sonríe abriendo mucho la boca, una manifestación pura y genuina de que ve en esos rostros ya familiares para ella el mismo amor que veo yo.

No dejan de sorprenderme las risas desaforadas de Sol. Ríe con su madre, que le habla como si fuera su amiga de toda la vida. Ríe con su abuela, que baila para ella. Ríe cuando la bañan y porfía por tomar el agua que no debe tomar. Ríe cuando la sorprenden. Ríe a veces cuando la siento en mis piernas y le hago caballito. El eco de sus risas llega a mis oídos y envuelve de una alegría tranquila el aire que se respira en esta casa. Todo en esta casa ha sido organizado para procurarle una existencia cómoda, sosegada y a ser posible feliz. Creo que ella lo sabe o intuye. Veo en sus ojos la certeza de que quienes la rodeamos estamos entregados sin reservas a la pasión de que Sol sea Sol, de que florezca cada día siendo ella en todo su esplendor. Su asombro es el mío cuando descubre los globos, la pelota, el paseo en la camioneta, la brisa que mueve las hojas, el pelo de su madre, la lluvia, los ventiladores del techo.

Lo que más me deslumbra es su seriedad, su absoluta y precoz seriedad, su aire ermitaño o desconfiado ante la gente extraña que le sonríe con excesiva confianza (algo que le irrita o aturde). El rasgo más conspicuo de su carácter parece haberlo heredado de su madre, y es esa desconcertante seriedad para mirar, observar y comprender las cosas que la rodean. No quisiera ofender a nadie si digo que estos meses con Sol y Lucía han sido el tiempo más tranquilo y estimable de mi vida. Agradezco a Sol, a Lucía, a los padres de Lucía, a Teresa, Irma e Inés, por la impensada alegría de ser a mucha honra el padre de una mujer muy seria llamada Sol Baylys, una mujer que mira en silencio y quizás algún día recuerde vagamente mi sonrisa y sepa con certeza que nací para conocer el orgullo de ser su padre.

(Jaime Baylys, «La mujer que mira en silencio»,
*El Siglo XXI*)

El programa *Baylys* es un fracaso. El canal está quebrado. Desde que se fundó, pierde dinero. Sigue en pie porque las radios en español del grupo son una mina de oro y lo subsidian. Los dueños del canal me han recortado el sueldo en un sesenta por ciento. Pensé que me despedirían. La Lombriz, enterado de mis bajos *ratings* y el estado catastrófico del canal, corrió el rumor en la prensa peruana de que sería despedido al final de mi contrato. Tragándome el sapo, he tenido que aceptar que me recorten el dinero en un sesenta por ciento, a cambio de que no me echen. Ganaré mucho menos, pero, magro consuelo, seguiré en antena. He tenido que despedir a una de las tres nanas peruanas, la amazónica, la gritona, y bajarles el sueldo a las dos hermanas sesentonas. He tenido que despedir al chofer dominicano y uno de los jardineros centroamericanos. Tengo que seguir pagando las cuentas de los apartamentos en Lima y Buenos Aires, qué más me queda.

El gobierno de Lima, cuyos jefes de izquierda nacionalista me detestan, me ha abierto una investigación tributaria. Me han citado. No me he presentado. He contratado abogados competentes, desde luego caros. Me han pedido pagar un millón de dólares en impuestos no pagados. Mis abogados han hecho un trabajo fino. Al final he pagado el equivalente de cien mil dólares, y otros cien mil para ellos, pero de momento he apagado el fuego. Mis finanzas decaen, declinan, el programa no despega, el canal será vendido en cualquier momento, mi carrera en televisión parece llegar a su fin de un modo bochornoso, lamentable.

En casa las cosas van bien. Todo con Lucía es tranquilo, apacible, placentero. Somos buenos amigos. Nos une tanto ser bisexuales erráticos, pajeros. A veces hacemos el amor, a veces nos hacemos una paja, ella pensando en La Flaca, yo en Ricardito Trola. A veces ella me mete un consolador, uno de su fantástico repertorio de consoladores. Es una amante paciente, comprensiva, tolerante con mis extravagancias afeminadas. Es todo lo contrario de la loca de Casandra, que ni siquiera me la chupaba ni se tocaba de lo mojigata que era. Sol crece en su pequeño mundo de fantasía, consentida por las nanas. Hace lo que quiere. Mis hijas mayores no quieren saber nada de mí. Les he escrito y he tenido como respuesta: «Desaparece de mi vida.» No he querido volver a escribirles. Pero en unos meses la mayor terminará el colegio y seguramente la arpía de su madre me escribirá pidiéndome plata para pagar una universidad carísima. Ya se acordarán de mí cuando necesiten dinero. De momento me odian. No tendría sentido que les mande una foto de Sol y les diga: «Les presento a su hermana menor.» No creo que la sientan como una hermana, sino como una niña ajena a ellas, extraña, hostil, que vino al mundo para alejarme de ellas. Es una pena, pero es así, creo que nunca serán amigas mis hijas mayores y mi hija menor, creo que las mayores verán siempre a la menor con desdén, una cierta condescendencia: «Esa es la hija que el pinga loca de mi padre tuvo con una perra chusca, una trepadora.» La ven como si fuera un error, una mancha, un desvío en su camino al éxito, a la cima del prestigio social.


**Son días felices.** El otoño ha llegado por fin, el calor agobiante del verano se ha marchado, estos son los meses mejores en la isla. Una lluvia que parecía rabiosa ha llenado tanto la piscina que se ha desbordado de agua y ha lavado las camionetas que nunca se lavan porque lavarlas en el grifo cuesta cuarenta dólares por camioneta y porque ya lavé todos los domingos las camionetas cuando era niño y mi padre me obligaba a ello. «La limpieza y el orden son virtudes de los mediocres», escuché alguna vez en una película, por eso celebro que mi vida sea un caos y no limpio nada, o casi nada. Las ratas trepadoras que vivían en un escondrijo en las alturas de un árbol, y que salían a pasear de noche en los alrededores de la piscina, han mordido las trampas envenenadas y el jardinero guatemalteco las ha encontrado muertas. Hoy domingo apareció una más y nadie la ha tocado; será mañana el jardinero quien cumpla la odiosa tarea de retirar el cadáver. Las nanas peruanas, Dios las bendiga, nos permiten dormir hasta tarde, por lo general me despierto entre la una y las dos de la tarde, pero hoy me he despertado a las tres. Sol se despierta en su cuarto a las siete de la mañana y entonces las nanas la entretienen, le dan de comer, la bañan, juegan con ella, la sacan a pasear por estas calles tranquilas, le cuentan cuentos peruanos como los que mis nanas me contaban a mí y procuran que Sol no suelte sus carcajadas fantásticas o sus gritos de «aquí mando yo» para que no nos despierte. ¿Qué haríamos sin las nanas? Todo lo que gano trabajando es para ellas y todo lo que ellas trabajan es para que yo duerma como un bebé.

Las horas de sueño, que antes eran tensas y entrecortadas, y que tenía que estimular con numerosos sedantes que dañaban no poco mi hígado y mi memoria, se han vuelto limpias de ciertos químicos (principalmente el Rivotril), ahora duermo ocho o diez horas de un tirón o con una sola interrupción gracias a unas pastillas contra la bipolaridad (Valcote y Seroquel) que me recomendó uno de los muchos médicos que consulté para emanciparme de la nociva dependencia a las numerosas drogas para dormir. Lo bueno de dormir sin tantos psicotrópicos que me automedicaba es que recuerdo mis sueños, y a veces tomo nota de ellos y azuzan mi imaginación; también es bueno despertar en ocasiones sintiendo el cosquilleo del deseo y poder contarle a mi mujer mis sueños, todos mis sueños, incluso los que más me desconciertan o entristecen. Lo malo de recordar lo que he soñado es que ciertas noches me despierto llorando, pensando en ellas, mis hijas, en lo rara e inexplicable que es la vida sin ellas.

Sol cumple siete meses esta semana. Los momentos que paso con mi hija menor son de una felicidad luminosa, impensada. Nos gusta pasear por el jardín, mover el agua de la piscina, salir a caminar por el barrio, mirar el mar o la fuente de agua de la isla; a ella le gusta que le hable, que le explique cada cosa, su mirada seria y adulta posada en aquello que despierta su asombro, su mano tan delicada acariciando el pelo de mi cabeza, como si ella fuese mi madre y yo

313

su hijo, como si supiera que, siendo mi hija de casi siete meses, mi vida depende de ella, de sus caricias, sus miradas, su sonrisa infrecuente. No estamos juntos todo el día porque ella tiene que hacer sus cosas y yo las mías y porque ambos creo que intuimos que es mejor estar un momento intenso y feliz y luego reunirnos más tarde, es mejor así.

Es mi hija, sin duda es mi hija, basta con mirar sus manos o sus pies o el modo ceñudo y levemente depresivo en que pasea sus ojos por el mundo o el chiste que hace con las piernas, levantándolas y dejándolas caer, antes de quedarse dormida. Es mi hija y todas las batallas que he tenido que librar para afirmar su vida y darle una apropiada bienvenida y estar con ella ahora que más me necesita han valido la pena, aunque mi sangre haya quedado derramada en el camino. Por mucho que intento controlarlo o neutralizarlo, se me sigue cayendo el pelo y por lo visto no hay nada que pueda hacer para impedirlo. Desde luego la idea de quedarme calvo me aterra, pero si es un mandato genético, habrá que acatarlo con una mínima dignidad. Mi padre era calvo, mis abuelos eran calvos, mis tíos casi todos eran o son calvos, algunos de mis hermanos menores tienen menos pelo que yo, y sin embargo sonríen encantadores, de modo que no hay por qué asustarse tanto. Pero, a decir verdad, no me acostumbro a ver caer mis pelos muertos, estragados, sobre la mesa en la que escribo o sobre el lavatorio en el que me peino después de ducharme. Seguiré tomando ciertas pastillas, aplicándome lociones y elixires de cítricos, lavándome el pelo con un champú francés demasiado caro que mi peluquera me ha jurado que usa su marido para no quedarse calvo, pero si he de quedarme calvo, calvo seré, y entonces supongo que será la hora de retirarme de la televisión y ser un escritor calvo y, por respeto a los demás, ermitaño, todo lo ermitaño que sea posible.

En dos semanas mi mujer cumplirá años. No tengo un regalo para ella, no sé qué regalarle, todo lo mío es suyo, toda esta alegría otoñal se la debo a ella, que me quiere tranquilamente, sin preguntas ni reproches, sin quejas ni melodramas, con una sonrisa pícara y esquinada al otro lado de la cama. Esta es una vida nueva que no pensé que en justicia me correspondía vivir, y es ella, Lucía, mi mujer, la madre de Sol, quien la ha urdido minuciosamente para mí. La amo como no pensé que podía amar a una mujer. Yo pensé que toda la vida que ahora recuerdo como si fuera de otro no podría amar a una mujer porque yo era la mujer agazapada a la que debían amar. No deja de ser extraño y divertido que el azar haya emboscado mis certezas de esta manera inesperada. Pero, no siendo un hombre cabal, siendo a duras penas la mitad de un hombre, un hombre a medias, incompleto, roído por las dudas incesantes y el pasado que lo abruma, soy con ella exactamente el hombre que me da la gana de ser, puedo ser con ella todo lo que soy: el revoltijo de contradicciones y ambigüedades y sinsabores que anida en mi espíritu, un entrevero caótico sin el cual no sería el padre de Sol, el esposo de mi mujer, el padre de mis hijas, a las que recuerdo absolutamente todos los días, y el hijo de mi madre, la persona más bondadosa que he conocido, quien, en la distancia, tanto me quiere. Son días felices. Mi mujer y mi hija menor y todas las nanas de blanco me han traído al cielo, esto tiene que ser el cielo y creo que todavía estoy vivo. Si no es mucho pedir, ruego a los dioses que dure un poco más.

(Jaime Baylys, «De paso por el cielo»,
*El Siglo XXI*)

Hablando por teléfono con mi madre, cosa que hago renuente, una vez al mes, he logrado que me cuente, muy a su pesar, que la visitaron Casandra y Carmen y ambas se pusieron a llorar y le pidieron que pagase la universidad en Nueva York a la que Carmen ha sido admitida, una universidad de gran prestigio, Ivy League, que cuesta seis mil dólares al mes, sin contar sus gastos personales. Mi madre, por supuesto, lloró con ellas y se comprometió a pagar los estudios universitarios de su nieta, incluso si después del bachillerato quiere hacer maestría y doctorado. Por suerte mi madre está llena de plata y pagar seis mil dólares al mes no le hace ni cosquillas. Pero me enojé cuando me contó todo eso porque me pareció desleal por parte de Casandra ir a pedirle plata y decirle que yo no quería pagar la universidad de mi hija, cuando ni siquiera me había consultado al respecto. Herido en mi orgullo, le dije a mi madre que pagaré la universidad de Carmen y luego la de Pilar, ya veré de dónde saco la plata si me despiden de la televisión, pero no corresponde que ella pague las cuentas académicas de mis hijas. Mi madre ha aplaudido mi sentido del honor y responsabilidad y me ha conminado a llamar por teléfono a Casandra. No lo he hecho. Le he escrito un email a Carmen diciéndole que pagaré su universidad y pidiéndole que me diga cuánta plata necesita el primer año. Me ha pedido ciento veinte mil dólares, setenta mil para la universidad, cincuenta mil para sus gastos de mudanza, ropa, instalación, qué se yo. Hemos negociado como dos contadores avaros y al final hemos acordado que le daré cien mil dólares, setenta mil para los dos semestres de la universidad de Nueva York y treinta mil para sus gastos personales. Le he preguntado si puedo ir a visitarla a Nueva York, una vez que se gradúe del colegio en Lima y ya esté instalada en la universidad. «No estoy preparada para verte», me ha contestado. Está preparada para pedirme dinero, no para verme.

Hace más de un año que no veo a mis hijas. De vez en cuando les escribo pero no hay respuesta. Supongo que pronto me escribirá su madre pidiéndome dinero, ella suele recordarme en esas ocasiones. Ya me resigné a la idea de que no las veré más. Lo que duele no es tanto su silencio, sino saber o intuir que están más contentas haciendo su vida sin mí. Todo el tiempo que fuimos amigos, dieciséis largos años, las eduqué en ejercitar su libertad y no menoscabar nunca el amor propio y, ya veo, algo aprendieron a quererse y ser fuertes, a saber lo que quieren y mandar al carajo a quien les estorba o lastima, incluso si ese patán soy yo, su padre. Les he enviado regalos, dinero y no pocos correos pidiéndoles perdón, pero todo es en vano, por lo visto no me perdonan, no quieren perdonarme o no pueden perdonarme.

¿Quién podría culparlas? Yo recién perdoné a mi padre cuando ya había muerto, tal vez ellas me perdonen cuando yo muera. Así como sospecho que mis hijas son felices organizando sus vidas con absoluta prescindencia de mí, yo las he extrañado todo este año sin verlas pero no por eso he sido infeliz, ha sido un año bueno y he elegido pasarlo bien con mi mujer y mi hija menor en esta isla en la que me siento en casa. No estoy tan seguro de que mis hijas y su madre se molestaron conmigo únicamente porque las boté de mi casa con pésimos modales. Ya estaban molestas conmigo antes de que las echase. Estaban molestas porque me había enamorado de Lucía y no ocultaba ese amor y lo contaba en televisión, y porque mi chica se había quedado embarazada. Mis hijas de-

testaban a mi novia, la madre de mis hijas la insulta-
ba a gritos día y noche, mis hijas y su madre no me
abrían la puerta de mi propia casa, la madre de mis
hijas montaba unas escenas de celos y despecho que
me resultaban insoportables y del todo injustas porque estaba divorciado de ella hacía más de diez
años, y porque no teníamos ninguna clase de intimidad erótica hacía más de diez años, y porque ella no
se había privado de tener aventuras sentimentales ni
yo las mías, y porque había sido generoso en comprar unos apartamentos para que ella y nuestras hijas
viviésemos juntos.

Nada disculpa la tontería que hice. Debí encajar
los golpes con aplomo. Debí preservar la calma.
Debí perdonar los desaires y los insultos y las humillaciones. Pero no lo hice porque no soy un santo ni
un hombre virtuoso o ejemplar, y cuando me pegan
y se meten con mi libertad, pierdo los modales y
tomo represalias que a la distancia se ven excesivas,
pero que en su momento parecieron una manera de
hacer justicia y poner las cosas en su lugar: simplemente no me parecía justo que mi ex esposa se tomara la licencia de vivir en mi casa y, al mismo tiempo,
insultar sistemáticamente a la mujer embarazada de
la cual yo estaba enamorado.

Si todo volviera a ocurrir, trataría de no molestar-
me, trataría de reírme de las cosas que tanto me molestaron, pero las cosas pasan como tienen que pasar y ya está, yo estuve mal, claro que estuve mal,

pero ¿no hubiera sido todo más fácil si mi ex esposa hubiese tratado con cariño a Lucía embarazada? Yo no le retiré mi amistad a mi ex esposa cuando ella se enamoró no una sino varias veces ya estando divorciados, solo que, como ella no es escritora ni sale en televisión, la gente no se enteró de sus amores encubiertos, pero yo sí me enteré y no salí a insultar a sus amantes ni a insultarla a ella. Pero ya está, ya fue, todo esto suena a excusas tardías e inútiles. Lo cierto es que hace más de un año que no veo a mis hijas y es muy probable que pase otro año sin verlas. Quiero verlas, estoy dispuesto a verlas cuando ellas quieran y con su madre si ellas así lo prefieren, solo que no quiero ir a verlas al Perú, prefiero verlas fuera del Perú porque no me provoca ir a ese país que me recuerda a la infelicidad. Yo las invito adonde ellas quieran y si quieren que vaya solo, sin mi esposa y mi hija menor, iré solo, por supuesto, no quisiera incomodarlas más. Pero presiento que esa reunión no ocurrirá pronto, y entonces no me queda sino desear que mis hijas y su madre sean felices (y si para ello necesitan odiarme, que me odien con ferocidad, no se repriman) y esperar, al mismo tiempo, que yo acabe de acostumbrarme a este curioso desafío que me ha impuesto el destino, el de estar tranquilo y contento sin dos personas con las que siempre asocié la felicidad, mis hijas, que Dios las bendiga. Y si no volvemos a vernos, espero que podamos vernos en otra vida, y ya entonces no haya rencores y ellas tengan ganas de darme un abrazo largo y sentido como el que tengo ganas de darle a mi padre.

(Jaime Baylys, «Un año sin ellas», *El Siglo XXI*)

Mi madre ha venido de visita. Es un amor, todo en ella es bondad. Vive en una nube de fantasías religiosas. Le he pedido que se quede en un hotel cercano porque Lucía y yo nos despertamos pasado el mediodía y ella madruga a las seis y va a misa de ocho. Ha aceptado a regañadientes. Yo pago el hotel, por supuesto. Le hemos prestado una de las camionetas. Todo el día le suena el celular y es alguno de sus hijos desde Lima llamando por llamar, para chismear, hablar tonterías, encargarle algo. Mi madre ha hecho arreglos con los curas de la parroquia católica para bautizar a Sol. A última hora, me he negado, he abortado el bautizo, a pesar de que mamá ya había pagado todos los gastos y propinas y nos había exonerado de la charla de instrucción moral. Mi madre ha quedado decepcionada, pero lo disimula bien, es un amor, supongo que confía en que en unos meses me ablandará y bautizará a Sol. Por lo demás, sé que Sol ya ha sido bautizada clandestinamente por mi madre y las nanas varias veces, cuando me voy a la televisión y Sol duerme. Mi madre no ve mi programa de televisión, dice que le deprime, le parece que estoy perdiendo el tiempo, dilapidando malamente mis talentos, malgastando los dones que Dios me dio. Me dice, y no se anda con rodeos, que debí ser candidato, ahora sería presidente del Perú, debo volver cuanto antes al Perú y meterme al ruedo de la política, mi misión en la vida es gobernar a los peruanos. No lo duda, lo tiene clarísimo.

Cuando le digo que soy un escritor, que mi vocación es escribir novelas, suelta una risa burlona y me dice que esa es una excusa que me he inventado de puro ocioso para no salir de mi casa y no tener que ir a trabajar a una oficina en un trabajo de verdad. «Has salido ocioso como tu papá», me dice, y luego me pide que le haga caso y me deje internar en una clínica de desintoxicación para que me quiten todas las pastillas que tomo (y ella a regañadientes me trae desde Lima). Le pregunto qué clínica sería y me dice que ya la tiene elegida, separada, reservada, es una clínica en Lima, las clínicas de Estados Unidos no le dan confianza, «hay mucha inmoralidad, mucho ateísmo en este país», dice. Mi madre sueña con curarme de mi adicción a las pastillas, bautizar a mi hija Sol, casarme con Lucía en la catedral de Lima y que yo salga a correr a las seis de la mañana y funde un partido político y me lance a la presidencia de Perú.

Yo le digo que eso no va a ocurrir, voy a seguir siendo un escritor y no quiero volver a vivir en Lima. Ella me dice: «Tú sabrás, tú sabrás, pero después tendrás que rendir cuentas a Dios por el uso que has he-

cho de los grandes, grandísimos dones que Él te dio.»
Creo que, si la tientan, mi madre terminará lanzándo-
se al Congreso o una alcaldía, se muere de ganas y
plata no le falta. Eso sí, cuando salimos a comer algo,
nunca paga la cuenta, se hace la distraída, silba y va al
baño, es idéntica a sus tías, tacaña hasta los huesos,
ahorrativa en grado sumo. Y si uno se descuida, se lleva las servilletas, el salero, el azúcar y un par de cu-
charitas. Mete todo en su cartera y dice que es para los
pobres del Perú. Y cada mañana, después de misa, le
pide al cura de la parroquia de la isla que le dé ropa
vieja, usada, donada; la mete en bolsas, se la lleva a su
hotel y se ilusiona pensando en repartirla entre su personal doméstico peruano, que es muy numeroso y ne-
cesitado.

Me he visto obligado a despedir a Freddy y Mimí.
No ha sido fácil, les tenía cariño. Ahora yo mismo sir-
vo las copas de agua en el programa. Todo se empe-
queñece, se rebaja, se abarata. Hay la sensación de que
el canal es un camposanto, una funeraria. Penan en el
estudio donde hago el programa. Siento la presencia
de ánimas, fantasmas. Casi no hay nadie cuando voy,
salvo el editor, la mujer de la limpieza y la maquilladora beata y dos guardias de seguridad que están tan
viejos que no podrían asegurarnos o protegernos de
nada, ni siquiera de que ellos se desplomen de un infarto súbito. Pero es una ventaja trabajar en un canal

pequeño, quebrado, en ruinas, porque nadie te molesta. Cada semana despiden a alguien. En el parking me espera gente para pedirme dinero como si fuera un ricachón. Ha venido a verme Ismael Maza, mi ex chofer dominicano, llorándome desgracias, y le he girado un cheque. Ha venido a verme mi ex nana amazónica Teresa para decirme que está embarazada y tiene que abortar, y he tenido que girarle el cheque (Lucía asegura que el padre del bebé es Ismael, que empezó a follarse a la nana amazónica cuando trabajaban en nuestra casa). Ismael tiene ocho hijos con tres mujeres dominicanas, hay que socorrerlo, no sé cómo encuentra fuelle para resoplar y montarse a mujeres jóvenes siendo tan gordo, colosalmente gordo. Pero es un gordo bonachón, encantador como buen dominicano, y la nana amazónica habla gritando y está loca de la cabeza. La mujer de la limpieza, colombiana, me ha pedido plata para ir a Medellín a visitar a su familia, y le he girado un cheque, es gente muy sufrida que no va hace años a su país de origen. Las nanas peruanas que trabajan en casa, Irma e Inés, no pueden viajar al Perú porque son ilegales, pero Irma viaja cada tres meses a Nueva York para visitar a su hija, que vive allí legalmente con dos pequeñas hijas legales, nacidas en esa ciudad.

Si la policía llegara un día a mi casa, me arrestarían por dar trabajo a mujeres sin papeles, hombres sin papeles: por ejemplo, el jardinero guatemalteco que viene todos los días y hace de todo un poco, echa cloro en la piscina, corta las matas, enciende una aspiradora que suena como una moto y recoge las hojas, limpia los carros, eventualmente me regala la Biblia y me habla de su religión evangélica y me invita a una charla espiritual el sábado en Homestead, pero yo declino alegando que estoy delicado de salud. Se llama Saúl, es trabajador, voluntarioso, fanático religioso, y creo que está enamorado de Lucía y sus bikinis y tangas, que lo ponen enfermo, mal, exacerbado de pensamientos impuros. Le he dicho a Lucía que no ande en tanga por la casa mostrando su culito glorioso, porque a Saúl lo va a poseer el diablo de la lujuria y se le va a aventar encima y la va a querer violar. Pero por otro lado me hace gracia que la pendeja de Lucía tiente así al jardinero religioso, que cada tanto se encierra en el baño y se echa un mojón o se hace una paja rabiosa, culposa, tal vez pensando en el culito divino de mi esposa. Yo soy muy liberal y si Lucía quiere un día que Saúl le coma el coñito, no tendré reparo ni objeción alguna, salvo el temor de que Saúl se vuelva un chimpancé salvaje y la viole y estrangule y luego llore lagrimones evangélicos: con los fanáticos religiosos el sexo es muy peligroso.


Me han sacado tres uñas del pie derecho y dos del izquierdo. Estaban chuecas, torcidas, encarnadas, amarillas. Eran un asco. Estoy feliz con mis dedos sin uñas. Duele un poco, pero me han recetado un opiáceo para mitigar los dolores. Estoy particularmente feliz con el opiáceo. Me hace dormir profundamente, me da sueño todo el día, me quita los dolores de espalda, me suprime los dolores en la poronga después de tener sexo áspero con Lucía, elimina cualquier dolor real o imaginario, es una droga fantástica. De noche, clandestinamente, sin que Lucía lo advierta, voy a la caja fuerte y me aviento una pastilla de opio, que, sumada a las muchas otras que ya he tomado, me asegura un sueño de calidad, con erecciones de máxima potencia y fantasías eróticas tremendamente ambiciosas, por ejemplo con la bella Shakira, que se la come doblada o se abre para mí. El opio me hace alucinar, delirar, pero en un sentido bueno, conveniente para mi vanidad. Nunca me hace alucinar que soy presidente del Perú, menos mal, qué depresión. Pero ya se me ha aparecido Shakira en sueños varias veces, siempre en revolcones finos conmigo, y Lucía me dice que es una prueba inequívoca de que estoy enamorado de Shakira. Puede que esté enamorado de ella. La conocí hace quince años o más y quedé embobado con ella, pero no me atreví a invitarla a salir porque acababa de divorciarme de Casandra y estaba en una fase radicalmente gay, buscando a un chico guapo que me prestase su poronga para jugar un rato. Me costó trabajo encontrarlo. Era un modelo alemán, estaba de vacaciones en Puerto Rico, se la chupé, me cogió, pero fue demasiado alemán, demasiado frío, y no asomó la posibilidad del amor. Y con Shakira nunca pasó nada para mi desdicha, pero las pocas veces que nos hemos visto me ha acariciado el pelo de una manera protectora, maternal, que me deja indefenso, suspirando, bobamente enamorado.

Ya sé que nunca tuve una posibilidad real de irme a la cama con ella, pero en mis sueños vuelve siempre y me procura placeres inenarrables en medio de su melena ensortijada y sus ojos hechiceros. A Lucía no le dan celos porque ella también sueña con mujeres: con su profesora austríaca del colegio, que nunca le dejó comerle el coñito pero a quien deseó con ferocidad; con una argentina que la volvió loca y tampoco le dejó comerle el coñito; con una poeta lunática, amante de los gatos, que es su amiga y es lesbiana, y a quien yo creo que Lucía desea aunque ella lo niega; y sobre todo con La Flaca, su amiga de toda la vida, con quien sueña a menudo, le besa las tetas, le besa el clítoris, le mete el dedo, se la coge con determinación. Y lo lindo es que a veces no sueña con ella, sino que se hace una paja pensando en ella, y me va describiendo todo lo que le hace a La Flaca, y yo disfruto inmensamente de que mi mujer sea tan lesbiana y prefiera pensar en su chica que acercarse a mí y resignarse a jugar con mi poronga ajada, exhausta.

**Me despierto con una rara sensación de tristeza, como si hubiera llorado en sueños. No recuerdo los sueños, eran densamente tristes, mejor no recordar-**

los. La casa está a oscuras, afuera se oyen risas, mi ropa está mojada de sudor. Dos hombres sin papeles pintan las columnas de blanco. Los saludo, les pago, les alcanzo botellas de agua. Salgo sin saludar a mi esposa y mi hija, subo a la camioneta y manejo hasta la lavandería. Extrañamente, me resulta urgente dejar una ropa que no está sucia, pero que podría estar más limpia el lunes, cuando me toque volver a la televisión. Al volver a casa, saludo a mi esposa y mi hija. Están agitadas, sudorosas y felices, acaban de bajar del trampolín. Cargo a mi hija y la beso a pesar de que ella rehúsa y me pide a su manera que la deje en tierra firme. Enseguida, ya lo sabía, pide entrar en la piscina. ¿Cómo podría decirle que no? Mi esposa va a cambiarse, la nana va a buscar el bañador de mi hija, yo me quito la ropa y me quedo en calzoncillos. Atinadamente, mi esposa se cubre con una toalla para que los pintores no se sobresalten observándola en bikini. Yo no necesito cubrirme, nadie se solaza espiando mi barriga. Es una pena estar gordo, pero más pena me daría pasar hambre. Alguien tiene que comerse las bolitas de nuez y chocolate que sobraron del santo de mi hija. En realidad no fue su santo, decidimos celebrárselo para que se sintiera más querida. Ella se emociona cuando cantamos en su honor y rompe a llorar cuando apagamos las velas. Es muy sentimental y sabe pasar rápidamente de un estado de ánimo a otro. Aunque habla poco, se deja entender. Curiosamente me llama Pipo, no Papi.

Después de bañarnos nos echamos en las tumbonas. Mis pies son horribles, tengo las uñas maltrechas, debería pintármelas de negro o morado. Observo los pies de mi hija. No se parecen a los míos, aunque tampoco a los de su madre. Las dos comen uvas y pasta de guayaba. Me pregunto por qué me siento triste si todo lo que me rodea es feliz. No hay explicaciones racionales para la tristeza, debe de ser genética, debe de ser que nací triste. Si bien es cierto que soy gordo y flojo y básicamente mediocre, no es menos cierto que todavía no soy alcohólico, y eso me parece un mérito que no se me reconoce. Cuando estoy en la tumbona con mi esposa y mi hija, pienso: «Podría estar tomando un trago, quizá se me pasaría la tristeza si me echara un trago.» Pero elijo estar sobrio y triste, naturalmente triste, y eso supone un esfuerzo, un índice de superación personal. Sin embargo, nadie lo aprecia de esa manera. Los pintores, al verme, seguramente piensan: «Es un cerdo, cada día está más gordo.» La nana seguramente piensa: «¿Qué le cuesta al señor ponerse una ropa de baño, por caridad?» Mi esposa seguramente piensa: «Estoy casada con una foca, ¿en qué estaba pensando cuando me casé con él?» Nadie piensa: «Podría estar borracho y no lo está, y eso ya es un mérito de su parte.» Nadie piensa: «Podría estar borracho y fumando un habano, y sin embargo está laxo, mustio, seco, en calzoncillos, siendo un buen padre.» Yo lo pienso y me quedo callado.

¿Se puede ser un mal padre de tu hija mayor y un buen padre de tu hija menor? No lo sé, creo que sí. Lo ideal, por supuesto, sería ser un buen padre de ambas, pero yo no he sabido encontrar la manera. Mi hija mayor tal vez diría que soy un mal padre, y yo estaría de acuerdo con ella y trataría de alegar que si bien fracasé con ella, al menos lo intenté un buen tiempo, es decir que mi fracaso fue una prueba de que quise ser un buen padre, o quise ser su padre, no un padre ausente. Ahora soy un padre ausente de ella y uno presente de la menor. ¿Será posible que esas dos mujeres sean algún día vagamente amigas? No lo creo, parece imposible. Mi hija mayor probablemente ve en mi hija menor no a su hermana, sino a la prolongación de la voluntad de mi esposa, y recuerda que mi hija menor es un desprendimiento de mi esposa y, como repudia a mi esposa porque la culpa de nuestro distanciamiento, entonces lógicamente rechaza también a la vida que se originó en mi esposa. Por su parte, mi hija menor no siente ninguna ausencia porque felizmente ignora que tiene una hermana lejana y renuente a la que conocerá, si acaso, en mis funerales. La felicidad, entonces, proviene de la ignorancia, o la tristeza consiste en pensar que las cosas debieran ser de otra manera, de una manera que no es posible.

Mientras comemos, veo a lo lejos el partido de fútbol. Mi relación con el fútbol es la medida exacta de la felicidad. Cuando más feliz he sido es cuando más fútbol he visto y jugado. Ahora que todo me da igual, ahora que estoy vencido, también da igual que ganen los blancos o los colorados: juegan ellos, no yo. En el mundial seré argentino, uruguayo, español, chileno y colombiano, de momento no tengo patria ni juego en ninguna liga y las victorias de los otros me recuerdan mis derrotas. El único partido importante, el de ser un buen padre, lo he perdido, y eso es algo que no consigo olvidar viendo a lo lejos el fútbol de la tarde: todos los partidos me recuerdan al mundial pasado, viéndolo medio dormido con mi hija mayor al lado: éramos aparentemente felices y no sabíamos que todo eso tenía los días contados. Por la noche vamos al cine. La película es sobre el amor y el deseo, dos temas que no me son ajenos. Debería decirle a mi esposa que mucho me temo que no me renovarán el contrato en el canal, pero no me atrevo a decírselo, y el lunes iré a la televisión y haré mi programa con un aire victorioso y condescendiente que yo sé que es postizo porque sospecho que el canal cuenta los días para llegar a diciembre y librarse de mí. Me alcanzan los ahorros para vivir sin trabajar los próximos tres años, luego tendré que improvisar algo o pedirle dinero a mi madre.

(Jaime Baylys, «El mundo de Pipo»,
*El Siglo XXI*)

Pasan las semanas, pasan los meses, no quiero viajar a ninguna parte, ni siquiera a Key West ni Orlando, soy feliz en esta casa, en esta isla. Mis hijas han terminado el colegio en Lima y, seguramente inducidas por su madre y su abuela materna, par de señoronas presumidas, han sido admitidas en universidades carísimas de Nueva York. Me pasan las cuentas. Pago sin quejarme. ¿Qué puedo hacer? Nada: pagar, si no pago irán a llorarle las humillaciones a mi madre y será ella quien pague lo que me corresponde pagar a mí. Claro que podría decir: «¿Por qué no estudian el bachillerato en Lima?» Y en lugar de pagar seis mil dólares mensuales por cada una, pagaría dos mil o mil quinientos, pero sería mezquino, quedaría roñoso, me dirían: «Tienes la plata, dales a tus hijas la mejor educación.» Por eso pago, me callo y me ilusiono con que, en un tiempo, se ablanden y vengan a visitarme tres días y saluden a Sol, que es mi hija como lo son ellas.

Pero eso no ocurre. Sol no existe para ellas, Lucía menos, nunca me escriben preguntándome por nada que no sea asuntos urgentes de dinero, que mande plata para esto o lo otro, para un viaje, un dentista, un seguro médico, un gimnasio nuevo, para comprarse autos flamantes. Lo de los coches ha sido una negociación tensa. Entiendo que quieran un auto nuevo, pero me han pedido camionetas de cuarenta mil dólares, Cherokees Limited, del año, y yo les he sugerido que se compren un Toyota, un Honda, pero mi recomendación ha caído en saco roto y han insistido en que tienen que ser Cherokees, ya eligieron modelos y colores, cuarenta mil dólares cada uno. Y yo en la desesperación juego una carta sentimental, les digo: «Bueno, ya, les compro un Jeep Cherokee a cada una, pero voy a Nueva York, vamos juntos al *dealer* y nos vemos después de tanto tiempo y paseamos los tres en las camionetas nuevas.» Me han respondido lo mismo: «Gracias, papá, pero no estamos preparadas para verte.» Les he mandado cuarenta mil dólares a cada una y no me han escrito un email diciéndome gracias ni me han mandado fotos de la camioneta, nada. Lo poco que sé de ellas es lo que Lucía, tan pícara, consigue espiarles en Instagram, pero se reduce a que fuman tabaco, se juerguean en grande todo el día, parecen tener novios y están siempre sacando la lengua en las fotos, esa parece ser la moda de su generación.

Si salen drogonas, habrán salido al padre. Yo, a su edad, vivía volado de marihuana y duro de cocaína, no tengo autoridad moral para pedirles una vida saludable. Además, ellas saben que vivo todo el día tomando ansiolíticos, hipnóticos, opiáceos, qué carajo voy a decirles que no fumen cigarrillos. Que hagan lo que quieran, ya me resigné, ya acepté que el precio de estar con Lucía y ser padre de Sol es no estar más con Carmen y Pilar, y ser tan solo el padre monetario de ellas, pero ya no más un padre divertido, humorístico, sentimental. Así son las cosas, tienes una hija pensando que sería un hijo y a cambio pierdes a las dos hijas que amaste toda la vida. No es fácil pero uno se acostumbra a todo, y con Casandra y la madre de Casandra como consejeras y entrenadoras, estoy jodido, ese par de arpías me odian y van a intentar que mis hijas me vampiricen económicamente hasta dejarme exangüe, inerme. Luego irán por mi madre.

Los días son perfectos cuando son tranquilos. La tranquilidad de un día está anunciada en las circunstancias en que recobro la conciencia y persisto en el empeño de ser quien soy. No conviene levantarse de la cama con premura o apremio, como si tuviera algo importante que hacer. A estas alturas lo único que importa es sobrevivir el día, llevarlo hasta el final, y para ello es importante hacer las cosas con calma, morosamente, prestando atención a los detalles. Ningún día existe por las mañanas, tal cosa es una ficción. Otra gente vive por las mañanas, se impacienta, se apresura, cumple unos rituales, llega exhausta al mediodía. Yo paso las mañanas en coma profundo, inducido, desapegado de mi identidad, paseando por la Vía Láctea. A las dos o tres de la tarde vuelvo a saber quién soy, dónde estoy, cómo me llamo. Numerosas capas de cachemira fina han sido humedecidas por la esforzada transpiración de un cuerpo que yace y sin embargo viaja. Me desprendo de la ropa, al tiempo que escudriño en mi cuerpo amarillo los estragos del tiempo. Se ha difuminado el recuerdo de los años en que era joven y sentía bríos. Todo ahora es quieto, sosegado, mustio, vacío. Nadie espera, salvo el público huidizo, el lector improbable, es decir, nadie.

Una vez que recubro mi cuerpo de un número de texturas secas y vigilo con desdén el tráfico de correos en la pantalla, bajo las escaleras midiendo cada paso. Una caída podría ser fatal. Un silencio lóbrego, oscuro, preside cada ambiente de la casa. Toda filtración de luz ha sido proscrita por telas vaporosas. Las cosas están dispuestas de tal manera que nadie se sorprendería demasiado si una tarde no me despertara. Se entiende que la voluntad es dormir hasta las últimas consecuencias. Tal obstinación por mi parte es respetada con sumo cuidado por las personas que, reunidas en la casa de huéspedes, prosiguen apaciblemente sus vidas sin esperar nada de mí. Parecería que es invierno por las ropas que visto y los zapatos que calzo. Siempre es invierno en el corazón. A todo se acostumbra uno, incluso a que te busquen solo para pedirte dinero. Pasan los meses, los años, te mandan las cuentas, te piden que pagues. ¿Qué otra cosa podrías hacer salvo pagarlas y replegarte en un silencio culposo?

Alguien ha exprimido las naranjas cuando dormías, lo natural sería que las exprimieras tú, no ellas. Los días comienzan cuando ellas sonríen. Antes ellas no estaban. Ahora están y por lo visto van a quedarse, no tienen intención de irse. Es una fortuna que sus vidas coincidan ocasionalmente con la mía y nos digamos cosas dictadas por el más puro afecto. Podrían no estar acá, no habitar esta casa, podrían estar lejos, en otra ciudad, otro país, pero están en esta casa, cerca de mí, no tan cerca para agobiarme, no tan lejos para echarlas de menos.

A media tarde salimos a dar un paseo en la camioneta, acompañados por las canciones que ellas eligen. Nunca, por supuesto, salimos de la isla. No conviene salir de la isla, a menos que sea inevitable. Vivir en la isla tiene sus ventajas. Una de ellas es que casi no hay gente viva a primera vista. Es posible que exista gente real dentro de las casas, pero en las calles es muy infrecuente ver a una persona dando señales de vida, caminando, corriendo, montada en bicicleta, y cuando eso ocurre es tan raro que nadie se saluda y se finge que el encuentro no ha ocurrido. Tal es la naturaleza de la isla y sus habitantes ensimismados: las cosas ocurren con absoluta discreción, casi clandestinamente. No pocos autos de la policía patrullan la calma. Todo seguiría igual de calmado si nadie patrullara nada. Los policías bostezan y se amodorran dentro de sus autos aparatosos y contestan desdeñosamente el saludo cuando uno les hace una venia.

Al volver a casa, me siento a escribir. Una nube, una niebla, una neblina se apodera del aire que respiras y solo consigues despejarla traspasándola con palabras que alguien, sentado en tus tripas, va dictándote con espíritu ateo, sedicioso. Qué escribes, por qué escribes, qué sentido tiene insistir en esa cruzada atrabiliaria y deshonesta, no se sabe, no está claro. Otros usan sus vidas para vivirlas sin tomar nota, como si estar vivos fuese algo normal; a ti te parece urgente usar cada día para escribir algo que, sumado, enredado, atenazado, convertido en una bola biliosa, dé sentido al caos que has vivido, que te ha sido impuesto desde que naciste en esa familia de locos, todos locos. No será un día tranquilo si no te detienes a contar viciosamente lo que es menester contar, sabe Dios por qué tienes que contar esas cosas, pero si no las cuentas tú, nadie las contará y alguien tiene que contarlas, alguien tiene que hacer el trabajo sucio. Escribir es, en efecto, un trabajo sucio: uno se mancha, se embarra, se contamina, bajas a una mina buscando oro, plata, y al final sales tiznado, aturdido, sin aire, con restos de plomo en las manos y los pulmones, oro no pudiste encontrar, una pena.

Cumplida la tarea de minero que desciende al socavón asfixiante de los recuerdos, es de justicia entrar en las aguas tibias de la piscina y procurar que ella sonría. Todo está bien cuando sonríe, todo se justifica cuando parece contenta: la promesa de su vida o la ilusión de su vida destruyó la certeza de otros afectos que ahora aparecen eclipsados, diluidos. Al parecer no fue posible, o yo no lo hice posible, que todos en la familia esperásemos con amable expectativa la llegada de una niña condenada a ser mi hija. Así son las cosas, no me quejo. Los hijos soportamos a nuestros padres mientras los necesitamos, luego nos apartamos de ellos para averiguar quiénes somos y encontrar nuestro preciso lugar en el mundo. Nada más odioso que un padre entrometido. No quisiera ser nunca el que predica, el que vigila, el que amonesta, el que juzga: prefiero ser, si acaso, un vago recuerdo.

Después de comer los platos exquisitos que unas manos expertas cocinan en esta casa todas las mañanas mientras viajo dormido, meto mi cuerpo flácido en un traje, anudo una corbata y voy a trabajar. Es un decir: salir en televisión diciendo alegremente memeces no califica como trabajar, es más bien la simulación de un trabajo. Pero hay que hacerlo, alguien tiene que hacerlo, alguien tiene que ocupar ese espacio físico, ese horario en ese canal. Llegará el día en que caiga la guillotina, me despidan y no tenga adónde ir. De momento cumplo la rutina con una sensación de gratitud: es una suerte que me paguen por hablar memeces, es una suerte que alguien preste atención y en ocasiones lo disfrute. Hay que estar preparados para que todo se termine, hay que enfrentar con aplomo las incesantes humillaciones a las que la vida nos somete, las trampas y emboscadas que nos tiende. Llegará el día en que no tengas programa ni voz para decir memeces, por ahora los días son completos cuando has dormido diez horas, escrito tres o cuatro y salido una en televisión, reportando con aire circunspecto las desgracias más o menos previsibles. Pasada la medianoche, sales a caminar con ella. Puede que sea el momento más placentero del día. Cuando los gatos se acercan y soban sus lomos encorvados en nuestras piernas y ella los acaricia y les habla, olvidas por un momento tus fracasos y te abandonas a la dicha de ser ese hombre al que un gato confiado reconoce y saluda con un afecto que acaso no mereces.

(Jaime Baylys, «El lenguaje de los gatos»,
*El Siglo XXI*)

He publicado una columna en el periódico, «Rendido», insinuando que, si bien soy feliz con Lucía y ella me complace como nadie en la cama y en nuestros delirios eróticos compartidos, a veces el cuerpo me pide un hombre. Son ya años sin un hombre, tres, cuatro años desde que dejé de ver a La Lombriz. No he vuelto a besar a un hombre, a tener una poronga en mi boca, y a veces lo echo realmente de menos y por eso escribí esa columna, que, supongo, le habrá sentado fatal a mi madre, que lee mis columnas los lunes en *El Siglo XXI*. Pero es la verdad, y cuando viajamos con Lucía a Nueva York me enamoré como un perro de uno de sus amigos modelos, Mateo, colombiano, alto, guapo, flaco, fibroso, pícaro, rapidísimo, brillante, cínico, con amantes boricuas y gringos, promiscuo sin culpa, buen lector, hombre sorprendentemente culto. Mateo me deslumbró, le pedí su email antes de volver a Miami, le escribí una y varias veces pidiéndole un encuentro furtivo, «volando bajo el radar», sin que Lucía necesariamente se enterase, aunque ella sabía que enloquecía por Mateo porque la noche que lo conocí no pude dormir de la excitación que me provocaba su recuerdo y me hice una paja furibunda pensando en él. Lucía me acompañó y alentó la fantasía, aunque me advirtió de que Mateo era demasiado vanidoso y jugaba en las grandes ligas, y ni borracho me daría bolilla a mí, un gordito casi cincuentón.

Así fue. Mateo me dijo sin rodeos que no tenía ningún interés en tener un encuentro erótico conmigo o un revolcón de ninguna clase, y además me delató arteramente y contó en Facebook que La Gorda Baylys estaba acosándolo como una perra en celo. Lucía lo vio, me lo enseñó, me dijo: «Yo te dije, no era confiable, no te iba a dar bola.» Me sentí humillado. Y escribí esta columna contando que mi cuerpo me pedía un hombre. A los dos días me escribió Leopoldo, La Lombriz, en tono afectuoso, diciéndome que me había leído, me echaba de menos; él era el hombre que podía complacerme, estaba dispuesto a hacer un trío con Lucía y conmigo y hacernos felices a los dos con su gran poronga argentina no circuncidada y sus musculitos bien trabajados en el gimnasio. No le respondí. Me enterneció su audacia, su ego, la desmesurada fe que, como buen argentino, tenía en sí mismo. Cuando Lucía leyó el correo, soltó una carcajada y dijo: «Antes de comerme esa poronga, prefiero que me corten las tetas.» Y luego añadió, muy seria: «Me niego a ser penetrada por una pinga no circuncidada.» Se ve que La Lombriz es tonto o amnésico y cree que hemos olvidado todas las cosas horribles, malvadas, que hizo contra Lucía cuando estaba embarazada, lo que dijo de nuestra hija cuando nació, que tenía ojos de cucaracha. Y ahora el muy gil viene a ofrecerse como gigoló para hacer un trío con nosotros, si será boludo.

**No recuerdo la última vez que hice el amor con un hombre, me parece que fue en Bogotá hace cuatro años pero no estoy seguro. Han pasado los meses, y sin embargo sigo pensando en un hombre que está lejos. Es, me temo, un enamoramiento en serio, de esos que no se van. No sé por qué dejé de amar al argentino, esas cosas nunca están claras, no al menos para mí. Aunque creo que me aburrí, quedaría feo decirlo así. Nadie dejó a nadie: el destino nos apartó, las circunstancias nos separaron, ya luego ambos nos sentimos traicionados. Lo que buscaba en ese hombre, lo que he buscado toda la vida en un hombre, es que me hiciera sentir una mujer. En cierto modo, él lo conseguía, es seguro que lo intentaba sin desmayo. Me cansa ser hombre. No me tienta ser hombre todo el tiempo. Me parece mejor, más diver-**

tido, más estimulante, ser a veces mujer. Pero entonces, cuando vivía en Bogotá, parece que me había cansado de ser mujer y extrañaba sentirme hombre, aunque solo fuera por un momento fugaz. El amor, que es una ilusión, que es un espejismo, que es una mentira, que es una desdicha, está hecho de esa textura quebradiza, fugaz. Ser hombre cuando estás genitalmente dotado para serlo es entonces una cosa previsible, cansona, carente de todo mérito y originalidad. Lo arduo es ser hombre cuando todo indica que lo eres, pero tú sabes que no lo eres y una señora delicada se esconde en ti.

Todo hay que decirlo: unos años después, de viaje con ella, en Nueva York, volví a enamorarme, y creo que no se lo oculté, pero no fui correspondido. La noche que conocí a Mateo, el colombiano, quedé tan embriagado de él que no pude dormir, soñé con él, me desperté pensando en él y se lo dije a ella, que descansaba a mi lado o estaba echada a mi lado. Después volvimos a casa, pero seguí pensando en él de un modo afiebrado, tenaz, sin remedio. Le había pedido su correo electrónico haciéndome el distraído, diciéndole que le escribiría por su cumpleaños, pidiendo otros correos a los contertulios para hacer menos obvia mi rendición. Pero por supuesto, le escribí a él y a nadie más, y antes de que cumpliera años. No tuve en cuenta, no advertí a tiempo mi gordura. Pensé que seguía siendo medianamente atractivo, qué despiste el mío. Me jugué como suelo jugarme: entero, mal, sin sentido de la prudencia. Le pedí que nos viéramos en Nueva York a escondidas, en un viaje que justificaría como una visita a mis hijas. Le dije, recordando que lo había conocido gracias a ella y que él era amigo de ella, y luego por extensión y si acaso también de mí: «Debemos volar bajo el radar.» Fue una desafortunada elección de palabras. Sonó a «debemos escondernos en el clóset». Y él, que es un hombre libre, que se ama sin reservas, que nunca vivió en el clóset, decidió sacarme del clóset. Hizo bien, se lo agradezco.

¿Se puede estar en el clóset habiendo salido de él? Sí, creo que sí: uno regresa al clóset, uno extraña la penumbra, el aire conspirativo, los secretos latentes, el peligro que habita en las tinieblas. Yo salí del clóset hace veinte años y regresé oficialmente cuando quise acostarme con él, volando bajo el radar. ¿Quién era el radar? Ella, claro, ella, por eso digo que volví al clóset, porque cuando estás en el clóset le tienes miedo a la verdad y terminas mintiendo para hacer menos daño y, al final, haces más daño, claro. No cabe más gente en mi clóset. Estamos en permanente tensión, haciéndonos reproches y diciéndonos invectivas y diatribas mis demonios y yo, mis fantasmas y yo, mis novios inciertos y yo. Todos estamos en el clóset y somos desdichados, por supuesto. Yo he empujado a algunos fuera del clóset, pero ellos han regresado resentidos y ahora me odian con razón por exigirles una hombría que no tengo y pedirles que sean todo lo valientes que no puedo ser.

Yo quería hacer el amor con él, entregarme a él, ponerme las medias negras transparentes que él sugirió con malicia y ser suyo, todo suyo, al menos una noche. No se pudo, es una lástima, no me di cuenta de que él veía en mí a una gordita, a La Gorda Baylys. Una noche regresé del programa y ella me contó que él había escrito en Facebook que La Gorda Baylys lo acosaba como una mona en celo y se reía con descaro de mí como nos reímos de las monas cuando las vemos en el zoológico. Fue una humillación, pero no una sorpresa, o no del todo, porque yo le había contado a ella la misma noche que lo conocí que me había enamorado sin remedio de él.

No he querido volver a Nueva York porque todo allá me recuerda a él. Tan perdido y sin remedio es mi enamoramiento de señora delicada o mona triste, que a veces lo busco en una calle arbolada de esta ciudad, Meridian, donde él logró despertar después de suicidarse y vino su padre a abrazarle. Esa madrugada en un hotel del bajo Manhattan todo se tensó, lo recuerdo como si fuera ayer: un sujeto ofreció sus servicios sexuales a Lucía; me sentí ofendido y lo puse en su lugar con palabras díscolas; hubo en el aire el peligro de que las cosas se desbordaran y nos liásemos a golpes; subí deprisa a un taxi y ella corrió, golpeó la ventana y subió con brusquedad. Luego nos vimos una última vez y no me atreví a dejarle de regalo el libro que tenía para él porque no quería que fuera tan evidente que estaba enamorado, y por eso terminé regalándole el libro a uno de sus amigos que subió al taxi con nosotros cuando él se alejó caminando deprisa, siempre deprisa, como si alguien lo esperase. Desde entonces, me he contentado con ser un hombre con Lucía y una mujer cuando ella así lo prefiere, o cuando ya no me quedan fuerzas para tratar de ser hombre. No consigo creerme más la ficción de que soy un hombre. Se desvanece, se hace humo, es mentira. En mis momentos de franqueza absoluta, soy mujer y así lo sabe ella, y por eso me pongo a cuatro patas y me entrego sin darme aires falsos de macho. Y ella entra en mí, me coge, me posee, me complace como nadie ha sabido complacerme tan juiciosamente. Pero después me pregunto qué sería de mí si él, Mateo, le hubiera dado una oportunidad, una sola noche, a La Gorda Baylys.

(Jaime Baylys, «Rendido», *El Siglo XXI*)

Con los años todo se va al carajo. Mis hijas no quieren verme más, dicen que no están preparadas para verme. ¿Cuándo estarán preparadas? Probablemente cuando me cremen y esté depositado en una pequeña urna o una lata de café. Les he escrito, notificándoles que he actualizado mi testamento, dejándoles un apartamento en Lima a cada una, y una cuenta bancaria con bastante dinero a cada una, y dándoles los datos de la cuenta y la persona del banco con quien tendrían que hablar a mi muerte. No me lo han agradecido, no se han dado por aludidas. Sé por Lucía que han pasado por Miami (Lucía ve las fotos que suben a Instagram, que sugieren que viven en una fiesta perpetua, fumando, tomando, sacando mucho la lengua, rozándose y friccionándose con chicos y chicas lindas); les he escrito, he sugerido que vengan a visitarme, a conocer la casa, a conocer a Sol, pero no he tenido respuesta. Les he sugerido que salgamos a comer los tres a algún lugar tranquilo, pero me han dicho lo de siempre: «Gracias, pero no estamos preparadas para verte.»

Han pasado los meses, Sol tiene ya tres años, mis hijas están en Nueva York, estudian sabe Dios qué, no sé si tienen novios o novias, no sé si son drogadictas como yo o se contentan con tabaco y alcohol; lo único seguro es que no me perdonan por haberlas echado del apartamento hace cuatro años, en octubre, el mes fatal en que todo se fue al carajo, y por eso no quieren verme más. La vida sigue, uno se acostumbra a no verlas, ellas son felices sin verme, yo soy razonablemente feliz sin verlas porque duermo medicado y durante el día paso horas encerrado escribiendo, y Lucía y Sol me dan el afecto que de momento necesito. A todo se acostumbra uno, incluso a perder dos hijas a cambio de una pequeñita que no tiene puta idea de que sus dos hermanas prefieren no verla porque la consideran un error, una mancha en la familia.

Entretanto, mi madre ha dejado en el aire la amenaza de que, si publico una novela voluminosa sobre la familia, no me verá más ni me dará dinero. Es una amenaza pesada, no es para subestimarla. Ese correo se lo han dictado sus asesores intrigantes, preceptores morales del Opus Dei, los amigos y monaguillos del cardenal Romero, quizás algunos de mis hermanos resentidos, envidiosos, que deploran que yo me haya forjado una pequeña, dudosa, deplorable carrera como escritor. No sé si publicaré la novela familiar voluminosa y mandaré al carajo a mi madre y sus amenazas. Lucía me pide que no haga esa locura, que no ponga en riesgo los millones que heredaré si me porto bien con mamá. Yo gano tiempo y pienso que no hay apuro, no hay nadie presionándome para publicar la novela, la he mandado a mis agentes y ni la han leído ni me han dicho nada; soy un escritor fracasado, en decadencia, y la verdad es que la única que realmente está pendiente de esa novela, con terror, es, pobre, mi santa madre.

De momento no la publicaré, entre otras razones porque carezco de ofertas para publicarla. Pero la amenaza flota pesada, viciosa, en el aire y tampoco tengo ya tantas ganas de ver a mi madre. Me ha escrito desde Nueva York, animándome a ir a verla, y le he dicho que no tengo ganas de viajar a ninguna parte. Me ha dicho que pronto pasará por Miami y le he dicho que precisamente esos días estaré fuera de la ciudad y no podré verla, lo que es mentira. Por el momento no quiero verla. Mis hijas no están preparadas para verme, yo no estoy preparado para ver a mi madre, por lo visto nadie está preparado para ver a nadie. Porque el guapo de Mateo, el colombiano, no está preparado para verme, pues soy muy gordo para él, y yo no estoy preparado para ver a La Lombriz porque es un traidor, y Lucía no está preparada para ver a la profesora austríaca de la que se enamoró en el colegio porque tiene miedo de descubrir que sigue enamorada de ella. Nadie está preparado para ver a nadie. Por suerte, al caer la tarde, me siento dispuesto y preparado para ver a mi hija Sol, que me obliga a quitarme las medias y me mira las uñas rotas y removidas con curiosidad y luego juega con mi panza de foca. Solo me va quedando ella, y a ella me aferro y por eso no quiero viajar a ninguna parte. Pero no me hago ilusiones, sé que en quince años, si sigo vivo, Sol tampoco estará ya preparada para verme, así son las cosas y hay que aceptarlas con serenidad y pagar entretanto todo lo que pidan las chicas que no están preparadas para verme.

El día comienza a esa hora incierta en que comienzan los días: pasado el mediodía pero todavía no las tres de la tarde. No sé en qué parte de la casa está mi esposa, no sé si mi esposa está en la casa, sé todavía menos si mi hija menor está en la casa o ha salido acompañada de las mujeres laboriosas que la cuidan mientras duermo. No sé lo de nadie, no sé dónde están mis hijas mayores, menos sé dónde está mi hija menor, confiemos en que los astros se conjuren para cuidarlas. En ropa desastrosa y con el pelo cubierto y caminando babosamente de una manera que parecería arrastrándome, me acerco a la lavandería, me llevo las camisas limpias y planchadas, paso por el banco, saco plata del cajero y voy al correo a abrir mis casillas postales y verificar que nadie me haya escrito ni haya llegado ninguna cuenta. Todas esas diligencias, esos asuntos menores, minúsculos, peatonales, ocurren despacio y en la sombra, procurando no llamar la atención. Por suerte, la atención está fuera de la isla, en un estadio en el que se juegan las finales del tenis, y por eso no me asomo ni loco a las vecindades de ese estadio en el que se reúne gente venida de todo el mundo.

Los habitantes de la isla todo el año somos menos que los visitantes acalorados en el estadio de tenis, y lo que tal vez define a los que vivimos en la isla es que escapamos por instinto de las concentraciones, los mítines, las marchas, los eventos grupales de cualquier índole. La isla no es para patriotas, es territorio de apátridas, cobardes, renegados, jubilados, donde se viene buscando la calma, huyendo de las costumbres bárbaras de nuestras tribus de indios embanderados. Que no se nos pida lealtad o devoción a ninguna bandera, a ningún equipo, a ninguna colectividad ni religión. En el mejor de los casos (y eso está por verse) seremos leales a nuestras familias, nuestras apetencias individuales, nuestros caprichos, nuestros instintos, especialmente a los más

349

bajos, que son los que no fallan y garantizan el placer. No fastidien entonces con el tenis o el fútbol, las intrigas políticas o las conspiraciones pandilleras de los que se pelean por el poder. En la isla todo eso está vedado, descartado, dejado de lado, y como mucho se ve por televisión, con cierta apatía, sin dejar que nos ganen las emociones porque en esos juegos no jugamos nosotros, juegan otros, es bueno no olvidarlo. ¿En qué juego jugamos nosotros? Habría que precisar primero quiénes somos nosotros, quiénes caben en nosotros. Nosotros somos todas las voces díscolas y contradictorias que se agitan en mi mente: esas voces juegan cuando dejamos que se expresen libremente, que griten, digan cosas inflamadas, pronuncien malas palabras, embriaguen el aire con su música lujuriosa.

Yo juego cuando escribo. Me encantaría jugar de otra manera, por ejemplo hacer música, pintar, cantar, esculpir, pero no he sido educado artísticamente para expresarme de ninguna otra forma que no sea la palabra escrita. Y es una forma menor, minúscula, callada, ensimismada, muy inferior a las expresiones musicales, pero es la única que conozco y a ella me aferro como náufrago a un caucho. No puedo escribir si no me encierro a escribir, y encerrarme a escribir es un acto egoísta, envanecido, megalómano, una manía en la que persevero porque sé que si no cumplo rigurosamente esas horas de confinamiento, no podré luego disfrutar de nada y me sentiré vacío, enfermo, traidor, un desertor de la causa a la que fui llamado y a la que debo la vida. Nadie me llamará a escribir, ningún jefe estará pendiente de que cumpla el horario, las obligaciones, podría burlar esa cita con el destino y abandonarme a los pequeños quehaceres frívolos, mundanos. Pero sé que no podría disfrutar del tenis o el fútbol, ni de las ficciones cinematográficas o televisadas porque la conciencia estaría diciéndome: «Tendrías que estar escribiendo en estas horas en las que estás haciéndote una paja como un haragán.»

Escribir es, desde luego, otra forma de hacerse una paja, pero es una expresión que aspira a ser compartida con otros onanistas y fisgones, con otras miradas cómplices, y en ese sentido no es una tentativa completamente inútil y tal vez termine siendo valiosa. Después del encierro, uno sale redimido, purificado, con los bríos y la vivacidad y el candor de un adolescente. Después de escribir, uno siente que merece todos los placeres mundanos. Tranquilo y contento, y quizás en calzoncillos o en traje de baño, me asomo a las habitaciones en las que con suerte estarán mi esposa y mi hija. Un rato después estamos en la piscina, echados en las tumbonas, disparando aerosoles tóxicos a los mosquitos, preguntándonos si tendremos energías para ir al concierto de la noche. No conviene tomar la decisión en ese momento laxo, relajado, ya veremos luego, será cosa de ir improvisando, ver cómo progresa la tarde y cómo nos vamos acomodando de cara a la noche. Ese acomodo, esa toma de posición, esa postura, suele ir acompañada, de más está decirlo, de algunas formas de intoxicación, envenenamiento o feliz dopaje dentro de los márgenes de la ley, o buscando un resquicio, un atajo, una sombra bienhechora.

Cada uno sabe mejor que nadie lo que le conviene y en qué dosis le conviene para asaltar la noche con espíritu bucanero. Ya reacomodados y con otras ropas y bien duchados y enjabonados, con el ánimo convenientemente modificado y azuzado y alerta, parece pusilánime quedarnos en casa, y vamos por supuesto al concierto sin saber dónde carajo es, pero seguros de que llegaremos. Y llegamos, llegamos tarde pero llegamos, y la fortuna nos sonríe en todo momento: los boletos obsequiados que esperan en la ventanilla, los asientos inesperadamente cómodos en una posición privilegiada en la que miramos sin que nos miren, el arte que se inventan los músicos en el escenario, los ritmos hechiceros que convocan los sentimientos más nobles, el triunfo de la música como expresión artística que une a los individuos y los pone a conspirar, apandillados, alrededor de una letra, una canción, una melodía prodigiosa: qué pequeño se siente uno como escritor fracasado cuando se descubre mudo, tartamudo, vacilante, al lado de unos músicos virtuosos que derraman su arte sobre nosotros.

Y, al final de la noche, estamos todos de pie, aplaudiendo, cantando, vitoreando al músico Kevin Johansen y su banda legendaria, celebrando estar vivos, y es un momento de auténtica, insuperable felicidad. En ese momento estamos todos cantando: los músicos, la platea, los palcos, las señoras acomodadoras con sus uniformes y sus linternas y, sobre todo, presidiendo sobre nosotros, inspirándonos, presentes en el aire, los héroes que se arrojaron al río a salvar una vida, esos hombres inmortales que viven en nuestros corazones porque sabemos que en el momento de supremo valor dieron el paso, se arrojaron, no se replegaron, no se quedaron a salvo viendo cómo una vida se ahogaba en el torbellino de las aguas gélidas, marrones: que no me digan después que no hay héroes argentinos.

(Jaime Baylys, «Héroes argentinos»,
*El Siglo XXI*)

Si vendo esta casa en la isla, me darán con suerte tres millones. Si vendo mis apartamentos en Lima, me darán dos millones. Si vendo mi apartamento en Buenos Aires, me darán cien mil o ciento cincuenta mil dólares, no vale nada esa ruina, solo me trae malos recuerdos. Si me quedo sin casas en el mundo, tendré cinco millones. En el banco tengo cinco más. Con diez millones, ¿adónde podría ir, qué podría hacer con mi vida, cuántos años podría vivir sin trabajar mercenariamente en la televisión, cuánto tiempo podría retirarme del circo putañero y vivir en algún lugar tranquilo, como escritor a tiempo completo, sin que me pinten y empolven la cara cada noche? A Lima no iría ni siquiera a morir, eso seguro. No podría vivir en ninguna ciudad fría, eso por descontado. ¿Dónde viviría? Creo que me iría a Puerto Rico. Me gusta la idea de mudarme a la Isla del Encanto. Tengo el pasaporte azul, puedo vivir allá, se habla el español, es un relajo, hay cierta cultura amigable con los homosexuales, podría vivir en El Condado o Isla Verde o irme a Ponce o Cabo Rojo o alguna playa tranquila, retirada, a hacer vida de ermitaño. Me seduce esa posibilidad, la de sumergirme y desaparecer en las aguas grises del anonimato y publicar algo cada dos o tres años sin viajar, salir de promoción, exhibirme en ferias, dar entrevistas, sin que se sepa dónde estoy. Sería espléndido vivir en un lugar que mi madre y mis hermanos no conozcan, al que no sepan llegar, sería estupendo decirles a mis hijas: «Ya no haré más televisión, ya no seguiré dándoles miles de dólares al mes, así como no están preparadas para verme, ya no estoy preparado para darles dinero y haré lo que me pidieron, desapareceré, me perderé, pero no tengan luego el descaro de pedirme dinero, por favor.» Y me iré a vivir a un lugar confortable con Lucía y Sol, solo con ellas, ni siquiera con empleadas domésticas.

Sé que en Lucía puedo confiar, y si decido desaparecer, sumergirme, escapar de la familia y las sanguijuelas y parásitos, ella me entenderá y acompañará, es mi socia y compañera leal de aventuras, me conoce como nadie. Lucía es austera, realista, con poco dinero sabe vivir tranquila y bien, no necesita grandes lujos para ser feliz. Quizá pasaría temporadas en Lima porque allá están sus amigas, sus padres, sus ex amantes, sus pretendientes y acosadores y enamorados perpetuos, que le escriben las cosas más ardientes y lujuriosas. Y allá están sus amigas, las amigas que ella quisiera convertir en amantes, las dos o tres chicas que son sus amigas de toda la vida y a las que ella quisiera comerles las tetas y el coñito. Yo no podría vivir en Lima, preferiría no estar tan cerca de mi madre y mis hermanos y toda esa espesa presión moral. Me perdería en Key West o Puerto Rico, con seguridad en una isla del Caribe, y no creo que ejerciera activamente mi sexualidad, ya estoy viejo y gordo para eso, creo que me bastaría con mirar y fantasear. Prefiero que me vean como un escritor sexualmente extravagante, ya veterano, obeso, adiposo, con algunas novelas de valor o cierta audacia o intrepidez, y quieran hablar conmigo, no que quieran ponerme a cuatro patas y encularme, ya no necesito sentirme deseado de esa manera.

Sueño con reinventarme, alejarme de la falsedad de la televisión, que me obliga a decir tantas mentiras, y de Lima, que me obliga a decir tantas más, y de mi madre y mis hermanos, que deploran mis libros como yo deploro que ellos no tengan la sensibilidad de entenderlos. Sueño con tener los cojones de decirles a Casandra, Carmen y Pilar: «Entiendo que no estén prepara-

355

das para verme, las comprendo, pero resulta que ahora yo no estoy preparado para mandarles más plata porque se acabó la beca de la televisión y ya tienen veintiún y diecinueve años y la ley de este país no me obliga a darles dinero.» Le daré la mitad de mi dinero a Lucía para que ella y Sol sepan cuánto las amo y nos refugiaremos los tres en una isla tranquila del Caribe, no sé si Puerto Rico, Key West o las Islas Vírgenes, y luego me dedicaré a escribir, esconderme, ir por la sombra y escribir cosas conspirativas, revulsivas, que le jodan la vida al cardenal Romero y a sus amigos del Opus Dei.

Una tarde, inesperadamente, mis hijas Carmen y Pilar, a las que no veía hacía cuatro años, casi cinco, me escribieron un email (estoy seguro de que fue Carmen quien lo escribió) dejándome saber que estaban unos días de paso en Miami, en casa de una tía rica de Casandra. Me pidieron dinero, y yo se lo envié enseguida, con la esperanza de que ayudara a que tuvieran ganas de verme. Les sugerí que vinieran a casa a visitar a mi hija Sol, les dije que la encontrarían chiflada y divertida, pero no hubo respuesta. A los dos días les propuse que saliéramos a comer los tres al restaurante que ellas eligieran y no hablásemos del pasado, solo de cosas livianas, risueñas, exentas de culpas y reproches. No hubo respuesta.

De pronto, una tarde me escribieron un email y me dijeron que estaban en la isla y querían verme en el

Starbucks. Me demoré en abrir ese correo porque había estado durmiendo hasta tarde, pero apenas me desperté y lo leí les pregunté si de veras querían verme, que no se sintieran forzadas, obligadas, conminadas por su madre, pues no tenía sentido vernos si de verdad no les apetecía. Me contestaron enseguida que mejor nos veríamos en Navidad. Les dije que no iría a Lima en Navidad, pero que me parecía bien vernos más adelante, sin atropellos, sin sentirnos obligados a vernos solo porque estábamos en la misma ciudad. A los pocos minutos, extrañamente, como si alguien las presionara, me dijeron que estaban ya en el Starbucks, esperándome. No me dejaron opción a dudar. Salí presuroso, nervioso, asustado. Al llegar, estaban esperándome en el estacionamiento, las dos solas, altas, guapas, lindísimas. Bajé, las abracé, les pedí perdón, lloré discretamente, les pregunté si querían subir a la camioneta o entrar en el Starbucks y tomar algo. Eligieron lo segundo, estaban tranquilas, no parecían conmovidas, nerviosas, no lloraron, lo tomaron todo con mucha calma. Yo parecía un niño nervioso y llorón que no sabía qué hacer. Entramos en el Starbucks, compramos tés y cafés, nos sentamos afuera, hablamos de ellas, sus carreras, sus próximos viajes, sus planes para el verano. Había, sin embargo, una distancia, una precaución por parte de ellas a contarme cualquier cosa que luego pudiera contar en una columna o una novela. Eran cálidas, amables, pero estaban a la defensiva y no respondían sino lo justo, lo indispensable para que la conversación fluyera sin una incómoda brusquedad.

Me preguntaron por mi salud, mi trabajo, yo sentí que eran preguntas de cortesía, para cumplir las reglas mínimas de urbanidad. Les pregunté si tenían novios, novias, me dijeron que no y me miraron con cara de «no te metas, no confiamos en ti». El teléfono móvil de Pilar no cesaba de trinar, vibrar, alguien le escribía mensajes continuamente. Era Casandra, vigilando todo a pocas calles, en un estacionamiento cercano. Sugerí que viniera y se uniera a la conversación, pero ella declinó. No habíamos hablado veinte minutos y ya no había de qué hablar porque yo sentía que alguien las había obligado a verme y ellas en realidad no tenían ganas de verme y ya no confiaban en mí. Me dijeron que Casandra tenía que pasar a buscarlas. Les pregunté si debía quedarme para saludarla. Me dijeron que debía irme, pues su madre no quería verme. Las abracé, volví a llorar, sentí que no nos veíamos en un buen tiempo, subí a la camioneta y les hice adiós, ellas tan altas, guapas, preciosas, adorables, haciéndome adiós como si fuera un alivio que desapareciera de sus vidas. Desde entonces no he vuelto a verlas.

### PECHO FRÍO

Pecho Frío es un hombre común. Está casado, vive en Lima, Perú y trabaja como banquero. No lleva una vida muy emocionante, pero tampoco tiene nada de qué quejarse... hasta el día en que decide concursar en un programa de televisión donde se enfrenta con la oportunidad de ganar un viaje lujoso. Todo lo que tiene que hacer es una cosa aparentemente sencilla: besar al anfitrión del programa. Renuente, pero también ansioso por reclamar su premio, acepta el reto, y antes de siquiera darse cuenta, se encuentra entrelazando lenguas con otro hombre, mientras todo se transmite en televisión en vivo. Lo que se desarrolla es una serie de, uno diría, "eventos desafortunados". Su matrimonio se resquebraja, sus colegas lo rechazan, y la siempre conservadora sociedad latinoamericana en la que vive lo convierte en el tonto de la ciudad. Pero hay una ventaja: se convierte en la cara de una vociferante organización LGBT y, de alguna manera, su vida da un giro inesperado.

Ficción

## DOÑA FLOR Y SUS DOS MARIDOS
de Jorge Amado

¿Es posible que una mujer ame a dos hombres al mismo tiempo? A nadie sorprende cuando el encantador y pícaro Vadinho dos Guimares —jugador empedernido y mujeriego incorregible— muere durante el carnaval. Su desconsolada esposa se dedica a la cocina y a sus amigas, hasta que conoce al joven doctor Teodoro y decide asentarse. Pero después de la boda, pasionalmente insatisfecha, Doña Flor empieza a soñar con las atenciones amorosas de su primer marido. Pronto el propio Vadinho reaparecerá, dispuesto a reclamar sus derechos conyugales. Jorge Amado, uno de los escritores más importantes en Latinoamérica, ha dado vida a tres personajes literarios de fama mundial. *Doña Flor y sus maridos* es un auténtico clásico que ratifica que toda gran historia de amor y sensualidad posee un ingrediente sobrenatural.

Ficción

## ¿MUERTA?... ¡PERO DE LA RISA!
de María Antonieta Collins

Con el candor de siempre y la honestidad y el humor que la definen, María Antonieta Collins relata cómo su carrera periodística se esfumó de repente pero regresó mejor que nunca. Escribe sobre el camino espiritual que la ayudó a superar una época oscura y cómo su fe la ayudó a recuperar y mejorar su vida. Tanto los éxitos como los obstáculos en la vida tienen varias facetas: María Antonieta delinea paso a paso lo que debes hacer para maniobrar los retos tanto de tu vida personal como profesional, y terminarás descubriendo que giran una alrededor de la otra.

Memorias

## B DE BELLA
### de Alberto Ferreras

Su nombre es Bella María Zavala pero todos la llaman B. Su problema es muy simple: por culpa de sus generosas curvas, B no se siente bella. Es por eso que no consigue novio, ni logra que le den ese anhelado ascenso por el que tanto ha luchado en su trabajo. Pero todo cambia un día, cuando B conoce a una misteriosa mujer que la sorprende con un inesperado cumplido: "Con un cuerpo como el tuyo podrías ganar una fortuna". ¿Qué es lo que le propone esta mujer? ¿Será indecente? ¿Será ilegal? ¿Será posible que unos codicien ese cuerpo que otros rechazan? En esta hilarante aventura, B descubrirá que hay dos maneras de sentirse bella. Una está llena de glamour, misterio y peligro; la otra siempre estuvo al alcance de su mano.

Ficción

## UN BUEN HIJO DE P...
### *Una fábula*
### de Ismael Cala

¿Hijo de p...? No, no es lo que piensas. Las pes de las que hablamos aquí son otras muy diferentes. Tras el enorme éxito de su primer libro *El poder de escuchar*, el presentador de CNN en Español y conferencista en desarrollo humano Ismael Cala vuelve con una fábula inspiradora sobre el desarrollo humano, los significados reales de nuestras historias de vida, la inteligencia emocional, la búsqueda del éxito y el bienestar interior que nos ayudará a transformar la manera en que vivimos nuestras vidas. A través de la historia y las conversaciones de dos personajes, Arturo y Chris, Cala nos enseña cómo solo nosotros mismos tenemos el poder de transformar nuestras vidas y que con el poder de la mente y el amor, todo es posible. Esta forma de vivir queda encapsulada en las tres pes: la pasión, la paciencia y la perseverancia, que nos permitirán no solo llegar a nuestra cima, sino aprovecharla y disfrutarla. ¿Estás dispuesto a convertirte en buen hijo de p...?

Ficción

LAS IMPERFECTAS
de Cristy Marrero

Somos María, Linda, Martita, Astrid, Gladys, Victoria, Yamila, Zulma, Elisa y Cecilia: diez mujeres, un camino... En este honesto (#nofilter) y humorístico relato, nos damos cuenta de lo distintas que somos y cómo, al mismo tiempo, queremos lo mismo: simplicidad, amor, paz, balance, celebrar nuestra feminidad, y saber que todo va a estar bien. Que solo podemos controlar nuestras intenciones, mas nunca los resultados. Aunque a veces nos cueste reconocer y escuchar por temor a ser vulnerables, por temor a lo desconocido —a lo que ya está escrito—, rompemos estereotipos según los vamos creando. Así, nos declaramos perfectamente imperfectas.

Ficción

VINTAGE ESPAÑOL
Disponibles en su librería favorita
www.vintageespanol.com